JÜRGEN VOM SCHEIDT
RUTH ZENHÄUSERN

# ALLEIN SEIN ALS CHANCE

## WEGE AUS DER EINSAMKEIT

W0316240

mvg

Die Deutsche Bibliothek - CIP-Einheitsaufnahme

**Von Scheidt, Jürgen:**
Allein sein als Chance : Wege aus der Einsamkeit / Jürgen Vom Scheidt ; Ruth Zenhäusern. - Landsberg am Lech : mvg-verl., 1997
(mvg-Paperbacks ; 552)
ISBN 3-478-08552-7
NE: Zenhäusern, Ruth:; GT

Das Papier dieses Buches wird möglichst umweltschonend hergestellt und enthält keine optischen Aufheller.

© mvg-verlag im verlag moderne industrie AG, Landsberg am Lech
Alle Rechte, insbesondere das Recht der Vervielfältigung und Verbreitung sowie der Übersetzung, vorbehalten. Kein Teil des Werkes darf in irgendeiner Form (durch Fotokopie, Mikrofilm oder ein anderes Verfahren) ohne schriftliche Genehmigung des Verlages reproduziert oder unter Verwendung elektronischer Systeme gespeichert, verarbeitet, vervielfältigt oder verbreitet werden.

Umschlaggestaltung: Vierthaler & Braun, München
Satz: Wolfgang Appun, München
Druck- und Bindearbeiten: Presse-Druck, Augsburg
Printed in Germany 080 552/2975502
ISBN 3-478-08552-7

# Inhalt:

# Zum Geleit: Chancen für die Zukunft

Liebe Leserin, lieber Leser,

mit diesem Buch verbinden wir zwei Absichten. Zum einen möchten wir den mehr allgemeinen Hintergrund des Phänomens *Alleinleben* untersuchen; denn ohne so ein Verständnis der Ursachen ist Erleichterung und Abhilfe schlecht möglich. Es ist jedoch kein Lehrbuch für Fachleute, sondern – so hoffen wir jedenfalls – ein interessant zu lesendes Sachbuch.

Dies wird auch bei der zweiten unserer Absichten deutlich: Wir entwickeln vor diesem mehr allgemeinen Hintergrund ganz praktische Ratschläge, wie man mit dem Alleinsein (und der damit oft verbundenen Einsamkeit) besser und sinnvoller umgehen kann.

Wir haben beide einige Jahre allein gelebt und kennen diesen Zustand deshalb ganz praktisch und nicht nur aus der Theorie. Außerdem haben wir einige Jahre in unserer ehemaligen *Beratungsstelle für Alleinlebende* Hunderte von Singles und ihre Schicksale kennengelernt. Die Beratungsstelle gibt es in dieser Form nicht mehr. Aber unsere Arbeit im Institut für Angewandte Kreativitätspsychologie und in der Münchner Schreib-Werkstatt, die aus der früheren Beratungsstelle allmählich entstanden sind, wird in der Großzahl der Fälle von Menschen in Anspruch genommen, die allein leben oder neue Beziehungen aufbauen wollen. Das Alleinleben ist für uns also immer ein zentrales Thema geblieben.

Vom Alleinleben handelt dieses Buch also (modern ausgedrückt: vom Single-Sein). Und damit handelt es auch vom Alleinsein und entsprechend auch von der Einsamkeit. Wir beschreiben und analysieren diese Zustände jedoch nicht nur, sondern geben vor allem Anregungen, wie man mit solchen Situationen besser umgehen kann. Denn alles Mögliche lernen die Menschen in Elternhaus und Schule, aber dies in der Regel nicht: Mit dem Alleinsein, mit der Einsamkeit auf eine gute Art fertigzuwerden.

Die Betonung liegt dabei auf dem *gut*. Denn allein waren wir alle schon als Kinder oft genug und mußten damit irgendwie umgehen lernen. Und wir haben genug Vorbilder kennengelernt, bei Eltern, Verwandten, Bekannten, wie man auf *un*gute Art mit Einsamkeit (scheinbar) fertigwerden kann. Zum Beispiel mit Alkohol, Zigaretten, Fernseh-Exzessen oder mittels Weglaufen bzw. Wegfahren. Aber wir haben dabei wohl alle auch gespürt, und sei es nur ganz tief im Innersten, daß solche Schein-Lösungen nur ein sehr mangelhafter Ersatz sind für ein wirkliches Bewältigen derartiger schwieriger Situationen.

Unser Buch richtet sich an Frauen und Männer gleichermaßen. Es könnte allerdings sein, daß es überwiegend Frauen kaufen werden. Der Grund dafür?

Eine aufschlußreiche Entdeckung, die Sie wahrscheinlich selbst auch schon gemacht haben, ist die, daß scheinbar überwiegend Frauen Probleme mit dem Alleinsein haben und den Zustand des Single-Sein ändern möchten. Wir dürfen Ihnen vor dem Hintergrund unserer vieljähriger beruflichen und privaten Erfahrung versichern, daß dieses äußere Bild sehr trügt. Männer haben genauso ihre Probleme, allein zu sein und mit ihrer Einsamkeit fertigzuwerden wie Frauen. Nur unterstützen zwei starke Faktoren dieses Versteckspiel der Männer:

Die noch immer sehr maskulin orientierte Welt hält viele Ausweichmöglichkeiten und *Spiele* bereit, mit denen Männer ihrer Einsamkeit entfliehen können – für eine Weile zumindest. Die bedeutendste dieser Ausweichmöglichkeiten ist, wie könnte es anders sein, der Beruf. Der zweite Fluchtweg sind die realen Spiele wie Fußball (aktiv, oder im Fernsehen), Computer-Spiele, Golf, Autofahren, Surfen ... Der „Weekend-Runner", dessen Davonlaufen vor dem Alleinsein Konstantin Wecker in seinem gleichnamigen Boogie-Woogie sehr drastisch und kompromißlos besingt, ist so einer, der nicht wahrhaben will, daß ihm der Kontakt zu anderen Menschen viel lieber wäre. Man braust übers Wochenende von München eben mal nach Lübeck oder an die Adria, jettet von Frankfurt nach Mallorca – und würde doch viel lieber im eigenen Nest mit der Freundin schmusen!

Auch der abendliche Gang zum Stammtisch oder in eine Bar gehört zu den Ritualen, die Männern für ihre Flucht zur Verfügung stehen.

Der zweite Faktor, der die Männer scheinbar begünstigt: Frauen fällt es viel schwerer, ihre emotionalen Bedürfnisse zu verdrängen und zu übergehen, und zwar aus naheliegenden Gründen (Offensein für die Bedürfnisse Neugeborener und kleiner Kinder dürfte der wichtigste sein). Schon deshalb kümmern sie sich mehr darum, ihrer

Einsamkeit zu entkommen und echte Lösungen zu finden. Deshalb werden vermutlich vor allem Frauen dieses Buch kaufen. Aber den Männern kann man es ja schenken - wenn man selbst davon profitiert hat!

Vielleicht werden Sie sich beim Lesen immer wieder einmal fragen: Was halten die Autoren denn nun wirklich vom Alleinleben? Finden sie es gut (oder zumindest in Ordnung) – oder lehnen sie es ab, halten es vielleicht sogar für schädlich?

Wenn beides immer wieder miteinander vermischt erscheint, so liegt dies vor allem daran, daß die positiven und die negativen Folgen des Alleinseins sich nicht so ohne weiteres trennen lassen. In den von uns geschilderten Beispielen in den einzelnen Kapiteln wird es mit vielen Details klar werden, wie wir die Situation sehen und bewerten:

Es gibt fraglos sehr wichtige Phasen des Alleinlebens, die bei der Entwicklung der Persönlichkeit hilfreich, ja unumgänglich sind. Beispielsweise nach einer Scheidung, wenn Mann oder Frau sich (wieder) darüber klar werden müssen, wer sie denn nun eigentlich ohne den Partner, nämlich als eigenständige Persönlichkeit sind.

Was während einer vorübergehenden Zeit befruchtend, ja beglückend erlebt werden kann, wird als Dauerzustand leicht zur Qual, kann krankhafte Züge annehmen. Auch für letzteres, den *Dauerzustand Alleinsein* gilt: Es kommt darauf an, was man daraus macht. Wer allein im eigenen Haushalt lebt, kann ja dennoch ein vielfältiges buntes Netz von Kontakten und sehr intensive Beziehungen zu anderen Menschen haben.

Diese Beziehungsfähigkeit zu pflegen, Kontakte zu anderen Menschen (und nicht nur flüchtige, oberflächliche, sondern auch tiefreichende) zu haben – darauf kommt es an.

In einer Graphik (S. 84/85), die Sie jetzt gleich betrachten könnten, haben wir die verschiedenen Möglichkeiten des Alleinseins zusammengestellt – die Wege hinein und auch wieder heraus. Und welche Chancen und Gefahren jeweils damit verbunden sind. Daraus läßt sich schon so manches ableiten. Die Fülle unserer Beobachtungen und Schlußfolgerungen haben wir außerdem ein paar Seiten weiter in einem Kasten zu 18 Beobachtungen (Thesen) zusammengefaßt, die den Hintergrund dieses Buches, sein geistiges Gerüst gewissermaßen, konzentriert vorstellen.

## Heimliche Begegnung der elektronischen Art

Langsam, ziellos schlendert der junge Mann durch die Fußgängerzone der Innenstadt. Plötzlich wird er aufmerksam, läßt seine Blicke suchend durch die Menge der Menschen wandern, die ihm entgegenkommen. Ein kleines Geräusch ist ertönt, fast nur für ihn hörbar, ein leises Piepsen. Gleichzeitig blinkt ein winziges Lämpchen auf, wie er aus dem Augenwinkel erkennen kann. Das kleine Gerät ist unauffällig am Revers der Jacke befestigt.

Da! Eine Frau, etwa in seinem Alter, trägt an ihrem Mantel dasselbe Gerät. Er erkennt es sofort an dem aufgeregten Blinken des kleinen grünen Lämpchens. Sein eigener *Kommunikator* (wie er ihn nennt) hat Kontakt hergestellt. Jetzt lächelt sie zu ihm herüber. Die beiden gehen aufeinander zu, erst langsam, zögernd, schüchtern – dann aber rasch und zielbewußt. Sie begrüßen sich. Das Gerät wurde zwar inzwischen abgestellt, bietet aber mit seiner Funktion gleich einen launigen Anknüpfungspunkt für ein erstes Gespräch, aus dem sich dann alles mögliche weiterentwickeln kann ...

Nur eine Utopie über Kontaktaufnahme im Jahr 2000?

Keineswegs. Das Gerät gibt es bereits. Vielleicht haben Sie es sogar schon einmal in Aktion gesehen. Bei uns in Europa wahrscheinlich noch nicht. Aber in den Großstädten der USA können neuerdings Menschen auf diese Weise in Kontakt treten, wenn sie einen Partner suchen. Es funktioniert wie eine drahtlose Wechselsprechanlage nach Art der bei Kindern so beliebten WalkieTalkies, oder wie die Piepser beim Personal von Krankenhäusern und in großen Firmen.

Das Kontaktgerät, von dem hier die Rede ist, wurde speziell für Alleinlebende erfunden, für Singles, wie man sie auch bei uns längst nennt. Wer Kontakt wünscht, stellt den Apparat an und wartet dann, bis jemand anderes mit einem gleichen Gerät in der Nähe ist. Je nachdem ob der Apparat auf *Empfang* oder *Sendung* eingestellt ist, oder auf beide Möglichkeiten zugleich, verläuft dann der Kontakt. Manche schicken nur ihre (für andere Menschen ohne dieses Gerät unhörbaren) *Lockrufe* aus und beobachten dann, ob jemand mit seinem Lämpchen reagiert; selbst noch unerkannt, können sie dann in aller Ruhe abschätzen, ob es sich lohnt, Kontakt auch direkt aufzunehmen. Andere sind offener und zeigen sich gleich mit ihrem Blinklämpchen, sobald sie ein Signal erreicht hat.

Eine Art Kontaktmarkt modernster Art also, gut in unser elektronisches Zeitalter passend. Aber es ist noch mehr: nämlich eine Art Symbol für einen Trend[1], der sich im vergangenen Jahrzehnt enorm verstärkt hat und sicher in den kommenden Jahren ungebrochen weitergehen wird – der Trend zum Alleinleben.

Als unsere erste Arbeit zu diesem Thema 1979 erschien, schätzte man die Zahl der Alleinlebenden beispielsweise in der Stadt München auf 250 000, in Deutschland auf sieben Millionen. Fast zwei Jahrzehnte später, also im Jahr 1997, werden in München bereits die Hälfte, genau 51 Prozent, der Wohnungen von Alleinlebenden besetzt (in Zahlen: 330 000). Und für ganz Deutschland ergab der Mikrozensus (Stand: August 1996), den das Statistische Bundesamt regelmäßig durchführt, daß jeder dritte Haushalt ein Single-Haushalt ist.

Nun macht es sicher einen Unterschied, ob jemand längere Zeit mit einem Partner eine feste Bindung hatte und diesen dann durch Trennung oder Tod verliert – oder ob noch nie eine längere Bindung an einen Menschen eingegangen wurde.

Dennoch müssen beide ihr Alleinsein bewältigen. Im Titel unseres Buches sind beide Sachverhalte festgehalten: es handelt

- von den *Singles*, also von aus Überzeugung allein lebenden Männern und Frauen;
- vom Alleinsein als ungewolltem, jedoch weitverbreitetem Zustand.

In diesem Sinne kann es sicher auch den Geschiedenen und Verwitweten etwas bieten, die mit ihrem Alleinsein sinnvoller umgehen lernen möchten. Auch Schüler, Lehrlinge und Studenten, die allein in einer fremden Stadt ihre Ausbildung absolvieren, können davon profitieren. Vor allem wenden wir uns allerdings an die ausgesprochenen *Singles*. Seit 1979 haben uns weit über Tausend Briefe erreicht. Die meisten baten um Rat, um irgendeine Hilfestellung. Daß dies – schriftlich oder telefonisch – kaum möglich ist, leuchtet

---

[1] Mit Trends ist das so eine Sache: Holger Rust hat in seiner scharfsinnigen Studie „Trendforschung – das Geschäft mit der Zukunft" die halbseidenen Spekulationen selbsternannter Zukunfts-Gurus größtenteils als Schaumschlägerei entlarvt. Bei den Singles hingegen handelt es sich um ein statistisch sehr präzis beschreibbares Phänomen – um einen der wenigen ernstzunehmenden Trends der letzten Jahrzehnte.

ein. Für rasche Hilfe gibt es außerdem die bewährte Einrichtung der Telefonseelsorge und verwandte Hilfsangebote von großen Institutionen.

Eine Beratungsstelle für Alleinlebende, die wir 1979 mit großem Elan aufgrund dieser Briefflut gegründet hatten, mußten wir nach einiger Zeit allerdings frustriert wieder aufgeben. Das lag zum einen daran, daß wir bald merkten, wie wenig es bringt, wenn man die Themen Alleinsein und Einsamkeit zu sehr in den Mittelpunkt stellt. Zum anderen gab es unter den Menschen, die sich hilfesuchend an uns wandten, zu wenige, die bereit waren, wirklich intensiv und über einen längeren Zeitraum mit uns an ihren Problemen zu arbeiten.

Auf so einer Basis läßt sich keine vernünftige Arbeit planen. Also revidierten wir unsere Pläne und konzentrierten uns auf Angebote im Bereich der Kreativität und der Lebens- und Zukunftsgestaltung. Dies ist offenbar genau das, was die Motivierteren unter den Alleinlebenden suchen; das merkten wir bald an der Resonanz auf unsere Angebote der Münchner Schreib-Werkstatt und des Instituts für Angewandte Kreativitätspsychologie.

## Was kann man am eigenen Alleinleben ändern ?

Viele Menschen leiden unter ihrem Alleinsein, sind aber aus den unterschiedlichsten Gründen nicht daran interessiert, ihre Situation zu ändern. Das liegt, gerade bei den ärmeren Bevölkerungskreisen, nicht zuletzt am Geld. Bei anderen wiederum liegt die Hauptursache darin, daß sie ihr Schicksal einfach unreflektiert annehmen. Eine dritte Gruppe – an die wenden wir uns mit diesem Buch – ist über Möglichkeiten der Hilfe nicht genügend informiert.

Was wir bieten können in diesem Buch, ist Aufklärung über die möglichen Hintergründe ungewollten Alleinseins und über Möglichkeiten, das Leben allein sinnvoller zu gestalten. Praxisnäher geht es jedoch in gemischten Gruppen zu, wo nicht nur Singles unter sich sind. Der Grund: Viele Alleinlebende haben ein gewisses Defizit in punkto Partnerschaft und Beziehungsfähigkeit; das zeigt sich an scheinbar so nebensächlichen Dingen wie Pünktlichkeit und dem Eingehen auf die Probleme anderer. Dies läßt sich logischerweise am besten in gemischten Gruppen spüren und abbauen.

Manche Zuschriften auf unsere früheren Arbeiten zum Thema enthielten auch Kritik. So warf man uns vor, wir hätten die sexuellen Probleme der Singles zu wenig beachtet. Hierzu können wir nur sagen, daß dies sicher wichtige Probleme sind – wir jedoch die Meinung vertreten, daß jene Momente, die in diesem Buch im Vordergrund stehen, vordringlicher sind. Insbesondere geht es uns um Anregungen der Kreativität, die ja nicht nur sexuelle (biologische) Aspekte hat, sondern sich in allen Bereichen des Lebens beobachten und fördern läßt:

- in den zwischenmenschlichen Beziehungen genauso wie
- in Arbeit und Beruf,
- der eigenen Persönlichkeitsentwicklung (Selbst) und
- schließlich im spirituellen (transpersonalen) Bereich.

Neben den Chancen, die das Alleinleben für die Entfaltung der Persönlichkeit bietet, birgt das Single-Sein so vieler Menschen auch gewisse Gefahren, für den einzelnen wie für die Gesellschaft. Erinnert sei an die Probleme der Isolation. Und an die wachsende Wohnungsnot: zwei Singles brauchen nun einmal, in zwei Wohnungen, wesentlich mehr Platz als ein zusammenlebendes Paar! Die heutige Wohnungsnot geht in hohem Maße auch auf diese moderne Entwicklung zurück.

Die politische Manipulierbarkeit könnte für den isoliert Lebenden ebenfalls größer sein. Die Ereignisse im Ostblock haben seit 1989 auf dramatische Weise gezeigt, wie wichtig die Solidarität und der kontinuierliche geistige Austausch mit möglichst vielen Menschen zur Erlangung jener gesellschaftlichen und kulturellen Freiheit ist, die der Alleinlebende so hoch schätzt. So etwas läßt sich nicht aus Büchern und Zeitschriften oder dem Fernsehen schöpfen, das muß in ständiger Diskussion mit anderen Menschen reifen, zu denen man Vertrauen hat. Vertrauen jedoch entsteht nur durch langjährige, allmählich gewachsene Beziehungen.

Mußte man sich in den Massendiktaturen des Ostens vor allem gegen die politische Unterdrückung und Entmündigung wehren, so liegt das Problem bei uns im *Goldenen Westen* inzwischen längst woanders: in der Gefährdung der Arbeitsplätze und der Umwelt. Um in den kommenden Jahren und Jahrzehnten diese Probleme und die daraus entstehenden gewaltigen sozialen Konflikte bewältigen zu können, bedarf es mindestens einer solchen übergreifenden Solidarität aller Menschen wie sie in der DDR, in der CSSR und in Rumänien nötig war, um die Machthaber zu stürzen.

Aber Alleinlebende werden noch mit einem dritten, weit bedenklicheren Problem konfrontiert. Es zeigt sich seltener in jungen Jahren, aber zunehmend sobald man älter wird. Singles werden häufiger krank, und Menschen in festen Bindungen leben deutlich länger. Jeder sechste Bundesbürger wird darüber hinaus vorzeitig berufsunfähig, durch Krankheit oder Unfall. Das ist gerade für junge Singles ein harter Schlag, denn wer kümmert sich dann um sie? Spätestens im Alter taucht auf jeden Fall das Problem erneut auf. Und dann ist es bitter, wenn man in den Zeiten des Alleinlebens versäumt hat, sich ein Netz menschlicher Kontakte aufzubauen und zu pflegen.

Wir schreiben dies gleich am Anfang unseres Buches, um auch auf diese negativen Seiten des Single-Sein nachdrücklich hinzuweisen. Ansonsten werden wir uns vor allem auf die psychologischen, sozialen und kulturellen Aspekte dieses spannenden Themas konzentrieren.

Eine unserer wichtigsten Thesen lautet: Es ist sinnvoll, ja sogar notwendig, daß der Mensch eine gewisse Zeit in seinem Leben, am besten zwischen Pubertät und erwachsener Selbständigkeit, bewußt allein lebt. Vielleicht drei Jahre lang, in denen er/sie sich besser kennenlernt.

Im folgenden Kasten werden diese und eine Reihe weiterer wesentliche Gedanken, auf denen dieses Buch basiert, zusammengefaßt.

München, im Januar 1997

*Jürgen vom Scheidt und Ruth Zenhäusern*

# 18 Beobachtungen (Thesen), auf denen dieses Buch aufbaut

1. Es muß unterschieden werden zwischen den Singles im statistischen Sinn und den – viel häufigeren – verborgenen oder Krypto-Singles (z. B. dem Ehemann und Familienvater, der in Wirklichkeit – psychologisch gesehen – wie ein Single lebt).
2. Die psycho-soziale Ursache des Rückzugs ins Alleinsein ist neben den durchaus vorhandenen Annehmlichkeiten auch die leichte Erschöpfbarkeit des Single: Man fühlt sich von den vielfachen Anforderungen der pluralistischen Welt überfordert.
3. Weitere Leiden des Single: Langeweile, innere Leere, Sinnlosigkeitsgefühle, Schlaflosigkeit, Depression, Kontaktangst.
4. Unsere moderne Zivilisation mit ihren unzähligen Stressoren wirkt ständig dahin, daß viele am liebsten allein leben möchten und dafür gerne die genannten Leiden in Kauf nehmen. Solche Quellen der Einsamkeit sind unter anderem die arbeitsteilige Wirtschaft, die langen Anfahrtswege zur Arbeit (allein im Auto, was ja noch einmal mehr von der übrigen Welt isoliert), Fernsehen, vertikale und horizontale Mobilität.
5. Alleinsein beginnt bereits bei der Geburt (Isolierung des Babys von der Mutter im Krankenhaus) und wird zu einer Kette von Einsamkeitszuständen während der Kindheit, Jugend, bis hin ins Alter.
6. Ohne Singles wäre unser Wirtschaftssystem längst zusammengebrochen. Sie sind das Kernstück der hierarchisch-autoritären Strukturen, die auf Rivalität und Denken in Leistung und Konkurrenz basieren statt auf Zusammenarbeit.
7. Der Single ist eine neue Lebensphase im entwicklungspsychologischen Sinne. Verlängerte Pubertät? Oder vorverlegte midlife crisis? Nein: eigene Phase der Entwicklung.
8. Mit dem Auftauchen des Single tritt die Menschheit in ein neues Stadium. Der Preis dafür ist allerdings vielfältig und hoch (siehe These 2). Der Lohn ist ebenfalls groß: mehr innere Freiheit, mehr Zivilcourage und mehr Menschlichkeit. Aber nur, wenn die Gefahren des Single-Seins überwunden und die Thesen Nr. 16 und 17 berücksichtigt werden: Ba-

lance zwischen Alleinsein, echten Bindungen zu anderen Menschen und Verantwortung für das Ganze sind notwendig.

9. Was zunächst wie ein Ausweichen vor den Anforderungen des Lebens aussieht, nämlich der Rückzug in die Einsamkeit, ist in Wahrheit ein gelungener (unbewußter) Kompromiß – zugleich Abwehrmechanismus und Schutz.
10. Alleinsein muß nicht gleichbedeutend sein mit schrecklicher Einsamkeit, sondern kann zum schönen, tief befriedigenden kreativen Erlebnis werden – eine Sache der Einstellung und entsprechend guter Erfahrungen mit dem Alleinsein, vor allem in Kindheit und Jugend (s. Kapitel 10, „Die Wonnen der Einsamkeit").
11. Alleinsein läßt sich lernen und üben.
12. Ein Single war das Idealbild der heute zerfallenenden alten Kultur: der Held. Erstmals in der Renaissance gelangten breitere Menschengruppen zu Individualität, wie sie uns in den imponierenden Gestalten der Herrscher (Medici), der Conquistadoren (Pizarro, Cortez) und der Künstler (Leonardo, Michelangelo) entgegengetreten sind ...
13. ... doch die Betonung des aggressiven Aspekts (Konkurrenzdenken, Conquistadoren-Ehrgeiz, rücksichtslose Selbstverwirklichung) führten zur Sprengung des alten Rahmens von Verhaltensnormen. Aus dessen Trümmern muß der Alleinlebende unserer Tage einen neuen Sinn seiner Existenz finden.
14. Nur allein kann man wirklich entdecken, wo die eigenen Grenzen sind und wer man wirklich ist: „Im Aushalten der Einsamkeit stoße ich zu den wahren Grenzen meiner Existenz vor."
15. Ab einem bestimmten Stadium, nämlich sobald man sich selbst einigermaßen verwirklicht und seinen Platz als Single in der Welt gefunden hat, kippt die psychische Lage um, und der Single sucht nach Bindung zu einem anderen Menschen (Partnerbeziehung, Gruppe).
16. Wichtig ist, den Anschluß nicht zu verpassen, nicht zu verhärten und fixiert zu werden in neurotischen Positionen (ewiger Junggeselle, altes Mädchen), sondern offen zu bleiben und eine neue Balance zu finden zwischen Alleinsein und Beziehungen.
17. Die ideale Hilfe für Singles (die Hilfe suchen) ist die Selbsterfahrung und Bewußtseinserweiterung in entsprechen-

den Gruppen, gegebenenfalls unterstützt durch eine Psychotherapie.

18. Es sollte schließlich noch ein Gleichgewicht gefunden werden zwischen der Verantwortung für sich selbst im Alleinleben und der Verantwortung für das gesellschaftliche und kulturelle Ganze, in dem man lebt. In Projektgruppen kann man die einem gemäße Form und Intensität dafür entwickeln. Erst dadurch wird die Sinnhaftigkeit der eigenen Existenz in vollem Umfang erfahren (s. hierzu die Kapitel 8 bis 10 und den Anhang).

# 1. Kapitel: Fünf Arten des Alleinseins

*Auf jeden Single, der in seinem Einpersonenhaushalt lebt, kommt mindestens noch ein weiterer, dem man das nicht so ohne weiteres ansieht. Es ist sogar anzunehmen, daß Single-Sein inzwischen die am weitesten verbreitete Lebensform im psychologischen Sinne ist. Nur wissen es oft nicht einmal die Betroffenen selbst.*

Ein Single (von engl. „allein lebend") ist ein Mann oder eine Frau im Erwachsenenalter, der/die selbständig lebt, einen eigenen Haushalt allein führt, sich selbst zu unterhalten vermag und auch in anderer Hinsicht unabhängig ist. Darüber hinaus gibt es neben diesem Single im engeren (statistisch-soziologisch erfaßbaren) Sinn auch noch den Single als psychologisches Phänomen, als eigene Lebensform. Unter diesem weiter gefaßten Gesichtspunkt ist als Single jeder Mensch zu bezeichnen, der primär seinen eigenen Bedürfnissen gemäß lebt und nach Selbstverwirklichung strebt. Lebt er, nach außen hin, in festen Beziehungen (Partnerschaft, Ehe, Familie), ist aber von der Lebensweise her (innerlich isoliert, einsam) primär ein Single, so bezeichnet man ihn als Krypto-Single (von griech. *krypto* = verborgen).

Das Stadium des Single-Seins läßt sich begreifen als eigene Entwicklungsphase nach Kindheit und Pubertät und vor dem Stadium des wirklich bindungsbereiten Erwachsenen, der echte Partnerschaft sucht.

Wir werden in den folgenden Kapiteln noch weitere Definitionsmöglichkeiten finden – so zum Beispiel diese: Ein Single ist jemand, der sich von anderen Menschen seelisch und sozial scharf abgrenzen und distanzieren muß, damit seine psychische Stabilität nicht zu sehr gefährdet wird und er sich – in der Einsamkeit – immer wieder regenerieren kann; auf diese Weise entsteht eine neue Bewußtseinsform, die erst eine Grundlage für echte Beziehungen zu anderen Menschen abgibt.

Wichtig ist an dieser Stelle noch eine Unterscheidung. Es gibt positive und negative Varianten des Single-Seins. Man kann das Alleinsein zur Selbsterfahrung und Selbstverwirklichung nützen, kann es sogar ausgesprochen genießen – beispielsweise beim Hören von Musik, bei einer Wanderung, beim Meditieren. Aber man kann auch in Depression und Verzweiflung versinken, weil man sich so schrecklich allein fühlt. Man kann sich in Selbstmitleid oder gar Selbsthaß verzehren. Jeder Mensch, der längere Zeit – gewollt oder ungewollt – allein ist, kennt solche negativen Erfahrungen. Aber es macht einen großen Unterschied aus, ob man sich davon überwältigen läßt und *nur* noch darunter leidet – oder ob man irgendwann wieder aus der Depression herausfindet. Letztlich ist das nur möglich, wenn man sich nicht ständig gegen die Depression wehrt – oder vor ihr durch allerlei Ersatzbefriedigungen davonzulaufen sucht –, sondern sie als Gegebenheit akzeptiert. Dann löst sie sich nämlich allmählich auf. Und der Lebenswille und Lebensmut kehren zurück.[2]

## *Single* kann so manches sein

Zufällig treffe ich (J. v. Sch.) in der kleinen Kneipe um die Ecke Franz M., einen Bekannten von früher. Beim Bier kommen wir ins Gespräch. Wir haben einige Semester zusammen Psychologie studiert und uns dann aus den Augen verloren. Jetzt, nach fast zehn Jahren, begegnen wir uns wieder. Franz ist nicht allein, er hat seine neue Freundin dabei.

„Das ist Gabi", stellt er sie vor, „wir sind gerade zusammengezogen. Als Single leben – das ist nichts für mich ..."

Gabi nickt dazu, und in wenigen Sätzen ist auch ihre Lebensgeschichte erzählt: Zum zweiten Mal geschieden, hat sie nach einigen schrecklichen Monaten der Einsamkeit Franz kennengelernt, der seinerseits froh war, die halbjährige Isolation nach dem Scheitern seiner eigenen Ehe endlich überstanden zu haben. Gabi und Franz sind also beide froh, daß sie nicht als Singles leben müssen.

Ganz anders Markus G., den ich an einem der nächsten Abende in seinem gemütlich eingerichteten Zweizimmer-Apartment besuche. Er hat auch eine Freundin, Stefanie, aber die ist gerade als Reiseleiterin in Israel unterwegs. „Ich bin ganz froh", sagt Markus, „daß

---

[2] Es gibt auch schwere, lebensgefährdende Formen der Depression, die unbedingt therapeutisch, evtl. auch mit Medikamenten, behandelt werden müssen!

ich mal für mich sein kann und nicht auf Steffie Rücksicht nehmen muß. Einige Wochen haben wir ständig zusammengeklebt, mal in ihrer Wohnung, mal in meiner. Jetzt reicht es für eine Weile. Wir brauchen mal wieder Zeit, jeder für sich selbst."

Er lacht und ergänzt dann noch: „Manchmal habe ich schon nicht mehr gewußt, wer ich selbst bin und was *ich* eigentlich möchte – ständig dieses *Aufeinander-Rücksicht-Nehmen* ..."

Den Architekten Markus kenne ich ebenfalls schon seit Jahren. Er war mal einige Stunden zur Beratung in meiner Praxis; das war während seines Studiums, als er ziemlich viel Haschisch rauchte und auch gelegentlich LSD schluckte.

Ich konnte ihm damals helfen, ein paar schwierige *Knoten* in seiner Lebensgeschichte, wie er es selbst nannte, zu entwirren. Markus ist, genau wie seine feste Freundin, das, was ich einen echten Single nennen möchte. Er hat seinen eigenen Haushalt, den er bestens in Schuß hält; er kocht vorzüglich, arbeitet fleißig in seinem erlernten Beruf, und vor allem versteht er das Leben zu genießen. Ab und zu allerdings „brennt ihm die Sicherung durch", etwa einmal im Vierteljahr. Dann fällt er „in ein tiefes schwarzes Loch" und mitten in dieser Depression rettet ihn dann nur noch eine Sauftour, die bis zu drei Tage dauern kann. Aber an diesem Abend, als wir uns treffen, geht es Markus ausgesprochen gut.

## Einsam sein – oder gem-einsam sein ?

Auf dem Heimweg begegnet mir noch jemand. Es ist Werner T., der ein paar Häuser von mir entfernt wohnt. Er führt gerade seinen Hund spazieren. Wir kennen uns nur flüchtig. Herr T. ist Ehemann – seit zwanzig Jahren, wie er mir einmal sagte – und Vater von drei Kindern. Er arbeitet als Vertreter für eine Büromaschinenfabrik und ist geschäftlich häufig mehrere Tage unterwegs. „Was macht Ihr neues Buch?" fragt er mich, und ich sage ihm, daß es von Singles handelt. Der Begriff sagt ihm nicht viel, und ich erkläre ihm, daß dies Menschen seien, die allein für sich leben.

„Das wäre nichts für mich", unterbricht er mich sofort, „ich brauche meine Familie, um mich wohl zu fühlen. Das stelle ich mir sehr schlimm vor, so ganz allein zu leben." Dann zögert er und ergänzt: „Naja, vielleicht hat das auch seine Vorteile. Man muß nicht so viel Rücksicht nehmen auf andere, kommt wahrscheinlich mehr dazu, Dinge zu tun, die man als Familienvater bestenfalls im Urlaub erledigen kann und da wollen Frau und Kinder in die Berge oder ans Meer.“

Zuhause angelangt, gehen mir diese drei Gespräche noch lange durch den Kopf. Und mir wird wieder einmal bewußt, mit was für verschiedenen Gesichtern Singles herumlaufen. Bei Markus und seiner Freundin Stefanie ist alles klar: Die beiden leben bewußt allein, pflegen ihre Freundschaft, achten aber deutlich auf die nötige räumliche und – immer wieder – auch auf die entsprechende seelische Distanz, die sich für ihr Zusammenleben als günstig herausgestellt hat.

Bei Franz und seiner neuen Begleiterin Gabi handelt es sich im Grunde auch um Singles. Nur sind sie nicht in der Lage, entsprechend für sich zu leben. Äußerlich bleiben Menschen wie sie nur in Notfällen allein und wenn schon, dann nur für kurze Zeit; für gewöhnlich brauchen sie eine enge Bindung an einen Partner, um sich wohl zu fühlen.

## Familienvater und Krypto-Single

Und Herr T.? Er ist, psychologisch gesehen, der interessanteste von allen. Er lebt fest eingebettet im Gefüge seiner fünfköpfigen Familie und der hierarchischen Struktur seiner Firma. Seinen Beruf liebt er nicht sonderlich, aber er reist gerne und bezieht von dieser Seite seiner Tätigkeit als Handelsreisender viel Lebensfreude. Zu schaffen machen ihm nur einige psychosomatische Störungen, vor allem sein labiler Kreislauf und der bedenkliche Schlafmittelkonsum.

Herr T. ist das, was wir einen *Krypto-Single* nennen. Denn obgleich er – nach außen hin – im Gegensatz zum echten Single im Sinne der Statistik mit anderen Menschen in einer engen Gemeinschaft lebt, ist er doch so viel allein, und lebt er vor allem in einer solch ausgeprägten inneren Einsamkeit, daß ich ihn ohne Bedenken als Single bezeichnen möchte. Krypto ist das griechische Wort für *verborgen* – ein Krypto-Single ist also jemand, dessen Alleinsein, dessen Single-Sein sich nicht offen zeigt, sondern erst im Geheimen seines Seelenlebens aufgespürt werden muß. Herr T. war es eigentlich, der uns zu einer zentralen These dieses Buches verhalf. Beim Recherchieren tauchte ständig Material auf, das sich nicht so recht einordnen ließ. Es hatte irgendwie mit dem Thema des Buches zu tun, betraf aber keine ausgesprochenen Singles. Bis endlich nach jenem abendlichen Gespräch mit dem Handlungsreisenden und genauerer Betrachtung seiner Situation klar wurde, daß er ja ein Single par excellence ist – nur eben ein Krypto-Single.

Von diesem Augenblick an wurde der Arbeit an diesem Manuskript ein aufregender Sachverhalt hinzugefügt. Denn wenn es nicht nur den deutlich beobachtbaren Trend zum Alleinleben gibt, der sich sogar statistisch belegen läßt, sondern wenn noch unzählige Menschen mehr existieren, die im Grunde genommen das Dasein von Singles führen und nur selbst meist nicht wissen, daß sie unter ihrem nach außen hin so gut angepaßten Dasein als Paare und Eltern in Wahrheit eine Doppelexistenz führen, als Partner und Single zugleich. Wenn dies der Fall ist, dann müssen einige interessante Schlußfolgerungen gezogen werden.

Eher kurios nimmt sich ein Zeitungsbericht aus, der von einem seltsamen Weltrekord handelt, der dennoch das eben Gesagte höchst nachdrücklich bestätigt: „Weltrekord im Heiraten – ihr 22. Ehemann ist ein Pastor", so konnte man am 31. Mai 1989 auf der Titelseite der Münchner *Abendzeitung* lesen. Im Einzelnen erfuhr man dann:

„21mal ging's schief. Doch Linda Essex aus Indiana kann's nicht lassen. Die 48jährige will wieder heiraten. Der 22. Ehemann wird der Pastor, der Linda mit einigen ihrer Ex-Männer traute ..."

Im prüden Amerika meinen manche Leute offenbar, man müsse ganz offiziell verheiratet sein, um in den Genuß der Freiheiten eines Single zu kommen. Denn wie anders soll man denn jemanden bezeichnen, der so oft seine Partner wechselt? Die ehetüchtige Frau aus Indiana ist ein recht guter Beweis für unsere These, daß so mancher und manche, der/die nach außen hin ein intaktes Familienleben demonstriert, im innersten Wesen ein waschechter Single ist.

Vielleicht sollte man die Frau aber nicht so ernst nehmen. Am Ende wollte sie einfach nur einen angemessenen Platz im *Guinness Buch der Rekorde* finden? (Oder sollte unter der Oberfläche der strahlenden Braut, die so siegessicher auf dem Jubiläumsfoto ihren nächsten Ehemann anhimmelt, noch etwas ganz anderes verborgen sein – nämlich ein recht trauriges, einsames Mädchen, das endlich den richtigen Märchenprinzen finden möchte, der es aus seinem Alleinsein erlöst?)

# Single mal fünf

Alleinsein kann man auf mehrere Arten. Man kann ganz bewußt allein leben – oder unfreiwillig. Und man kann es nicht einmal merken, daß man ein Single ist. Es lassen sich entsprechend fünf verschiedene Single-Formen unterscheiden. Zu welcher würden Sie sich zählen?

- Der echte Single
  Er lebt ganz bewußt allein im eigenen Haushalt. Unser Beispiel: Markus G. und seine Freundin Stefanie. Die beiden leben zwar in einer Partnerschaft – aber in getrennten Wohnungen. Wahrscheinlich muß man in diese Kategorie auch viele Alleinerziehende rechnen; diese leben zwar mit einem anderen Menschen zusammen, aber nicht mit einem erwachsenen Partner, sondern eben mit einem oder mehreren Kindern.
- Der transitorische (= zeitweilige) Single
  Unser Beispiel: Franz M. und Gabi. Sie leben zwar allein für sich in den eigenen vier Wänden; aber dies wird nur als vorübergehender, eher unangenehmer Zustand erlebt, den man baldmöglichst gegen ein gemeinsames Nest mit einem Partner beziehungsweise einer Partnerin eintauschen möchte.
- Der Eremit
  Er/sie hat es längst aufgegeben, noch einen Partner zu suchen und sich mit diesem Schicksal abgefunden. Hier könnte eine über längere Zeit laufende Selbsterfahrungsgruppe oder eine Psychotherapie helfen, sofern gewünscht. Leicht ist diese Veränderung jedoch nicht.
- Der Krypto-Single
  Unser Beispiel Werner T.: Jemand, der nach außen hin in einer Familie den Gruppenmenschen darstellt – aber im Grunde seines Herzens ein Single ist und dies in vielen Verhaltensweisen auch deutlich zeigt.
- Der Prä-Single
  Er (oder sie) ist gewissermaßen die Urform allen späteren Alleinseins. Die Vorsilbe prä bedeutet ja vor; entsprechend ist der Prä-Single jene Form, die wir als Kinder und vor allem dann als Jugendliche immer wieder erlebt haben und die ei-

gentlich schon im Moment der Geburt beginnt: daß wir nämlich für mehr oder minder lange Zeiträume aus der intensiven Beziehung zu einem (erwachsenen) Menschen herausfallen. Im Erwachsenenalter sollten wir dann eigentlich gelernt haben, wie man eine Balance hält zwischen Zeiten des Alleinseins und des Bezogenseins.

Schwierig wird es immer dann, wenn in einer Partnerschaft zwei verschiedene Typen aufeinandertreffen. Da gibt es viel zu klären und erträgliche Wege der Anpassung zu entwickeln. Wenn man wirklich beisammenbleiben möchte.

## Die Zahlen sprechen für sich

Daß die Alleinlebenden zum Thema wurden – und damit erstmals ein Bewußtsein für viele der mit dieser modernen Existenzform zusammenhängenden Probleme geschaffen wurde – haben wir in Deutschland dem *Spiegel*-Redakteur Hermann Schreiber zu verdanken. Im Juni 1978 veröffentlichte er eine dreiteilige Serie mit dem aufsehenerregenden Titel: „Allein leben – die neue Freiheit". Das Titelbild war geschickt gewählt: ein hübsche junge Frau mit entblößtem Busen hielt dem Betrachter abweisend die linke Hand entgegen, so als wollte sie sagen: „Schau mich ruhig an – aber laß mich in Frieden!"

Sehr treffend war damit zweierlei ausgedrückt. Zum einen, daß die symbolisch dargestellte Single eine sehr zwiespältige Existenz führt (sie sucht Kontakt und scheut zugleich die Nähe), die sie mit einer doppeldeutigen Botschaft deutlich signalisiert. Zum anderen drückte das Titelbild des *Spiegel* aus, daß der neue Trend auffallend viele Frauen betrifft. Männliche Singles hat es ja schon immer gegeben (den sprichwörtlichen Junggesellen); aber daß auch immer mehr Frauen das Alleinleben riskieren, und zwar ganz bewußt, das war 1978 ein neues Phänomen.

Noch eine Bemerkung zum Wesen von *Doppelbotschaften*. Mit diesem Begriff belegen die Psychologen Verhaltensweisen von Menschen, die in bestimmten Lebenssituationen, speziell im Rahmen menschlicher Beziehungen, zweideutige Signale aussenden: Die eine Botschaft wird ganz bewußt formuliert, aber dahinter wird noch eine zweite Botschaft übermittelt, die sich meist durch Gesten oder Körperhaltungen ausdrückt (Körpersprache) und das genaue Gegenteil der bewußten Formulierung besagt. Beispiel: Eine Mutter, die ihrem unerwünschten Kind gegenüber sehr zwiespältige Gefühle hegt, kann gleichzeitig sagen: „Ich hab dich lieb" und mit ihrem abweisenden Gesichtsausdruck zeigen: „Ich kann dich nicht ausstehen!"

Solch doppeldeutiges Verhalten ist nicht nur für den Empfänger der Doppelbotschaft verwirrend, bis hin zu den extremen Formen psychotischer Wahnbildung, sondern auch für den Sender. Wir gehen auf diesen Sachverhalt an dieser Stelle so ausführlich ein, weil er für uns ein sehr wichtiges Phänomen im Verhalten von Singles zu sein scheint, und zwar nicht bei jenen Menschen, die das Alleinsein bewußt auf sich genommen haben und zu dieser Lebensform stehen, sondern speziell bei den Krypto-Singles. Und bei unzähligen Singles, die sich gar nicht richtig als Alleinlebende fühlen.

Die ersteren signalisieren ständig, daß sie in festen Bindungen leben möchten, sind Ehepartner, Familienväter, (seltener) Mütter, verhalten sich aber, und zwar meist ohne es bewußt zu merken, ganz wie echte Singles. Dabei steht mir ganz plastisch jener Vater vor Augen, der von einem langen Arbeitstag mit Kollegen nach Hause kommt, dann bis zum Abendessen im Hobbyraum verschwindet, die Familie kurz beim Essen trifft – und dann den Rest des Tages vor dem Fernseher verbringt.

## Unklare Signale in Beziehungen

Ähnlich verhalten sich jene Singles, die einen festen Partner haben, aber sich nicht auf eine tiefere emotionale Beziehung einlassen. Durch allerlei Aktivitäten können sie lange Zeit die Tatsache überspielen, daß sie im Grunde ihres Herzens allein und isoliert sind. Sie laufen jedoch vor dieser unangenehmen Tatsache ständig davon. Bis das Schicksal sie eines Tages einholt und ihnen, meist in Form schwerer Depressionen, ihre Situation klar wird. Dies tritt nicht selten dann ein, wenn der gewohnte Partner plötzlich weggeht oder eine andere Beziehung aufbaut. Die Doppelbotschaften, welche die Krypto-Singles ebenso wie die zuletzt beschriebenen Singles (die keine sein wollen) aussenden, können die Mitmenschen auf Dauer nur verwirren, ja zu höchster Verzweiflung bringen.

Wer ständig vom Partner verlassen wird, wer laufend *Pech in der Liebe* hat, sollte sich einmal fragen, ob er, ob sie die anderen nicht mit solchen Doppelbotschaften vergrault!

Doch sehen wir uns jetzt einmal die bekannten Fakten an. Bereits 1977 gab es in der Bundesrepublik sieben Millionen *Einpersonenhaushalte*, bei mehr als 24 Millionen Privathaushalten. Das waren schon doppelt so viel wie 1950. Und der Trend zeigte weiter deutlich nach oben, wie wir es ja dann auch erfahren durften. Nach einer Untersuchung, die der Hamburger Freizeitforscher Prof. Horst W. Opaschowski vorlegte, waren drei Viertel dieser Alleinstehenden mehr oder minder unglücklich über ihren Zustand.

Dazu muß man noch jene Haushalte rechnen, in denen alleinerziehende Eltern leben, sowohl Mütter als auch – und zwar immer häufiger – Väter. Es gab 1977 bereits deren 776 000 (mit insgesamt 1,2 Millionen Kindern unter 18 Jahren). Im Jahr 1989 wies das Statistische Bundesamt bereits 1,6 Millionen alleinerziehende Mütter und 301 000 alleinerziehende Väter aus – eine gewaltige Erhöhung um weit mehr als das Doppelte.

Unsere Beobachtungen sprechen übrigens dafür, daß viele dieser Kinder, die mit nur einem Elternteil – der ja im Grunde ein Single ist – aufwachsen, diese Existenzform als Alleinlebender ebenfalls in hohem Maße übernehmen werden.

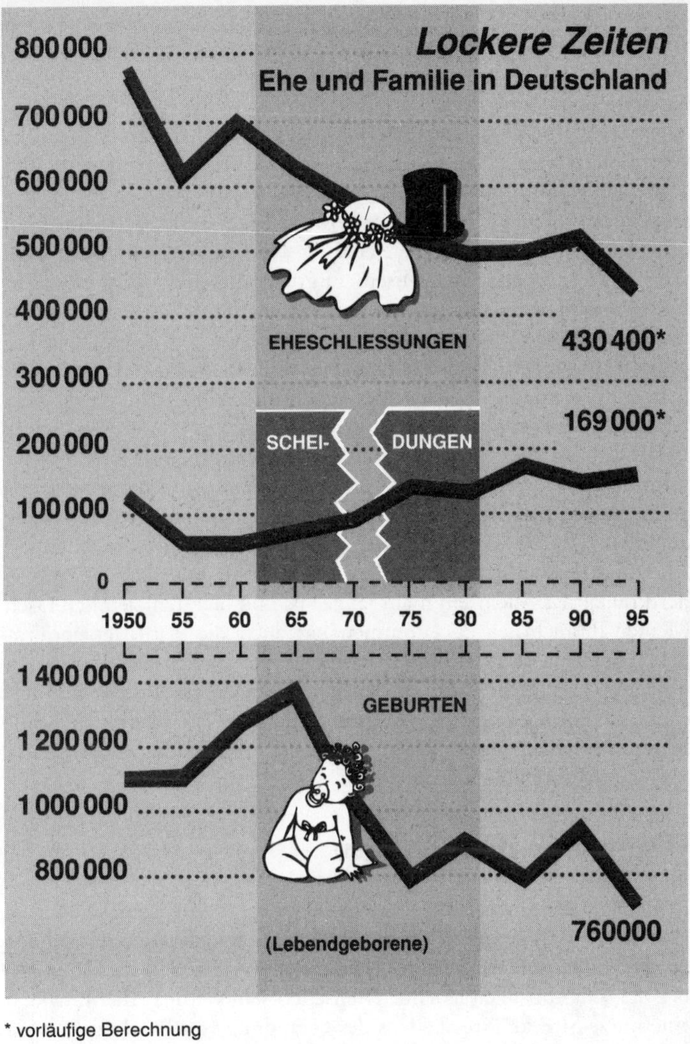


Abb. 1: Lockere Zeiten: Ehe, Scheidung und Familie in Deutschland (Ende der Partnerschaft?)

Die Gesamtzahl ist jedoch mit Sicherheit noch weitaus höher als der amtliche Zahlenstand widerspiegelt. Zum einen leben viele Ehepaare (Familien) nur noch aus steuerlichen Gründen und *auf dem Papier* zusammen, gelten offiziell als verheiratet, während beide Partner längst getrennt sind und ihren eigenen Hausstand versorgen. Es macht schon einen beträchtlichen Unterschied, ob jemand in der Steuerklasse Drei als Ehemann und Vater von zwei Kindern eingestuft ist – oder in Steuerklasse Eins als Junggeselle, der dann Frau und Kinder von seinem versteuerten Resteinkommen finanzieren muß! An der finanziellen Misere aufgrund dieser doppelten Steuermoral ändert auch die geringfügige *Kosmetik* der jüngsten Erleichterungen (höhere Freibeträge für den Verdiener der gespaltenen Familie) kaum etwas. Und schon gar nichts ändert sie an den menschlichen Problemen, vor allem den unerquicklichen Zänkereien ums Haushalts- und Wohngeld.

Aber auch die offizielle Zahl der Scheidungen und Trennungen nimmt laufend zu, während die Eheschließungen kontinuierlich zurückgehen: Auf rund zwei Eheschließungen kommt bereits eine Scheidung, beide Trends klaffen wie eine Schere weit auseinander. Allerdings halten achtzig Prozent der Männer und siebzig Prozent der Frauen das Alleinsein nicht lange aus und heiraten ziemlich rasch wieder. Beträchtlich zugenommen hat auch die Zahl der eheähnlichen Gemeinschaften, deren Partner nicht mehr offiziell heiraten möchten (mit nicht unproblematischen Folgen für Kinder aus solchen Beziehungen): Inzwischen leben bereits 1,6 Millionen Menschen in solchen *wilden Ehen*, wie man sie früher genannt hat.

## Übergangs-Beziehungen

In den USA ist heute schon einer von drei Haushalten kein Paar-Haushalt mehr. Frank Fürstenberg, Professor für Familiensoziologie an der Universität von Pennsylvania, sagt voraus, daß die Amerikaner der Zukunft alleinlebende Menschen sein werden, die nur noch eine kurze Strecke ihres Lebens der Gründung von Paarbeziehungen oder gar Familien widmen: „... außerhalb dieses Abschnitts werden die Menschen ihre Zeit allein zubringen oder in Übergangsbeziehungen (*transitory arrangements*)“.

Wir sind da völlig anderer Meinung: Doch davon in den nächsten Kapiteln mehr, in denen wir zu zeigen versuchen, daß der

Single ein eigenes Entwicklungsstadium sein könnte, das dem des zu echten Partner- und Familienbeziehungen fähigen Erwachsenen vorausgeht. Es stellt somit den Übergang dar von der Pubertät in diese vierte Lebensphase (nach Kindheit, Jugend, Single-Zeit).

In München lebt bereits jeder dritte Bewohner allein in seiner Wohnung; in anderen Ballungszentren wie Frankfurt und Düsseldorf ist die Tendenz ebenso deutlich steigend. Der Anteil der Einpersonenhaushalte an den Privathaushalten insgesamt macht schon weit über 40 Prozent aus. In absoluten Zahlen ausgedrückt, heißt dies, daß 330 000 Münchner, davon 198 000 Frauen, allein leben. Das bedeutet aber auch, daß von den 650 000 Münchner Wohnungen 330 000 (oder 51 Prozent) Einpersonenhaushalte sind; 60 Prozent davon wiederum werden von Frauen geführt.

Wahrscheinlich, so nehmen wir an, sind die wenigsten von ihnen freiwillig Singles geworden. Viele wurden durch den Tod des Partners oder durch Scheidung in diese Rolle zwangsläufig hineingezwängt. Aber es sieht so aus, als ob immer mehr auch Spaß an dieser neuen Lebensform finden, die man früher allenfalls bei Männern toleriert hat (*Junggeselle* und *Witwer* waren die gängigen Bezeichnungen), während Frauen außerhalb der Mutter-Ehefrau-Rolle ausgesprochen diskriminiert wurden: *alte Jungfer* und *Witwe* gingen noch an, wenn sie sich an die von der Gesellschaft vorgeschriebenen Normen hielten. Aber die Geschiedene oder gar die unverheiratete lebenslustige Frau wurde ausgesprochen scheel angesehen, wenn sie nicht gerade Schauspielerin oder Opernsängerin war.

Das Fazit einer Studie, die Hermann Schreiber 1978 im Nachrichtenmagazin *Spiegel* veröffentlichte, deren Zahlen sich kontinuierlich weiterentwickelt und deren Thesen sich bis heute bestätigt haben, lautet so: Alleinleben – und zwar als bewußtes Akzeptieren dieser Lebensformen mit all ihren Vor- und Nachteilen – war früher seltenes Privileg einiger weniger Angehöriger vor allem der gehobeneren und vermögenderen sozialen Schichten. Heute trifft man Singles in jeder gesellschaftlichen Gruppe an. Der gut verdienende Facharbeiter, die auf ihre Karriere bedachte Substitutin in einem Kaufhaus, der vom Lernen absorbierte Student und die ihres lästigen Ehemann-Paschas ledige frisch Geschiedene sind da genauso dabei wie der millionenschwere Playboy und die solo durch die Provinztheater tingelnde Schauspielerin.

## Vorsicht bei Statistiken!

Für manche Leute, insbesondere Politiker im Kommunalbereich, sind Singles inzwischen fast so etwas wie ein rotes Tuch geworden. Auf der einen Seite liebt man sie heiß und innig, weil sie viel Geld in alle möglichen Kassen spülen, nicht zuletzt in die der Finanzämter (allein für München schätzte man im Jahr 1996 die Finanzkraft der Alleinlebenden auf zehn Milliarden Mark, von denen drei Milliarden an Steuern zu Buche schlugen).

Auf der anderen Seite hat man zunehmend Probleme mit den Singles: Sie vor allem sorgen dafür, daß die durchschnittliche Wohnfläche pro Münchner in wenigen Jahren von 25 auf 35 Quadratmeter angestiegen ist. Jeder Quadratmeter mehr bedeutet jedoch – bei insgesamt 660 000 Haushalten in der Isarstadt – 10 000 Wohnungen weniger!

Speziell die Horrorvisionen aufgrund solcher Zahlen sollte man jedoch nur sehr behutsam an die Wand malen. Es gibt da nämlich eine enorme Dunkelziffer in der Statistik, und das sind die Wohngemeinschaften. Sie werden – außer bei den Studenten – nirgends erfaßt. Die *Münchner Sozialstudie* des Planungsreferats der bayrischen Landeshauptstadt kam im Herbst 1996 zu dem verblüffenden Ergebnis, daß in Wirklichkeit gar nicht wie befürchtet mehr als die Hälfte (in Schwabing sogar an die 60 Prozent) der Einwohner Singles sind und in einer eigenen Wohnung leben, sondern gerade mal 27 Prozent hausen und wirtschaften allein. Ein weiteres Viertel wohnt in Zweierhaushalten (darunter auch viele Singles) und etwas mehr als 45 Prozent wohnen in Haushalten mit drei und mehr Personen (auch hier sind viele Alleinlebende dabei).

Von den mehr als 20 Studenten, die uns persönlich bekannt sind, wohnen ausnahmslos alle zu dritt oder zu viert in Wohngemeinschaften. Aber auch abseits der Studentenwelt (die das gemeinschaftliche Wohnen schon in den 60er Jahren entdeckt hat, weil Zimmer in den Heimen selten und Privatmieten teuer waren) haben sich spezielle Formen dieses Zusammenlebens von Singles entwickelt, insbesondere Alten- und Frauen-WGs. In einem Bericht (Röder 1996) stellte die Frauenbeauftragte der Stadt München fest: „Von meinem persönlichen Eindruck her wohnen immer mehr Frauen zusammen – und zwar ohne Anspruch, daß es nur eine Übergangslösung ist."

Das heißt, hier hat sich eine neue eigene Lebens- und Wohnform entwickelt, die bleiben wird. Bei monatlichen Kosten von vier- bis fünftausend Mark für ein kleines Apartment in einem Alten- oder Pflegeheim verwundert das nicht: Drei oder vier alte Leute, die sich zusammentun, können sich für ihre fünfzehn- bis zwanzigtausend Mark pro Monat eine komfortable Versorgung rund um die Uhr leisten und immer noch einiges zum Vererben übrig behalten!

Not macht erfinderisch, kann man auch hier feststellen, und eben auch die Wohnungsnot. Diese Situation, diese Zahlen und entsprechend diese Warnung vor übereiliger Interpretation von Statistiken gelten sicher nicht nur für München, sondern für alle größeren Ballungsräume, wo die Singles mehr und mehr überwiegen. Für das Jahr 2010 rechnet der Freizeitforscher Opaschowski mit einem beachtlichen weiteren Anstieg des Alleinlebens, weil seiner Freizeit-Studie für 1997 zufolge bereits 58 Prozent der 14- bis 34jährigen (1994: 46 Prozent) angeben, daß sie auch ohne Familie ganz glücklich leben können. Aber diese heute noch jungen Leute werden nicht minder kreativ sein als die Generation, die heute den Ton angibt.

(Als Hinweis darauf, daß all diese Trends nicht unbedingt neu sein müssen, sei noch dies angemerkt: In unserer Zeit sind deutlich mehr Frauen zwischen 20 und 40 Jahren verheiratet als etwa in den 20er Jahren. Und noch im vergangenen Jahrhundert gab es Gegenden nicht nur in Deutschland, wo ein Junggeselle erst heiraten durfte, wenn er 35 Jahre alt war und über entsprechendes Vermögen verfügte.)

## Ist das Glas *halb voll* – oder *halb leer*?

In diesem Buch geht es jedoch um anderes. Zum einen spüren wir den Problemen des Alleinlebens nach und zeigen, wie man besser mit ihnen fertig wird: mit den Depressionen, den Schlafstörungen, der Langeweile und den Gefühlen von Sinnlosigkeit und innerer Leere. Es verhält sich dabei, um einen wichtigen Gesichtspunkt vorwegzunehmen, meist wie mit dem sprichwörtlichen Glas Wasser, das zur Hälfte gefüllt ist. Wer enttäuscht ist und zu Pessimismus neigt, wird bedauern, daß das Glas *halb leer* ist. Wer mehr die positiven Seiten des Lebens schätzt und optimistisch in die Welt schaut, wird sich freuen über das *halbvolle* Glas.

Aber um dem Alleinsein und jener Kette von Zuständen der Einsamkeit, welche die Existenzform des Single ausmachen, auch angenehme Seiten abgewinnen zu können, bedarf es zunächst einmal eines besseren Verständnisses, worum es beim Alleinleben überhaupt geht. Denn nur solange man sein Schicksal nicht versteht – oder es gar als sinnlos mißversteht – wird man mit ihm hadern. Das Hadern aber lähmt alle positiven Kräfte und verstärkt die unangenehmen Seiten der Existenz nur noch mehr.

An dieser Stelle wird auch der Titel unseres Buches verständlicher: Alleinsein ist auch eine Chance. Wer lange in Unmündigkeit und Abhängigkeit gelebt hat, zum Beispiel der Jugendliche im Elternhaus oder die Ehefrau in den Fesseln einer zu engen Ehe, für den kann das Alleinleben eine ungeheure Erleichterung und damit vielleicht erstmals die Chance zum Leben, nämlich zu einem eigenständigen Leben sein. Betrachtet man aber zudem die Zeit des Single-Seins als eine Art Experimentierzeit, in der man die einem gemäße Art zu leben entwickeln kann, so ist Alleinleben wirklich *die* Chance des Lebens. Denn zuvor lebte man in starker Abhängigkeit von Elternhaus und Schule bzw. Ausbildung. Gleich danach ergaben sich neue – nun freilich anders geartete – Abhängigkeiten, wenn man bewußt eine Bindung einging oder eine Familie gründete.

Diese neuen Abhängigkeiten können eigentlich nur dann als sinnvoll und positiv erlebt und gemeistert werden, wenn man zuvor einmal allein für sich selbst gesorgt und gelebt hat. So verstanden, wird die Single-Zeit zum wichtigen Bindeglied zwischen der Pubertät und dem Erwachsensein in einem neuen Sinn.

## Ein neues Stadium der seelischen und sozialen Entwicklung

Das soll nicht heißen, daß der Single *nicht erwachsen* ist. Wer allein lebt und seinen Lebensunterhalt selbst verdient, ist sicher erwachsen im Sinne von *biologisch reif* und von *finanzieller Unabhängigkeit*, was ja der Jugendliche im vorangehenden Stadium der Pubertät noch nicht ist. Ein Erwachsener sollte in der Lage sein, nicht nur sein eigenes Leben zu meistern, sondern auch lebendige Beziehungen mit anderen Menschen einzugehen. Schon ein kurzer Blick in den eigenen Verwandten- und Bekanntenkreis zeigt wahrscheinlich, daß

Erwachsene in diesem umfassenderen Sinne ungeheuer selten sind. In Wirklichkeit sind die meisten Ehen Lebensgemeinschaften von Singles, die noch immer mit den alten Problemen und Konflikten ihrer Kindheit und Pubertät ringen oder diese – was weit schlimmer ist – weitgehend ins Unbewußte verdrängt haben.

Kein Wunder, daß mehr und mehr solcher Ehen kaputtgehen.

Beide Partner haben dann endlich die Chance, aus den Trümmern der gescheiterten Gemeinschaft die guten Erfahrungen (und die gibt es ja meistens ebenfalls) einzusammeln, die sich gegenseitig und selbst zugefügten Wunden zu lecken und dann ...

Und dann?

Noch immer stürzen sich die meisten Geschiedenen umgehend ins nächste Eheabenteuer, so als hätten sie überhaupt nichts aus dem vorangegangenen Debakel gelernt, so als würde es genügen, einfach eine neue Beziehung anzufangen und dann werde schon alles von alleine laufen. Es stimmt zwar, daß die zweiten Ehen besser gelingen als die ersten (Glenn und Weaver 1977). Aber sie gelingen aus höchst unterschiedlichen Gründen besser:

- Zum einen aus Glück und Zufall, genauer: weil man seine eigenen Bedürfnisse und Gefühle inzwischen, durch Unglück und Frustrationen klüger geworden, besser kennt und entsprechend sich intuitiv einen Partner sucht, der besser zu einem paßt.
- Zum anderen – und dies ist wohl die gelungenere Version –, weil man die Zeit nach der Scheidung genutzt hat, mit sich selbst ein wenig ins Reine zu kommen. Das gelingt erfahrungsgemäß in der Einsamkeit des Alleinseins, denn nur wer es mit sich selbst allein aushält, der wird es auf die Dauer auch mit einem anderen Menschen aushalten.

Aber es gibt natürlich genügend zweite Ehen, die ebenfalls scheitern. Offensichtlich genügen nur die Erfahrungen einer schlechten Ehe noch nicht, um mit dem nächsten Partner besser zurechtzukommen („*Beim nächsten Mann wird alles anders*" – dieser Titel eines Bestsellers von Eva Heller ist sicher ironisch gemeint). Dazu muß sich schon in einem selbst auch etwas ändern.

Aber Alleinsein ist nicht nur zur besseren Bewältigung einer Lebensgemeinschaft (es muß nicht unbedingt eine Ehe mit Trauschein sein) die große Chance und Vorbedingung. Auch um mit sich selbst besser zurechtzukommen, empfiehlt sich immer wieder mal das Wagnis des bewußten Alleinlebens, und sei es nur für ein paar Tage im Jahr – oder wenigstens für eine Stunde am Tag –, ohne Arbeit, ohne Fernsehen, ohne Telefonate, ohne Ablenkungen durch Essen, Trinken, Rauchen und andere Ersatzbefriedigungen, nur mit sich selbst (dem eigenen Unbewußten) als Gegenüber. Keine leichte Sache. Aber wir werden sehen, daß sie nicht nur gelingt (wenn man bestimmte Spielregeln beachtet), sondern daß sich diese Zeit der schöpferischen Einsamkeit auch in Form eines besseren Lebensgefühls auszahlt.

## Es gibt mehr Singles, als man meint

Da eine unserer wichtigsten Thesen die Behauptung ist, viele Menschen, die in Paarbeziehungen und Familien leben, seien in Wahrheit Krypto-Singles, soll an dieser Stelle genauer gesagt werden, warum wir dieser Meinung sind. Ein Beispiel: Stella F. ist 30 Jahre alt, Lehrerin an einer Grundschule, verheiratet mit einem Industriekaufmann und Mutter zweier Kinder. Stella steht um 6.30 Uhr auf, frühstückt mit der ganzen Familie. Während der Mann sich per Auto auf den halbstündigen Weg zum Betrieb am anderen Ende der Stadt begibt, packt sie die beiden Kinder in den Zweitwagen, liefert die vierjährige Tochter im Kindergarten, den achtjährigen Sohn in der Grundschule ab und fährt dann weiter zu ihrem Arbeitsplatz. Dort unterrichtet sie den ganzen Vormittag 30 Siebenjährige, fährt nach Hause, kauft unterwegs ein, kocht für sich und den inzwischen per Schulbus wieder zu Hause angelangten Sohn das Mittagessen (der Mann ißt in der Betriebskantine, das Töchterchen im Ganztagskindergarten) und legt sich dann eine Stunde total erschöpft ins Bett. Anschließend korrigiert sie Schulhefte, bereitet sich auf den nächsten Schulvormittag vor, überwacht die Hausaufgaben des Sohnes, bringt den Wagen zur Inspektion, besucht eine Nachbarin, die krank ist. Danach holt sie die Jüngste aus dem Kindergarten, bereitet das Abendessen vor.

Nach dem Abendessen sitzt sie mit der ganzen Familie vor dem Fernseher, bringt die Kinder zu Bett (wobei ihr, wie beim Zubereiten des Abendessens, der Ehemann gelegentlich hilft). Nun sehen die Eheleute noch zwei Stunden fern und gehen todmüde ins Bett. Der Mann hat sich mit zwei Flaschen Bier die nötige *Bettschwere* verschafft, *sie* holt sich diese – nachdem sie sich eine halbe

Stunde lang unruhig herumgewälzt hat – mittels Schlaftabletten. Dieses Ehepaar schläft schon seit dem vierten Jahr der acht Jahre alten Ehe in getrennten Zimmern. Am Wochenende vermeiden beide längere Gespräche (die wichtig für ihre Beziehung und die ganze Familie wären), indem sie lange Autotouren unternehmen, bei der sie sich immer wieder über Belanglosigkeiten streiten. Abends sinken sie auch da todmüde ins Bett. Miteinander geschlafen haben die beiden das letzte Mal vor drei Wochen, während des Urlaubs, als die Kinder bei den Großeltern waren.

Es ist wohl nicht übertrieben, diesen Alltag als typisch für viele Ehen und Familien zu bezeichnen. Sowohl Stella F.'s Alltag als Mutter, Hausfrau und Lehrerin wie auch der ihres Mannes als Industriekaufmann besteht im Grunde genommen aus einer Kette von einsamen Situationen. Diese werden nur gelegentlich unterbrochen durch kurze Kontakte mit Kollegen, Freunden, dem Partner, den Kindern (eigenen wie fremden), in denen allenfalls flüchtig etwas mehr aufkeimt als nur ein oberflächlicher Austausch von überlebensnotwendigen Floskeln der Höflichkeit oder der Sachlichkeit.

## Ein trügerisches Spiel

Aber eine echte Beziehung, Erotik, gegenseitiges Aussprechen und Zuhören, Verstehen, sich menschlich Weiterentwickeln? In dieser Hinsicht ist für Stella und ihren Mann das Leben etwa zwei Jahre nach der Heirat stehengeblieben.

Beide leben sie so belanglos nebeneinander her, daß sie in Wahrheit völlig vereinsamt und allein sind. Beide sind im Grund genommen Singles, die sich hinter Ehe und Familie verstecken. Das Spiel, das sie dabei miteinander spielen – wahrscheinlich ohne es bewußt zu wollen –, heißt: „Ich habe große Sehnsucht nach dir – aber komm' mir ja nicht zu nah!"

In diesem Kommunikationsnetz, das aus wechselseitigen Doppelbotschaften solcher Art besteht, gehen beide langsam zugrunde. Aber wenn man Stella oder ihrem Mann raten würde, sich zu trennen, würden sie den Ratgeber nur entsetzt anschauen und auf die gute Qualität ihrer Beziehung hinweisen (sie streiten fast nie, und das Schweigen, das meistens zwischen ihnen herrscht, nehmen sie nicht einmal mehr wahr).

Und innerlich schaudern bei dem Gedanken, vielleicht wirklich allein leben zu müssen.

Denn Alleinsein gilt den meisten Menschen immer noch als der schrecklichste Zustand, den sie kennen. War es doch genau jener Zustand, aus dem Stella und ihr Mann mit wehenden Fahnen geflohen sind, um sich zusammenzutun, als sie sich damals kennenlernten, vor fast einem Jahrzehnt: sie auf der Suche nach Zärtlichkeit und Nestwärme, er aus sexueller Not (hinter der sich wohl ebenfalls eine tiefe Sehnsucht nach menschlicher Wärme und Nähe verbarg). Viele, wenn nicht gar die weitaus meisten Menschen in Paar- und Familienbeziehungen sind innerlich einsam, allein, isoliert. Erich Kästner hat diese Erkenntnis unnachahmlich festgehalten in einem Gedicht, das so endet:

„... und am schlimmsten ist die Einsamkeit zu zweit ..."

Diese Leute, die zu zweit einsam sind (oder es im Getriebe der Arbeitswelt unter intrigierenden, konkurrierenden, rivalisierenden Kollegen bald werden), obgleich sie nach außen hin scheinbar doch in ganz gut funktionierenden Beziehungen zu anderen Menschen eingebunden sind, nennen wir ab jetzt nicht nur – wie oben geschehen – Krypto-Singles. Wir beziehen sie stets mit ein, wenn wir in diesem Buch den Ausdruck *Single* benutzen. Denn der psychische und soziale Zustand, in dem sie leben, ist sehr ähnlich dem der echten Singles, die bewußt allein für sich existieren.

In der kaschierten Form des Krypto-Singles scheinen viele Familienmenschen ihr Leben mit anderen Menschen zu teilen, in Wahrheit aber sind sie innerlich einsam und allein. Das Gegenteil stimmt auch: Der echte Single lebt nicht unbedingt allein. Er hat – wir sahen es eingangs am Beispiel von Markus G. und seiner Freundin Gabi – nicht selten seine festen Partnerbeziehungen, die er durch die Gründung eines gemeinsamen Haushalts nur nicht gefährden mochte – so paradox das klingen mag.

## Das Wesen guter Partnerschaft

Der Vollständigkeit halber wollen wir noch skizzieren, wie unserer Meinung nach eine gute Partnerschaft aussehen sollte, die erwachsene Menschen jenseits ihrer Experimentier- und Selbsterfahrungszeit als Singles aufbauen können. Als wesentlichste Merkmale seien genannt (und gerade deren Fehlen kennzeichnet Stella F., die Lehrerin, und ihren Mann als Krypto-Singles):

1. Beide pflegen intensiven Kontakt durch Gespräche, körperliche Nähe und erotisches Beisammensein, vor allem aber durch eine gefühlsmäßige Verbindung, die nicht zusammenbricht, wenn es einmal zu Mißverständnissen oder Streit kommt. Im Gegenteil: Jede dieser höchst menschlichen Beziehungsstörungen wird offen ausgetragen und diskutiert, sobald beide sich in der Lage dazu und psychisch stark genug fühlen.
2. Statt zu kleinen Katastrophen werden solche „Störungen" dann zu Möglichkeiten noch größerer Nähe (Nähe gewinnt ja erst durch das Kontrastphänomen der Distanz an eigentlichem Wert und Reiz!). Konflikte werden nicht über Wochen und Monate hin verschleppt, sondern möglichst bald und gründlich ausgetragen.
3. Man respektiert und vertraut sich gegenseitig.
4. Außer nach ständiger Selbstverwirklichung (die zu den interessantesten Aufgaben des heutigen Menschen zählt) streben beide danach, die gemeinsame Basis der Beziehung zu erweitern und auszubauen. Ein Kind kann irgendwann, sobald die Beziehung wirklich tragfähig für zwei Erwachsene ist, die biologische Weiterführung der Gemeinschaft sein, später ergänzt durch die turbulente und ungemein fruchtbare Dynamik der Dreier-Beziehung[3] von Mutter, Vater und Kind.
5. Selbstverständlich sollte dabei sein, daß Mann und Frau völlig gleichberechtigt sind und lernen, die alten Rollen der Gechlechtertrennung zu überdenken und ihren eigenen Bedürfnissen gemäß zu gestalten.

---

[3] Wir geben uns keinen Illusionen hin: Die Dreierbeziehung ist äußerst schwierig und ihre Bewältigung der vielleicht wichtigste Schritt in der nächsten Entwicklungsphase der Menschheit zum *homo futurus*, zum Menschen der Zukunft.

## Ein jegliches hat seine Zeit

Ist nicht auch die *Grüne Witwe* in Wahrheit ein Single? Vielleicht ist sie für ein kleines Kind verantwortlich, das noch kaum reden kann. Sie muß draußen im Vorstadt-Ghetto den Tag mit unzähligen, nicht selten überflüssigen Ritualen ausfüllen und wartet auf das Heimkommen des Ehemannes. Der ist dann jedoch oft für ein Gespräch – das ihre Neugier befriedigen und ihren Kontakt mit der Wirklichkeit draußen herstellen soll – viel zu abgespannt.

Unter der Überschrift „Warum denkt niemand an die Vereinsamung der Hausfrauen?" beklagte sich in der Süddeutschen Zeitung eine Reihe von Frauen über ihr Los im Familienalltag.

„Je mehr Kinder ich habe, um so isolierter werde ich als Hausfrau", schrieb eine, und sie faßte damit die Reaktionen auf die Vorschläge eines Studienrates zusammen, der – offenbar aus der Sicht des althergebrachten Patriarchats – den Frauen empfohlen hatte, sich doch wieder den verdienstvollen Aufgaben in Küche, Kinderstube und Kirche zu widmen.

Daß gerade Mütter von kleinen Kindern im Grunde genommen als unfreiwillige Singles leben, verwundert nicht, wenn man sich ihren Alltag näher ansieht, wie wir es oben im Beispiel der Lehrerin Stella F. schon getan haben. Stella hatte immerhin noch die Abwechslung ihres Berufs, was freilich nicht viel zur Linderung ihrer inneren Einsamkeit beitrug. Die Zeitungen sind jeden Tag voll von den Verzweiflungstaten solcher unfreiwilligen Singles, denen meist auch Geld nicht hilft, mit ihrem Alleinsein besser zurechtzukommen. Vor einiger Zeit vergiftete sich am Chiemsee eine 55jährige Münchner Millionärsfrau mit dreißig Schlaftabletten. In ihrem Abschiedsbrief schrieb sie, die ein Gestüt im Allgäu besaß und eine Fabrik in Augsburg geerbt hatte: „Ich fühle mich so allein."

Ihr Ehemann, ein 69jähriger Physiker, lebte seit vier Jahren von ihr getrennt. Als der 27jährige Sohn heiratete, wurden auch dessen Besuche seltener. Der Selbstmord war für sie schließlich der einzige Weg aus der Einsamkeit, den sie sich noch vorstellen konnte.

Jeden Tag bringen sich irgendwo auf der Welt 1 000 Menschen um; weitere 5 000 versuchen es, werden jedoch im letzten Augenblick gerettet. Abgesehen von den relativ wenigen Bilanz-Selbstmorden (zum Beispiel infolge einer klar erkennbaren Krankheit mit tödlichem und schmerzhaftem Ausgang) handelt es sich in der überwiegenden Zahl der Fälle um die Verzweiflungstaten von isolierten Menschen. Diese kommen mit dem Alleinsein nicht zurecht und können sich nicht die Lebensform des echten Single bewußt zu eigen machen, der unter dem Alleinsein nicht ausschließlich leidet (das tut er/sie zeitweise sicher auch), sondern diese Phasen der selbstgewählten Einsamkeit daneben auch zu nutzen und vor allem zu genießen weiß.

Eine andere Meldung weist ebenfalls auf die Problematik des drohenden Alleinseins und auf die Flucht davor hin: Bei einer repräsentativen Untersuchung der Zeitschrift *Eltern* gaben zehn Prozent von 2 075 befragten verheirateten Frauen zu, ihre Ehe nur noch aus Rücksicht auf die Kinder aufrechtzuerhalten. Insgesamt wachsen demnach in Deutschland

- rund 2,5 Millionen Kinder in zerrütteten Ehen auf;
- weitere drei Millionen Kinder leben in Familien, die überwiegend nur wegen der Kinder zusammengehalten werden.

## Kinder sind kein Ehe-Kitt

Zum Glück spricht es sich langsam herum, was für ein Gift es für Kinder auf die Dauer ist, wenn sie unter solchen Voraussetzungen als *Ehe-Kitt* mißbraucht werden. Ein Ende mit Schrecken durch eine sinnvolle Scheidung ist hier humaner und auf die Dauer günstiger für die Kinder als der Schrecken ohne Ende solcher Pseudo-Ehen. Immer mehr Mütter, aber auch Väter, gehen deshalb den konsequenten Weg als Alleinerziehende, der eine wichtige Erscheinungsform des Singles geworden ist. Wo Kinder die Familie und Ehe zusammenhalten müssen, können wir mit Sicherheit von einer Verbindung zwischen Krypto-Singles ausgehen. Und die Kinder aus solchen Pseudo-Gemeinschaften werden später mit hoher Wahrscheinlichkeit zu echten Singles, die das Alleinleben der offenen oder versteckten Hölle derartiger „Fassaden-Familien" vorziehen (so der treffende Titel eines Buches von Gastager).

Singles und Krypto-Singles sind uns nicht nur aus der Zeitungslektüre vertraut, sondern vor allem aus Einzelberatungen und aus Gesprächen in Selbsterfahrungsgruppen. Letztere sind inzwischen zu einer beliebten Möglichkeit geworden, zu lernen, wie man besser mit den Schwierigkeiten und Leiden des Alleinseins zurechtkommt und für sein Leben neue Perspektiven findet.

Bisher wurde solche Hilfe, mangels anderer Möglichkeiten, gerne bei Psychotherapeuten gesucht, die dafür aber oft gar nicht nötig sind und deren Arbeitskapazität, die sie für wirklich seelisch Kranke reservieren sollten, nur unnötig strapaziert wird. Wenn man sich die Klientel einer solchen Praxis anschaut, so handelt es sich in der Tat meistens um Singles, die mit dem Alleinsein nicht zu Rande kommen, oder um Krypto-Singles, die Angst vor dem Absprung aus einer fragwürdig gewordenen Beziehung haben, weil sie vor sich nur das (angebliche) Nichts und einen Abgrund von Einsamkeit ahnen.

Entsprechend sind die Kontaktstörungen und -ängste ausgeprägt, in deren Folge sich dann leicht Tabletten-, Alkohol- und anderer Drogenkonsum, schließlich deren Mißbrauch einstellen. (S. auch Kapitel über Kreatives Schreiben – „Schreiben als Selbsterfahrung“ S. 179 –, Frauengruppen.)

Viele Singles oder solche, die in diese als freier erlebte Existenzform des echten Alleinseins umsteigen wollen, treffen sich in den Bürgerinitiativen. Offensichtlich sind diese sich seit dem Jahr 1968 (als der Begriff *Bürgerinitiative* entstand) lawinenartig verbreitenden Selbsthilfegruppen nicht nur ein wichtiges politisches Regulativ gegen Behördenwillkür und Parteienverdrossenheit geworden, sondern eine nicht minder wichtige Möglichkeit mitmenschlicher Begegnung, Selbst- und Fremderfahrung, Kontakterprobung und verwandter psychosozialer Situationen, die dem Single das Leben enorm erleichtern.

Das Spektrum der Initiativgruppen ist sehr breit. Es reicht vom bundesweiten Protest gegen Atomkraftwerke und umweltverschmutzende Fabriken über die lokale Gruppe, die das gedankenlose Abholzen einer Lindenallee verhindern möchte, bis hin zu Initiativen, die auf kommunaler Ebene psychosoziale Hilfen anbieten. Das soziale Engagement fördert dabei, wenn es zugelassen wird, die Kommunikationsfähigkeit der Initiatoren und ermöglicht, neben der Horizonterweiterung durch neues Wissen und lebendige Erfahrungen auch ein Nachreifen blockierter Persönlichkeitsanteile.

## Hilfe gibt es nicht umsonst

Wer sich gerade in einem Stimmungstief befindet, sollte sich als erste Annäherung an diese Problematik ruhig einmal fragen, warum es in früheren Zeiten Menschen gegeben hat, die sich bewußt in die Einsamkeit zurückzogen. Es ist sicher ein Irrtum, anzunehmen, daß sie es nur aus Selbstquälerei und der Askese wegen taten. Erst wenn es gelingt, die Zeit des Alleinseins als sinnvoll – und zwar sinnvoll als notwendiges Entwicklungsstadium – anzunehmen und zu bewältigen, bleibt sie ein transitorisches (Durchgangs-) Stadium.

Die andere Version ist der *fixierte* Single, der in Bitternis und Verzweiflung (oder auch in stolzer Überheblichkeit) in seinem Alleinsein verharrt, krank und – letztlich sinnlos – leidend; weiter oben haben wir ihn als *Eremiten* bezeichnet. Beim heutigen Stand der Dinge geht es wohl in beiden Fällen kaum ohne Hilfe von außen. Dem transitorischen Single kann in idealer Weise eine Selbsterfahrungsgruppe helfen; der krankhaft fixierte Single wird eher eine Psychotherapie benötigen – wenn er überhaupt Hilfe sucht und nicht statt dessen lieber zugrundegeht, als sich helfen zu lassen. Tragisch ist allerdings die momentane Situation, daß selbst jene Menschen, die Hilfe gerne annehmen würden, keine finden – entweder, weil sie nicht wissen, daß ihnen geholfen werden kann, oder weil ihnen die finanziellen Mittel fehlen. Letzteres Argument ist freilich in vielen uns bekannten Fällen nur vorgeschoben, denn da ist Geld genug für alles mögliche andere vorhanden – für ein Auto, für Reisen in ferne Länder oder für teure Kleider.

Tatsache ist und bleibt, daß die Existenz als echter Single oder als Krypto-Single immer diese beiden Gesichter hat: ein eher krankhaftes und ein eher gesundes, normales. Und das ist keineswegs eine Frage der Zeitdauer. Es gibt Menschen, die noch im vierten Lebensjahrzehnt lieber allein leben und diesem Drang auch besser folgen sollten – zu ihrem eigenen Heil wie zu dem anderer Menschen, die sie sonst in unechten, verlogenen Beziehungen belasten und quälen würden.

Und es gibt sicher auch Männer und Frauen, die schon bald nach der Pubertät ihre innere Form soweit gefunden haben, daß sie reif sind für echte Partnerbeziehungen mit entsprechender seelischer und körperlicher Nähe.

Und es wird sicher nicht wenige geben, die ein Leben lang allein bleiben wollen und müssen.

Es liegt auf der Hand, daß eine glückliche Kindheit sowie gute Vorbilder im Elternhaus und während der Ausbildungszeit viel dazu beitragen, daß man später selbst fähiger zu Partnerschaften auf der Grundlage von gegenseitiger Anerkennung und Gleichberechtigung wird. Die Wirklichkeit sieht leider so aus, daß wir alle unsere mehr oder minder massiven Defizite erfahren haben – in der Kindheit wie in der Jugend. Und daß wir deshalb durch ein mehr oder minder langes Jammertal der Single-Erfahrung hindurchmüssen. Nur sollten wir möglichst nicht darin seßhaft werden. Schon die Bibel wußte um diese Verhältnisse:

„Ein jegliches hat seine Zeit, und alles Vorhaben unter dem Himmel hat seine Stunde. Geboren werden und sterben ... Herzen und ferne sein von Herzen ...“ (Prediger Salomo, Kap.3, V.1-5)

*Herzen* – das heißt sich gefühlsmäßig nahe sein, in einer Beziehung zu einem anderen Menschen stehen. *Ferne sein von Herzen* – das erlebt der Single, der mit sich selbst genug zu tun und in seinem Seelenleben – noch – keinen Platz für jemand anderen hat.

## Ein erster Schritt in die Freiheit

Am Schluß dieses Buches (s. Seite 173 ff., Kap 11) finden Sie eine Reihe praktischer Hinweise und Tips, wie Sie mit dem Alleinsein und der Einsamkeit sinnvoller umgehen und aus solchen „Tälern“ wieder herauskommen können. Einzige Voraussetzung, damit dies gelingt: Sie müssen es wirklich wollen. Und zwar nicht nur verstandesmäßig, sondern aus innerster Überzeugung heraus.

Das ist nicht gerade einfach – aber es ist möglich. Vor allem sollten Sie auch bedenken, daß man nicht alles alleine schaffen kann – und schon gar nicht alleine schaffen muß. Kompetente Hilfe zu suchen ist oft der erste Schritt aus einem scheinbar unlösbaren Problem heraus. Das Geld, das solche Hilfe nicht selten kostet, sollten Sie als Investition betrachten, die sich bestimmt irgendwann auszahlt.

Machen Sie doch gleich einmal einen praktischen Versuch. Blättern Sie auf Seite 150 und schauen Sie sich einmal die dort im Kasten abgedruckte *Prioritäten-Liste* an. Nehmen Sie sich eine halbe Stunde Zeit. Probieren Sie aus, was wir dort vorschlagen, und entwerfen Sie Ihre höchstpersönliche Liste mit Dingen, die Sie in Ihrem Leben gerne ändern möchten.

Sie werden überrascht sein, wie viele Einsichten in die inneren Zusammenhänge des eigenen Lebens schon eine solch einfache Übung zu vermitteln vermag. Und vor allem, wie sich bereits durch eine solche scheinbar simple Aufzählung und Neuordnung manches leichter bewältigen läßt, was vorher unerreichbar schien: Fortschritte in der Entwicklung der eigenen Persönlichkeit. Gewiß, so schafft man keine großartigen *Sprünge* nach vorne. Wohl aber werden erste kleine Entwicklungsschritte möglich – einfach deshalb, weil man die Schritte klein genug macht.

*Viel Glück beim ersten Versuch!*

# 2. Kapitel: Rückzug aus Angst und Erschöpfung

*Der Single zieht sich ins Alleinsein zurück, um seine Kräfte zu schonen und um neue Energien für den Lebenskampf zu sammeln. Was zunächst als pure Schwäche, ja als Feigheit vor dem Leben erscheint, wird bei näherem Hinsehen verständlich als Reaktion auf mannigfache Ursachen, die jemand nicht alle gleichzeitig zu bewältigen vermag. Eine gewichtige Ursache ist der Zerfall der althergebrachten Verhaltensregeln der patriarchalen und autoritären Gesellschaft, die früheren Generationen durch ein System von Befehlen-und-Gehorchen das selbständige Denken weitgehend abnahm. Die Menschen hatten im Grunde schon immer ein schwaches Ich. Doch erst der moderne Mensch muß ohne die Schutzmechanismen der größeren Lebensgemeinschaft auskommen, ob er, ob sie will oder nicht.*

Zur natürlichen Grundausstattung des Menschen gehört seine Fähigkeit, in Gruppen zu leben. Wir sind – biologisch, soziologisch und psychologisch betrachtet – ausgesprochene Herdengeschöpfe. Aristoteles sprach bereits vor mehr als 2 000 Jahren vom *zoon politicon*, vom „sozialen Tier".

Während Tausenden von Generationen, über Hunderttausende von Jahren streiften unsere Vorfahren in kleinen Horden durch die Savannen und Urwälder. Dieses Erbe ist uns geblieben. Auch der moderne Mensch unserer Tage ist auf Gruppenexistenz angelegt, verfügt zum Beispiel über ein ausgesprochenes Sensorium für Gruppenprozesse, gruppendynamische Abläufe, soziales Klima und dergleichen mehr; nur wenige – die wir dann als begabte Politiker oder als charismatische Führer einstufen – können bewußt mit diesem Sensorium umgehen.

Schon aus diesem Grund ist das Alleinleben so schwierig; verlangt es doch außer allerlei Entbehrungen sozialer Belohnungen, die man in der Gruppe oder in der Zweierbeziehung relativ leicht bekommt, auch noch die Meisterung eines neuen Lebensstils, für den es kaum Vorbilder gibt.

## Das *starke Ich* war früher selten

Die alten Gruppenstrukturen waren so stabil, daß die meisten Mitglieder des urzeitlichen Stammes, später des Klans und der Großfamilie es sich leisten konnten, psychisch sehr labil zu sein (Psychologen sprechen von einem „schwachen Ich") und wenig durchsetzungsfähig, mit engem Bewußtsein, geringem Zeitgefühl und Gedächtnis, ähnlich wie Kinder. Es gab nur einige wenige Persönlichkeiten mit einem relativ starken Ich, zum Beispiel den Medizinmann und den Häuptling, die Ältesten des Stammes. Der Bewußtseinsforscher Erich Neumann sprach 1949 in diesem Zusammenhang vom *Großen Einzelnen.*

Diese alten sozialen Strukturen erzeugten früher bestimmte Hierarchien der Macht, sowohl in der Familie als auch am Arbeitsplatz und im gesamten sozialen Leben. Entsprechend formten sich auch die Geschlechterrollen, vor allem durch Arbeitsteilung und die Dominanz des Mannes. Zumindest nach außen hin war das so.

Die erste soziale Revolution spielte sich wahrscheinlich in jener Zeit vor Jahrhunderttausenden ab, als der Frühmensch nicht länger nur sammelnd durch seine Umwelt wanderte, sondern sich die Männer in Jagdgruppen zusammenschlossen, während die körperlich schwächeren Frauen weiterhin sammelten und sich dem Schutz und der Erziehung der kleinen Kinder widmeten. Dennoch war in jener frühen Epoche das Gleichgewicht zwischen Männern und Frauen gewahrt (das uns noch im Mythos von Adam und Eva im Paradies beschrieben wird).

Auch das Zeitalter der Seßhaftwerdung der Ackerbauern und Viehzüchter sah noch ein Gleichgewicht zwischen den Geschlechtern, wenn nicht gar eine Dominanz der Frauen, die als Mütter und Ackerbesteller Hüterinnen der Fruchtbarkeit waren. Dennoch überwog auch in dieser Kulturform die Gesamtgruppe, geleitet von wenigen Führerpersönlichkeiten. Noch heute ist es bei den nomadisierenden Buschleuten in Afrika üblich, daß der einzelne, dessen Bewußtsein sich durch die Isolation während einer längeren Jagd von der Gruppe gelöst und verselbständigt hat, durch Trancetänze des ganzen Stammes zurück in das größere Gruppenbewußtsein geholt wird und seine isolierte Eigenpersönlichkeit zum Gutteil wieder aufgibt.

In einem noch späteren Entwicklungsstadium, das mit der Verstädterung zusammenhängt, bildete sich allmählich eine weitere Existenzform heraus. Nicht mehr nur die Gesamtgruppe oder der

Häuptling prägten das Bewußtsein, sondern Mann und Frau konnten jetzt eine Art Zweier-Bewußtsein bilden, in Form einer ehelichen Beziehung. Die frühen griechischen Tragödien und Erzählungen, die erstmals Eheproblematik und Trauer um den Ehegatten behandeln, legen von dieser Entwicklung Zeugnis ab, man denke nur an die zwanzig Jahre, welche Königin Penelope treu auf ihren Gatten Odysseus wartete, während dieser durch die Welt vagabundierte.

## Wer sich nicht anpaßt, wird ausgestoßen

In unserem Jahrhundert erfolgte dann die Entdeckung von Kindheit und Jugend als eigenen Entwicklungsstadien neben und vor der Bewußtseinsform des Erwachsenen, deutlich beeinflußt durch Sigmund Freuds Studien zur sexuellen Entwicklung in der Kindheit und durch Beobachtungen von Kinderpsychologen. Verschiedene Ursachen, unter anderem die zunehmende Arbeitsteilung in der Stadt, führten dazu, daß immer mehr dieser Erwachsenen ein selbständiges, unabhängiges Bewußtsein entwickeln mußten, auch wenn lange Zeit die Gruppe, die größere soziale Gemeinschaft, stärker blieb und den einzelnen mit ihren aufs Gesamtwohl abgestellten Normen und Gesetzen gängelte, unterdrückte, ja verfolgte: Wer sich nicht anpaßte, wurde ausgegrenzt und ausgestoßen, wie bei der Exkommunizierung durch die katholische Kirche.

Welche grundsätzlichen Lebensformen kennen wir heute bei den Erwachsenen? Die Gruppennormen sind vergleichsweise schwach geworden. Mehr schlecht als recht kommt der moderne Mensch mit den vielfältigen Belastungen seiner Wirklichkeit zurecht. Diese Belastungen bestehen aus zwei Arten:

- Da ist zunächst das Erbe des schwachen Ich. Dessen Schwäche macht es dem Menschen nur selten möglich, sein seelisches und geistiges Potential sinnvoll auszunutzen.
- Zweitens sind da die negativen Einflüsse des Milieus, in dem wir zurechtkommen müssen: entfremdete Arbeit; Lärm und Gestank im modernen Stadtverkehr; psycho-soziale Belastungen durch unklare und unaufrichtige Beziehungen mit vielen verwirrenden *Doppelbotschaften.*

All dies führt dazu, daß der einzelne mehr und mehr überfordert ist. Auch die Möglichkeiten, auszuweichen oder Schutz in der Gemeinschaft zu suchen, sind weitgehend geschrumpft oder geschwunden. Ersatzbefriedigungen (Alkohol- und Drogenmißbrauch, Autofahren um des Rasens willen, exzessiver Fernsehkonsum, Anschaffung unsinniger Güter) zerstören die körperliche und seelische Konstitution. Es sieht ganz so aus, als gäbe es neben dem drohenden Mangel physikalischer Energie, der mit Ölknappheit und Atomkraftwerken in nächster Zukunft droht, noch ein ganz anderes, viel schlimmeres Energieproblem: das des *seelischen* Energiemangels.

Sigmund Freud bezeichnete diese Energie als *Libido*, die alten Inder nannten die seelische und zugleich kosmische Energie *Prana*. Freud meinte ausdrücklich *sexuelle* Energie, aber sein Kollege Carl Gustav Jung erkannte, daß weit mehr im Spiel war als nur die Sexualität. Und Wilhelm Reich endlich schuf mit der Bioenergetik eine Therapieform, die sich darauf konzentriert, blockierte seelische Energie freizusetzen, die nach seiner und seiner Schüler Meinung in der blockierten Form nicht nur die Seele, sondern sogar den Körper bis hin zu Krebswucherungen zu deformieren vermag, ganz zu schweigen von den mannigfachen sozialen Störungen und Zerstörungen, die durch negative seelische Energien angerichtet werden.[4]

## Vier Möglichkeiten, sich anzupassen

Wie verhält sich angesichts dieser doppelten psychoenergetischen Belastung der moderne Mensch? Er ist aus den alten, kraftsparenden Gruppenbindungen herausgefallen, die ihm eigene Entscheidungen durch Befehle von oben und verinnerlichte Normen abnahmen.[5]

---

[4] Ausführlich wird dies beschrieben in J. vom Scheidt, „*Innenwelt-Verschmutzung*".

[5] Zerstört wurden diese Gruppen und -bindungen vor allem durch die enormen Migrationsbewegungen, welche die Völker der Erde seit Jahrhunderten erfassen. Waren es zur Zeit der Völkerwanderung noch langsame Karawanen, die ein Überleben der schützenden Gruppe ermöglichten, so sind es in neuester Zeit vor allem Flüchtlingszüge von vielen Millionen Menschen. Allein die deutschen Flüchtlinge, die aus den besetzten Ostgebieten nach Ende des Zweiten Weltkriegs nach Westen strömten, waren mehr als zehn Millionen Menschen, die nicht nur ihre Heimat verloren, sondern auch sozial und seelisch entwurzelt wurden und die nur mühsam neue Wurzeln schlagen

Eine andere Form des Bewußtseins, das in der Lage wäre, die vermehrten Belastungen zu bewältigen, indem es sich neue, zusätzliche psychische Energie aus bislang unbekannten Regionen der Innenwelt besorgt, ist allenfalls in ersten Ansätzen zu erkennen. Die Faszination durch neue Religionen und extreme politische Parteien, Parapsychologie, New Age, Esoterik und die Visionen der Science Fiction läßt sich zu einem Gutteil mit der Sehnsucht einer wachsenden Anzahl von Menschen nach einem solchen neuen machtvollen Bewußtsein erklären.

Während der Kindheit und Jugend bietet die Familie noch einigermaßen Schutz, wenngleich Mängel und Defizite hier schon eher die Regel als die Ausnahme sein dürften: die Zunahme der Drogensüchtigen und Alkoholiker, der Selbstmorde und der Wegläufer bereits bei Zwölf- und Dreizehnjährigen redet eine traurige, aber deutliche Sprache!

So ist es zu verstehen, daß schon Jugendliche versuchen, so rasch wie möglich einen Partner zu finden, mit dem sie das Elend gemeinsam zu bewältigen versuchen, dem sie sich allein nicht gewachsen fühlen. Frühehen (die noch immer viel zu bald auch zu Nachwuchs führen) sind ein deutliches Kennzeichen hierfür, die sehr früh einsetzenden sexuellen Kontakte bei Jungen und Mädchen ein anderes. Beides sind übrigens viel weniger Zeichen von biologischer Frühreife, sondern weit mehr deutliche Hinweise auf eine große Sehnsucht nach emotionaler Nähe und Wärme, die man vom ebenfalls viel zu jungen Partner zu erhalten sucht. Ähnlich dürfte die Zunahme der homosexuellen Bindungen zu bewerten sein, bei Männern wie bei Frauen; auch hier ist es ein noch immer nicht ausgeräumtes Vorurteil, daß diese Menschen sich nur wegen irgendwelchen perversen sexuellen Gepflogenheiten zusammentun. In Wahrheit suchen wohl auch sie, nur eben bei einem Angehörigen des gleichen Geschlechts, jenes Verständnis und jene Geborgenheit, welche die veralteten und teilweise recht inhumanen (meist im Unbewußten wirkenden) Verhaltensregeln so schwer oder gar unmöglich machen, von denen die Beziehungen zwischen Mann und Frau beherrscht werden.

---

konnten. Wie wird es mit den neuen Millionen gehen, die seit 1989 in westlicher Richtung strömen?

Andere, insbesondere junge Menschen suchen Anschluß bei Randgruppen, von deren Verhaltensweisen und Wertvorstellungen sie sich angezogen fühlen. Ob das Vereinigungen an den extremen Rändern des politischen Spektrums sind (zum Beispiel *Autonome* oder *Skinheads*), religiöse Sekten aller Art oder Drogenabhängige, das spielt im Grunde keine Rolle. Der Unterschlupf in der Gruppe, die (zunächst jedenfalls) als beschützend und sinnstiftend erlebt wird, ist das Wesentliche.

## Vom Regen in die Traufe

Wer nach alter Weise einen Lebenspartner sucht und durch eine Ehe und gemeinsame Kinder glaubt, die Lösung seiner Probleme gefunden zu haben, wird leider nur zu leicht enttäuscht und gerät vom Regen in die Traufe.

Zum einen stellt sich nämlich, nachdem die erste Verliebtheit verflogen ist, ausnahmslos heraus, daß massive unbewußte Übertragungen die Partnerwahl gelenkt haben. Es ist nicht nur theoretisches Gerede, wenn Psychoanalytiker feststellen, daß jeder Mann in der Partnerin nicht nur eine völlig neue Frau sucht, sondern unbewußt starke Charakterzüge seiner Mutter bei ihr sucht und findet – und leider nicht nur die positiven, sondern auch die negativen mütterlichen Eigenschaften.[6] Ähnlich sucht die Frau immer auch das Abbild des eigenen Vaters zu heiraten. Dagegen wäre im Prinzip nichts einzuwenden. Nur ist es dann eine wichtige Aufgabe in jeder engeren Beziehung, diese unbewußten Übertragungen – nämlich Übertragungen von alten, eigentlich den Bezugspersonen der Kind-

---

[6] Bereits S. Freud hat darauf hingewiesen, daß die Verhältnisse bei der Partnerwahl sogar noch viel komplizierter sind: Der Mann wählt sich die Frau nicht nur nach dem Vorbild der Mutter aus, sondern es sind auch Charakterzüge des Vaters mit im Spiel. Das ist nicht weiter verwunderlich, weil ja männliche und weibliche Charaktereigenschaften bei beiden Geschlechtern zu finden sind, ganz zu schweigen von den vielen geschlechtsneutralen. Genauso verhält es sich bei der Frau, die im Mann neben dem Vater auch die Mutter sucht. Es liegt auf der Hand, daß auch die höchst persönlichen Merkmale des Partners, also die ganz bewußte Wahl, eine wichtige Rolle spielen. Die unbewußte Wahl ist oft nur deshalb schon so dominierend und verheerend, weil sie nicht erkannt und durch einsichtiges Verhalten abgebaut wird.

heit geltenden Gefühlen auf den Partner – aufzuarbeiten und abzubauen. Leider zeigt uns niemand, wie das funktioniert, es sei denn, wir erhalten in einer Psychotherapie oder Selbsterfahrungsgruppe Gelegenheit dazu.

Warum wurde in früheren Generationen nichts dergleichen unternommen, ja warum war ein solcher Abbau von Übertragungen gar nicht nötig beziehungsweise nicht erwünscht? Der Grund liegt auf der Hand: Früher war der Ehemann tatsächlich die „Fortsetzung des Vaters mit anderen Mitteln". Entsprechend schlüpfte die Ehefrau zwanglos in die Rolle der Mutter, nicht nur für die Kinder, sondern auch für den Ehemann. Dieser war recht häufig – und ganz normal für frühere Zeiten – eigentlich nur in der Außen- und Arbeitswelt eine eigenständige Persönlichkeit, zu Hause jedoch mehr oder minder nur ein weiteres Kind (was auch gelegentliche Anflüge von Tyrannei gegen die Frau mehr unterstrichen als entkräfteten).

## Die Verhältnisse haben sich gewandelt

Es gab sicher immer schon Ausnahmen. Aber die eben skizzierten Verhältnisse in der althergebrachten Form von Ehe und Familie sind keine Karikatur, wie es uns heute leicht erscheinen mag.

Doch haben sich die Verhältnisse geändert. Zum einen wurden, beispielsweise im Deutschland der Kriegs- und Nachkriegszeit, infolge der ungeheuren Verluste an männlichen Arbeitskräften immer mehr Frauen in den Arbeitsprozeß und damit zwangsläufig auch in berufliche Selbständigkeit hineingezwungen. Zum anderen hat der technische Fortschritt uns materielle Mittel zur Verfügung gestellt, die nicht nur das alltägliche Leben sehr erleichtern, sondern auch ungeahnte Möglichkeiten freier Zeit und ihrer Nutzung verfügbar machen: Statt bis zu sechzehn Stunden zu arbeiten, wie das weite Kreise der Bevölkerung noch um die Jahrhunderwende kannten, ist heute der achtstündige Arbeitstag fast schon die Norm, und die Tendenz geht deutlich noch weiter in dieser Richtung.

Profitiert haben davon speziell die Frauen. Moderne Haushaltsgeräte erleichtern die Arbeit, schaffen dadurch die Möglichkeit eines zusätzlichen Berufs außer Haus. Die Frau, die in hohem Maße mit zum Geldverdienen für die Familie beiträgt, die zudem im Beruf mehr Bildung und Lebenserfahrung gewonnen hat, bekommt allmählich auch ein stärkeres Selbstbewußtsein. Und damit entstehen automatisch neue Erwartungen an Ehe, Partnerschaft und Familie. Speziell weigern sich immer mehr Frauen, sich den Bedürfnissen des Ehemannes unterzuordnen. Der Prozeß dieser Emanzipation der Frau ist noch im Gange, hat in vielen Familien erst zaghaft angefangen. Aber die Konsequenzen sind überall zu sehen.

Die wichtigste dieser Konsequenzen ist die Tatsache, daß das alte Arrangement der Machtverteilung nicht mehr funktioniert. Dies sah so früher aus, daß der Mann in der Außenwelt der starke und erwachsene Mensch war (der dann zu Hause in die Rolle des Kindes zurückschlüpfen konnte, verwöhnt und beschützt, vor allem emotional versorgt durch die mutterähnliche Ehefrau), während umgekehrt die Frau zu Hause stark und erwachsen war und zum hilflosen Kind regredierte, sobald sie den häuslichen Umkreis verließ.

Heute, wo jeder Mann und jede Frau zusätzlich völlig andere Verhaltensmuster angeboten bekommen, im Fernsehen und Kino ebenso wie in der nächsten Nachbarschaft und Verwandtschaft, funktioniert das alte Spiel von Mann-Kind und Frau-Kind nicht mehr. Es wird mehr und mehr erwartet, daß beide im vollen Sinne erwachsen werden. Zum Beispiel in ihren sexuellen Beziehungen. Hier zeigt sich plastisch, ob beide Partner wirklich die Pubertät schon beendet haben. Die Untersuchungen von Sexualwissenschaftlern wie William Masters und Virginia Johnson haben ergeben, daß die meisten heterosexuellen Paare (anders als homosexuelle) den Geschlechtsakt in wenigen Minuten hinter sich bringen. Es handelt sich dabei, vor allem für die meist unbefriedigt bleibende Frau, um eine mehr als traurige Angelegenheit. Im Grunde genommen verharren die meisten Männer immer noch bei jenem Onanieverhalten, das sie in der Jugend geübt haben, und nehmen gar nicht richtig wahr, daß sie mit einer Frau zusammen sind. Welche reichhaltigen Möglichkeiten für tiefe emotionale Beziehungen sich in Form des Austauschs von Zärtlichkeiten ergeben können, wird in der Regel nur in der Zeit der ersten Verliebtheit genutzt. In längeren Beziehungen verflacht es rasch zu einem masturbatorischen Akt.

## Die Angst vor dem anderen Geschlecht ist tief verwurzelt

Eine der Erklärungen, weshalb homosexuelle Paare beiderlei Geschlechts ihre Zärtlichkeiten beim Vorspiel soviel ausdauernder austauschen, mag zum einen darin liegen, daß hier sehr häufige Partnerwechsel stattfinden und langdauernde Zweierbeziehungen wohl eher die Ausnahme sind; und im Stadium der Verliebtheit spielen körperliche Nähe und Zärtlichkeit ohnehin eine zentrale Rolle. Aber wir vermuten auch noch einen anderen Grund. Es läßt sich kaum ermessen, wie groß in unserer Kultur der emotionale Abgrund zwischen Mann und Frau ist. Die Angst vor dem anderen Geschlecht ist bei vielen Menschen tief verwurzelt und verhindert eine echte Annäherung (die einen Abbau der unbewußten Übertragungen alter Gefühle voraussetzt). Frauen sind dabei wahrscheinlich noch besser dran, weil sie leichter Zugang zu ihren Gefühlen haben. Die Angst vor dem Weib ist beim Mann vermutlich noch viel ausgeprägter als die umgekehrte Angst der Frau vor dem Mann. In Träumen zeigt sie sich oft sehr deutlich.

Was sind die Folgen dieser gegenseitigen Ängste, wenn sie nicht rechtzeitig abgebaut werden, beispielsweise durch eine Partnertherapie (die allerdings keine Garantie für das Gelingen einer reifen Beziehung ist)? Sowohl der Mann wie die Frau kapseln sich vom Partner ab: Die Frau konzentriert sich auf ihren Bereich, der noch immer – selbst bei Berufstätigen – vor allem Haushalt und Kinder beinhaltet; der Mann tendiert vermehrt in seine gewohnte Berufswelt und zu sportlichen und anderen Tätigkeiten, die ihm helfen, engere emotionale Kontakte mit der eigenen Frau zu vermeiden.

## Modell der Paarbeziehung

Vier mögliche Modelle ergeben sich, wenn das betreffende Paar die allmähliche Annäherung und den Aufbau einer echten Beziehung nicht schafft:

1. Beide sind den alten Verhaltensmustern der patriarchalen Gesellschaft aufgrund elterlicher und anderer Vorbilder noch genügend verhaftet und arrangieren sich in einer Art *Kinderehe.* Sie kom-

pensieren das, was ihnen aneinander gefühlsmäßig vielleicht fehlt, durch entsprechenden Ersatz, vor allem im oralen Bereich (viel und gut essen, trinken, rauchen). Solche Ehen können ganz gut funktionieren, solange nicht einer der beiden Eheleute aus irgendwelchen Gründen in eine psychische Weiterentwicklung gedrängt wird (zum Beispiel durch eine schwere Krankheit oder berufliches Versagen).

2. Beide bleiben an die alte Tradition angepaßt, leiden aber an den Unzulänglichkeiten, vor allem an der geringen emotionalen Nähe (die sie vielleicht anderweitig schon einmal erlebt haben oder aus der ersten Verliebtheit noch all zu gut erinnern). Sie leiden dumpf und unbewußt an ihrer sich verschlechternden Beziehung, fühlen sich aber außerstande, etwas an der verfahrenen Situation zu ändern. Jetzt werden schon massive Ersatzbefriedigungen nötig, Alkoholkonsum etwa. Immer stärkere Dosen von Schlaf- und Beruhigungmitteln müssen helfen, den verlorenen Seelenfrieden zu vergessen, während Aufputschmittel (Kaffee, Weckamine) am Morgen den betäubten Organismus in Schwung bringen.
3. Gewissermaßen die verstärkte Version davon ist das dritte Modell, bei dem Mann und Frau schon sehr bewußt erkennen, worin ihr Leiden begründet ist: im *Sich-nicht-mehr-Verstehen*. Aber beide sind immer noch zu schwach, die nötigen Konsequenzen zu ziehen (was mit eventuell vorhandenen Kindern auch enorm schwer ist) und sich vom Partner zu lösen, der nun in stärkerem Maße eine zusätzliche Belastung statt der einmal erhofften Hilfe geworden ist – sei es in sexueller, emotionaler oder geistiger Hinsicht.
4. Erst wenn das Leiden aneinander so stark geworden ist, daß nur noch schwere Krankheit oder Selbstmord(versuch) als der scheinbar einzige Ausweg offenbleiben, wird die Loslösung riskiert. Und aus einer Pseudo-Gemeinschaft mit einem Krypto-Single bzw. der Partnerschaft zweier Krypto-Singles, spalten sich die autonomen Haushalte zweier echter Singles ab (von denen der eine, meistens die Frau, zudem die Kinder zu versorgen hat und als Alleinerziehende noch zusätzliche Belastungen auf sich nehmen muß).

Ehe es zu dieser Lösung der vierten Version kommt, spielen sich noch viele leidvolle Situationen ab. Aber ohne Leiden ist der Mensch offensichtlich nicht bereit, sein Verhalten zu ändern und sich psychisch weiterzuentwickeln.

## Literarische Modelle

Die moderne Literatur ist voll von den Leiden der echten und der Krypto-Singles, die schöngeistige ebenso wie die triviale und schließlich die psychologische Fachliteratur. Von Max Frischs Erzählung *Der Mensch erscheint im Holozän* heißt es bereits im Klappentext:

„Mit der phantastischen Wachheit des Einsamen registriert Herr Geiser die kleinen Anzeichen einer denkbaren Katastrophe ..."

In den anderen Büchern des Schweizer Autors spielen ebenfalls einsame, allein für sich lebende, isolierte Menschen die zentrale Rolle. In der Bücherreihe *Neue Frau* des Rowohlt-Verlages beschreibt jeder zweite Titel den Schritt einer Frau aus einer verfahrenen Beziehung zu der – oft noch sehr gefährdeten – neuen Existenz als Alleinlebende. In Doris Lessings *Der Sommer vor der Dunkelheit* stellt eine Mutter erwachsener Kinder eines Tages fest, daß sie zu Hause nicht mehr gebraucht wird. Sie „streift die graue Vorortsexistenz ab und begibt sich nachdenklich noch einmal auf die Suche nach einem Beruf, nach einer Funktion, nach Liebe, nach sich selbst".

Emma Santos beschreibt ihren fiktiven Selbstmord – der sich lediglich in den Gesprächen mit ihrem Psychiater abspielt. Bis sie ihr altes Ich *umbringt* und die Therapie beendet, „um nach einer neuen Frau zu suchen, die noch nicht geboren ist, um mir einen eigenen Namen zu geben. Ich habe den Entschluß gefaßt, leben zu lernen. Das wird nicht einfach sein. Ich bin fast dreißig."

In ihren autobiographischen Aufzeichnungen *Häutungen* beschreibt Verena Stefan, wie sie aus ihren frustrierenden Männerbeziehungen ausbricht, um bei Frauen sich selbst und ihre eigenständige weibliche Existenz zu entdecken. In einem eingeschobenen Gedicht faßt sie ihre schrecklichen Enttäuschungen als Sexualobjekt verständnisloser Partner so zusammen:

*Die frau, die sich im koitus mit bewegt*
*kommt von weit her*
*schaut sie genau an*
*die frau, auf der ihr liegt!*
*hinter ihr tun sich wüsten und abgründe auf.*
*sie hat lange strecken von vergessen zurück-*
*gelegt, herzbrocken im geröll verstreut, felsen*
*vor frische wunden geschoben*
*ihre gefühle sind abgemagert.*
*jahre auf der eisdecke eurer ängste zugebracht*
*die zacken der gefühlsarmut gerundet so sanft so samten so weich.*
*sie trägt ein meer von angestauten orgasmen in sich ...*

## Selbsttäuschungen und Lebenslügen

Ebenfalls den Übertritt einer Frau in die Existenz als Single hat eindrucksvoll und knapp Peter Handke in seiner Erzählung *Die linkshändige Frau* skizziert. Beschrieben wird zunächst die Rückkehr des Ehe- und Geschäftsmannes Bruno von einer anstrengenden und einsamen Reise nach Finnland:

„Ich wollte dir etwas sagen, Marianne: Ich habe da oben an dich gedacht, und an Stefan, und ich hatte nach diesen langen Jahren, die wir nun zusammen sind, zum ersten Mal das Gefühl, daß wir zueinander gehören. Ich kriegte plötzlich Angst, verrückt zu werden vor Alleinsein, verrückt auf eine grauenhaft schmerzhafte, von noch niemandem erlebte Weise ..."

Aber Marianne hat sich innerlich bereits von ihm gelöst und trennt sich von Bruno. Die Erzählung handelt davon, wie es ihr, mühsam und leidvoll, gelingt, sich freizustrampeln und allein zu leben, zum Entsetzen des Ehemannes, der hilflos zurückbleibt und die Entwicklung seiner Frau verständnislos verfolgt.

Männer tun sich offensichtlich viel schwerer, eine neue – oder überhaupt zum ersten Mal – Eigenständigkeit im Alleinsein zu finden. Joseph Heller beschreibt auf mehreren hundert Seiten in *Was geschah mit Slocum?* detailliert den allmählichen Verfall des leitenden Angestellten Bob Slocum, dessen hohle Fassade als erfolgreicher Businessman und saturierter Ehemann abbröckelt, bis nur noch die nackte Existenzangst übrigbleibt. Ihm gelingt es nicht, aus dem

Leiden den einzig sinnvollen Nutzen zu ziehen und eine neue Existenzform im Alleinsein zu finden. Statt dessen flüchtet er aus seinen Depressionen in den Zynismus, verleugnet Angst und Einsamkeit und wird zum eiskalten Unterdrücker seiner Untergebenen. Ein entsetzliches Buch, dessen entlarvender letzter Satz lautet: „Jedermann scheint damit zufrieden zu sein, wie ich die Führung übernommen habe."

Slocum hat nicht begriffen, daß Single-Sein für ihn die Chance bietet, endlich Erkenntnis von sich und damit Macht über sich selbst zu erlangen – so daß Macht über andere nicht mehr nötig wäre. Er verfällt in das alte Spiel, das speziell Männern lieb und teuer ist, nämlich durch aggressives Sichdurchsetzen die innere Leere und Sinnlosigkeit lautstark zu übertönen.

Noch eine Stufe weiter treibt die utopische Literatur die Verleugnung der emotionalen Realität. Die Science Fiction ist die Single-Literatur schlechthin. Ihre Helden durchstreifen auf einsamen Flügen mit ihren Raumschiffen das ganze Universum, fern von jeder Menschlichkeit, umgeben von gefühllosen Robotern und als Herren über ungeheuer mächtige Maschinen, mit denen sie Tod und Verderben oder fragwürdigen technischen Zivilisationsmüll bis in die fernsten Winkel der Milchstraße tragen. Siehe den Erfolgsfilm *Krieg der Sterne*. Diese technokratischen Singles sind noch tiefer in die Sackgasse aggressiver (oder auch depressiver) Männlichkeit geraten als Bob Slocum in Hellers Roman.

Perry Rhodan, der Held der gleichnamigen deutschen Heftserie, wird als „Erbe des Universums" tituliert. Seine Abenteuer kennzeichnen ihn und seine Begleiter aber viel mehr als die „einsamsten Menschen des Universums", die mit ihren haarsträubenden Erlebnissen offenkundig die Hohlheit ihrer Existenz ausfüllen müssen, unfähig zu normalen menschlichen Gefühlen, geschweige denn zu reifen erwachsenen Beziehungen: urtümliche, jugendliche Formen des Helden-Single. Rhodans Freund und Kollege Atlan hatte man in einer zweiten erfolgreichen utopischen Reihe sogar ganz konkret diesen Untertitel verliehen: „Der Einsame der Zeit".

Der anhaltende Erfolg dieser und anderer Science Fiction zeigt, daß es offensichtlich eine wachsende Zahl von – vor allem jungen – Menschen gibt, die sich in den Abenteuern dieser einsamen Helden wiederentdecken und etwas von ihrer eigenen Einsamkeit in der Identifikation mit dem Helden und seinen aufregenden Prüfungen überspielen und verdrängen können.

# Die Leiden der Singles

Wie sehen die Leiden der echten und der Krypto-Singles aus? Beginnen wir mit den Problemen, die beide Gruppen gemeinsam haben. Die steigende Anzahl der Anrufe bei der Telefonseelsorge sind ein gutes Indiz dafür, daß immer mehr Menschen sich einsam fühlen, überfordert und psychisch labil sind. Daß sie also genau jene Merkmale zeigen, die jemanden mit Vehemenz dahin drängen können, daß er sich irgendwann als Single erkennt und akzeptiert.

Wie bei einer Tagung der Telefon-Seelsorger zu erfahren war, hatte die Zahl der Anrufe bei den Telefonseelsorgestellen der Bundesrepublik schon 1978 die Halbmillionengrenze pro Jahr überschritten. 1989 wendeten sich bereits 650 000 Anrufer an diese Institution, um über ihre Probleme zu sprechen; das heißt, daß etwa jede Minute in der BRD ein Mensch die Notrufnummer 11101 oder 11102 anruft. Hinter den Gesprächen, die da – anonym – per Fernsprecher geführt werden, verbirgt sich eine Fülle von Konflikten, Krisen und Problemen, die „eine wachsende psychische Labilität signalisiert".

Schlüsselt man die Motive der Anrufer auf, stehen an der Spitze alle möglichen Krankheiten (denen man sich hilflos und allein ausgeliefert fühlt), psychische Störungen, Sucht und Selbstmordabsichten mit insgesamt 44,2 Prozent. Es folgen:

- Krisen in besonderen Lebenssituationen wie Vereinsamung und Schicksalsschläge, mit denen man nicht fertig wird (22,7 Prozent);
- Ehe- und Partnerschaftsprobleme (15,9 Prozent);
- „soziale" Probleme (8,8 Prozent);
- Familienprobleme aller Art (6,2 Prozent);
- religiöse und weltanschauliche Fragen (2,2 Prozent) (zit. n. Hesse und Schrader, 1988).

Es wäre interessant, die einzelnen Rubriken detaillierter zu analysieren. Bereits die Tatsache, daß überhaupt jemand einen wildfremden Menschen anruft, um ihm seine Nöte zu berichten, weist jedoch deutlich daraufhin: Da ist jemand allein. Er oder sie wird mit einer Situation oder auch mit dem Leben überhaupt nicht mehr fertig und möchte sich nun aussprechen, um wieder einen ersten Halt in der Wirklichkeit zu finden.

## Es geht um tieferliegende Fragen

Die einzelnen Kategorien enthalten zwar, nach außen hin zumindest, eine Fülle verschiedener Probleme, aber das gemeinsame Problem ist wohl jener schreckliche Zustand des Alleinseins und Alleingelassenfühlens sein, der dem Single sehr vertraut ist. Er dürfte aber dem Krypto-Single meist noch mehr zu schaffen machen, weil er sich bislang eingebildet hat, er stehe fest in einer Beziehung, in der Ehe, in der Familie. Wie man bei der *Telefonseelsorge* weiß, sind solche Lebensprobleme oft nur Symptome für tieferliegende Fragen, wobei die Suche nach dem Sinn des Lebens eine immer größere Rolle spielt. Den Anstoß zu einem Anruf bei der Telefonseelsorge gibt in der Regel jener Moment, wo einem Menschen bewußt wird, wie einsam er ist und daß er mit dieser Einsamkeit nicht mehr fertig wird. Das spezielle Problem, das er dem geduldigen Partner am Ende der Leitung anvertraut, ist meist nur der konkrete Anlaß, der dazu dient, der bedrängenden Einsamkeit zu entkommen, und sei es nur für die Dauer eines zehnminütigen Gesprächs. Dadurch bekommt der Anrufende wieder etwas festeren Boden unter die Füße. Allein zu sein, bewußt zu spüren, daß man jetzt im Augenblick von der übrigen Menschenwelt völlig isoliert existiert – das ist wahrscheinlich die schlimmste Sache der Welt, außer akutem quälenden Schmerz und Todesangst.

Ja, vielleicht ist Alleinsein sogar noch schlimmer? Denn wenn ich Schmerzen habe, weiß ich zumindest, wo es weh tut, warum es weh tut, wer mir Schmerzen zufügt. Das deprimierende Gefühl der Einsamkeit hingegen ist so schwer faßbar – und doch gleichzeitig so real, daß es wohl wirklich der Todesangst am meisten verwandt ist.

Millionen Bürger leben allein in ihren Wohnungen, drei Viertel von ihnen sind Frauen.[7] Aber in wie vielen Wohnungen leben Ehepaare oder ganze Familien, von denen jede(r) im Grunde genommen nicht minder einsam und allein ist, obgleich einige Zentimeter daneben der nächste vertraute Mensch sitzt?

Hier einige Aussagen aus einem Fernsehbericht: „Ich bin so allein, daß ich abends aus der Wohnung renne und mit der Straßenbahn planlos durch die Stadt fahre – nur damit ich mal Menschen

---

[7] Viele Frauen überleben den männlichen Lebenspartner, weil Frauen im Durchschnitt Männer heiraten, die einige Jahre älter sind und Frauen darüber hinaus eine fast sieben Jahre größere Lebenserwartung haben.

sehe." Oder: „Nachts werde ich wach und habe Angst vor der Verlassenheit. Mir fehlt ein Mensch, mit dem ich mich mal aussprechen kann." Oder: „Vierzehn Tage lang sehe ich manchmal überhaupt niemand. Dann bin ich ganz allein."

Das erinnert an die Erzählungen von Polar- und Urwaldforschern, die fern der Zivilisation durch unwirtliche Wildnis streifen, und doch leben diese Menschen mitten unter uns.

Zeitungsberichte von Rentnern, die man erst Wochen nach ihrem Tod halb verwest auffand, weil niemand ihre Abwesenheit bemerkte, sind nur ein weiterer Hinweis auf die Tatsache, wie schrecklich isoliert unzählige Menschen leben, vor allem in den großen Städten. Aber es sind nicht nur alte Pensionäre und verlassene Witwen, die unter dem Alleinsein leiden. Dies betrifft ebenso die Schüler und Studenten, die im Massenbetrieb moderner Schulen und Universitäten untergehen. Es betrifft die Gastarbeiter, die in einer großen Fabrik und in der fremden, oft verständnislosen, ja feindseligen Umgebung vereinsamen. Es betrifft die Schlüsselkinder, die gelangweilt und kontaktlos in der elterlichen Wohnung auf die Heimkehr der anderen Familienmitglieder warten. Und es betrifft noch viele mehr, die niemand als Singles im strengen Sinne betrachten würde, und die es doch aufgrund ihrer Lebensweise sind. Sie alle haben kaum gelernt, mit dem Alleinsein richtig umzugehen oder dann, wenn das gelegentliche natürliche Bedürfnis nach Einsamkeit gestillt ist, wieder Kontakt aufzunehmen.

## Mit der Angst richtig umgehen

Zu dieser Angst vor dem Alleinsein möchten wir zwei Anmerkungen machen. Zum einen ist es sehr leicht, beispielsweise den Eltern von Schlüsselkindern oder den Angehörigen alter Menschen Vorwürfe zu machen, weil sie die ihnen anvertrauten Menschen allein lassen. Die Gespräche mit solchen Angehörigen zeigen indessen häufig, daß da nicht nur Gedankenlosigkeit oder schierer Egoismus im Spiel sind, sondern eine bestimmte Art von Unempfindlichkeit, ja Gefühllosigkeit, die wir uns nur damit erklären können, daß bereits diese Eltern von Schlüsselkindern oder diese Kinder vereinsamter Alter ihrerseits innerlich völlig isoliert und abgekapselt von den übrigen Menschen sind. Im Grunde genommen spiegelt ihr einsames Kind oder ihre ins Altersheim abgeschobene Mutter die eigene Einsamkeit wider.

Die zweite Anmerkung zu dieser Angst ist etwas komplizierter. Sie betrifft unsere Erfahrungen mit Menschen, die unter Kontaktschwäche leiden, die deshalb allein bleiben, weil sie sich vor der Nähe zu anderen Leuten regelrecht fürchten. Es kostet sie so viel Überwindung, einen anderen Menschen anzusprechen, daß sie es lieber gleich aufgeben, ohne den Versuch überhaupt zu wagen. Besonders deutlich haben wir diesen Sachverhalt bei Jan W., einem Studenten der Volkswirtschaft, beobachten können, der Angst hatte, sich Frauen zu nähern.

Er litt enorm darunter, daß er einerseits große Sehnsucht nach Nähe hatte, andererseits aber solche Störungen bekam (Sprechhemmung, Erröten, Schwitzen), daß ihm bereits das Ansprechen einer Studentin in der Vorlesung oder bei einer Veranstaltung der Fakultät unmöglich war.

„Ich kann einfach meine Hemmungen nicht überwinden", klagte er immer wieder. Während er bei mir (J. v. Sch.) in psychologischer Beratung war, begann er allmählich Mut zu fassen und startete einige Annäherungsversuche. Sie mißglückten mehr oder minder. Eines Tages, nach einem weiteren solchen Unglück (das ihn so beschämte und entmutigte, daß er sich umbringen wollte), fragte ich Jan: „Hat Ihnen diese Frau denn überhaupt gefallen?"

„Nein, ich wollte einfach mit ihr ins Bett gehen, das war alles."

„Und warum wollten Sie mit ihr ins Bett gehen?"

„Weil ich nicht allein sein wollte."

Dann begann er zu jammern, daß keine Frau ihn möge, daß er sich so schwer tue, Kontakt aufzunehmen. „Ich kann einfach keine Frau finden ..."

Ich unterbrach ihn: „Können Sie einmal sagen: *Ich will einfach keine Frau finden*!"

Er schaute mich verblüfft an. Dann sprach er mir den Satz nach: „Ich will keine Frau finden!"

Danach saß er eine Weile still da, und ich konnte förmlich sehen, wie es hinter seiner Stirn arbeitete. Das anschließende Gespräch war dann sehr fruchtbar, weil sich herausstellte, daß es in seiner derzeitigen Situation in der Tat darum ging, zunächst einmal noch keine Beziehung zu einer Frau zu wollen, sondern sich erst einmal von der engen und zudem sehr zwiespältigen, haßerfüllten Beziehung zur eigenen Mutter zu lösen. Das war ihm damals aber nur im Alleinsein möglich. Seit jener Zeit ist mir klar geworden, und zwar immer wieder auch in eigenen Erlebnissen, daß dieses Alleinsein, das von jedermann so schrecklich erlebt wird, viel von seinen Schrecken verliert, sobald ich bereit bin, zu sagen: „Ja, ich will jetzt allein sein!"

Doch dann kommt erst die nächste Frage: „Was fange ich mit diesem Alleinsein an?"[8]

Immer wieder läßt sich in der Beratung feststellen, daß Menschen, die vereinsamen, diesen Zustand des Alleinseins als sinnlos erleben. Sie fühlen sich abgeschnitten von der übrigen Menschheit, bekommen Angst, fühlen sich hilflos, geraten in Panik. Doch wer erst einmal das Alleinsein als Realität annehmen kann, dem gelingt es auch verhältnismäßig rasch, dieses Vakuum auszufüllen, und zwar nicht mit sinnlosem Zeitvertreib, sondern mit einer sinnvollen Tätigkeit.

## Damit man zum Nachdenken kommt

Immer wieder stellt sich jedoch bei der näheren Analyse solchen Alleinseins heraus, daß es keineswegs sinnlos war, sondern daß der betreffende Klient sich – durch ein unbewußtes Arrangement – zielgerecht selbst in eine Situation manövriert hatte, wo er gar nicht anders konnte, als allein zu sein: „Zu welchem Zweck? Was bringt es mir ein, wenn ich allein bin?", fragte Jan W., und das werden wir auch von anderen Menschen in so einer Situation immer wieder gefragt.

Die einfachste Antwort, die uns dabei einfällt, ist immer noch die: „Damit Sie zum Nachdenken kommen." Gemeint ist, daß man einen Lebensabschnitt, den man gerade durchlaufen hat, Revue passieren läßt und ihn möglichst mit einem guten Gefühl abschließen kann. So wie ein Buchhalter das vergangene Geschäftsjahr für das Finanzamt unbestechlich festhalten und Bilanz legen muß, was der

---

[8] Sehr wichtige, grundlegende Beobachtungen und Denkhilfen bietet der Münchner Psychotherapeut Fritz Riemann in seinem Buch „Die Grundformen der Angst" an, das mit seiner Alltagssprache gerade den Nichtfachmann sehr anspricht.

Betrieb eingenommen und ausgegeben hat und wofür. Bei jemandem, der wie der Student Jan W. eben erst die Schulzeit und die Pubertät beendet hat, ist die Aufgabe einfach die: mit den Eltern klarkommen, sich von Mutter und Vater lösen, Abschied nehmen von dem, was man nicht von ihnen übernehmen möchte. Auswählen, was man schätzt und für das weitere Leben brauchen kann. Selbständig werden.

Das geht nur, wenn man eine Zeitlang für sich allein lebt, als Single. Beziehungen zu neuen Menschen, schon gar, wenn sie so schicksalhaft sind wie die Ablösung der eigenen Mutter durch eine andere Frau (oder auch die Ablösung des Vaters durch einen anderen Mann), setzen eine Art Großreinemachen im emotionalen Bereich voraus.

Was für den Studenten gilt, der Abschied von Teilen seiner Kindheit und seiner Jugend nehmen muß, gilt nicht minder für den Mann oder die Frau, die gerade eine Partnerbeziehung aufgeben, sich trennen oder sich scheiden lassen. Sich in einer solchen Situation aus Angst vor dem Alleinsein gleich wieder in die nächste Beziehung zu stürzen, heißt: flüchten vor der Einsicht in die eigenen Fehler. Auch hierbei funktioniert ein gesundes (!) Unbewußtes so, daß es einen immer wieder die gleichen vermeintlichen *Fehler* und dieselben *Dummheiten* machen läßt, die das Alleinsein herbeiführen. Man kann vielleicht immer wieder aus der Einsamkeit entfliehen. Doch erst wer bewußt eine Weile als Single lebt, kann sich allmählich selbst auf die Schliche kommen. Das kann Monate dauern, das kann Jahre in Anspruch nehmen. Tragisch ist die Situation bei jenen Menschen, die auch im hohen Alter noch nicht gelernt haben, auf sinnvolle Weise mit sich selbst umzugehen, und die deshalb wirklich elend vereinsamen. Es ist dann kaum mehr möglich, den Sinn dieser Einsamkeit zu verstehen und sie dadurch gut zu ertragen – nicht zuletzt deshalb, weil das Alleinsein im Alter vor allem bedeutet: sich auf den Tod vorbereiten.

## Die angenehmen Seiten des „schrecklichsten Zustandes“

Wir haben verschiedentlich betont, daß man lernen muß, dem Alleinsein seine guten Seiten abzugewinnen. Das ist nicht nur vernünftig – denn allein sind wir immer wieder während unseres Lebens, jeder von uns! –, sondern verschafft einem auch ungeahnte Genüsse. Voraussetzung dafür, das Alleinsein genießen zu können, ist allerdings, daß man sich nicht durch allerlei Ersatzbefriedigungen verführen läßt, doch wieder zu flüchten. Unser Unbewußtes, das diese Situation mit geradezu genialer Geschicklichkeit arrangiert hat, reagiert äußerst empfindlich, wenn wir das Arrangement der Selbsthilfe (also: die Situation der Einsamkeit) mit unserem Bewußtsein wieder zu zerstören und ins Getriebe der Welt zu entkommen suchen. Wie kann dies praktisch aussehen?

Jochen D. ist Fernseh-Autor.[9] Man hat ihm einen Auftrag für eine neue Unterhaltungsserie angeboten, die ihm viel Geld einbringen wird. Er hat aber noch ein anderes Projekt in der Schublade liegen, an dem ihm sehr viel mehr liegt: einen autobiographischen Roman, der ihm helfen soll, die Beziehung zu seinem Vater zu klären. Er weiß jedoch nicht, ob er für diesen Roman jemals einen Verleger finden wird. Vom Verstand her ist die Sache klar: Seine Ersparnisse würden ausreichen, daß er sich ein halbes Jahr zurückziehen und in Ruhe seine Vaterproblematik bearbeiten könnte; er müßte die Fernsehserie nicht schreiben, die er selbst als „oberflächlich und überflüssig wie ein Loch im Kopf“ bezeichnet.

Aber da ist noch Ina, seine Freundin, mit der er eine Reise nach Indien machen will. Und dafür braucht er die Tausender der neuen TV-Serie. Wenn er Ina diese Traumreise nicht bietet, fürchtet er, wird sie ihn mit einem anderen Mann verlassen. Was arrangiert daraufhin Jochens Unbewußtes? Am Abend, ehe er den Vertrag mit der Fernsehanstalt unterzeichnen soll, betrinkt er sich mit Ina, bekommt Streit mit ihr und beschimpft sie so unflätig (weil sie angeblich mit einem anderen Mann geflirtet hat), daß sie ihn verläßt. Am nächsten Morgen ist er so verkatert, daß er den Termin mit der Fernsehanstalt platzen läßt.

---

[9] Aus begreiflichen Gründen wurden Namen und Details aller Fallgeschichten verändert.

Als der zuständige Abteilungsleiter ihn anruft, verwickelt er diesen ebenfalls in einen Streit und brüllt ihn schließlich an: „Ich pfeife auf den Vertrag für diese schwachsinnige Serie, mit deren Thema Sie keinen Hund hinter dem Ofen hervorlocken können."

Freundin und Vertrag ist Jochen D. jetzt los. Sein Unbewußtes hat erreicht, was ihm bewußt kaum gelungen wäre: Zeit und Ruhe für jenes Projekt zu schaffen, das lebensgeschichtlich schon lange ansteht: mit dem Vater ins reine zu kommen. Aber ganz so einfach ist die Angelegenheit doch wieder nicht. Jochen zieht erst einmal einige Wochen durch die Nachtlokale der Großstadt, läuft von einer Party zu anderen, nimmt jede Einladung zu einer Vernissage oder einem Fest wahr. Er braucht unbedingt eine neue Freundin. Meint er. Weil er nicht allein sein kann. Er betrinkt sich regelmäßig, weil seine Annäherungsversuche (die ihm früher immer gelangen) jetzt regelmäßig mißglücken. Er kennt sich selbst nicht mehr. Er bekommt Depressionen. Und vor allem kann er nicht mehr richtig schlafen, obwohl er Schlafstörungen, oder gar Schlaflosigkeit früher nie kannte.

Wegen dieser Schlafstörungen kommt er in die Beratung. Allerdings erst, nachdem er eine mittlere Tablettenvergiftung gerade noch überstanden hat; kein regelrechter Selbstmordversuch, aber doch nahe genug daran. Man hat ihn gerade noch rechtzeitig entdeckt.

Die *Therapie* war in diesem Fall vergleichsweise einfach, weil Jochen sie selbst schon einmal begonnen hatte: mit dem erwähnten autobiographischen Roman über seinen Vater. Anhand von Träumen konnte ihm klargemacht werden, daß dies sein sehnlichster Wunsch war: da endlich einmal reinen Tisch zu machen. Er begann auch zu verstehen, daß dieses Vorhaben, zumindest am Anfang, nur möglich war, wenn nichts und niemand ihn ablenkte. Und so wurde Jochen D. für ein halbes Jahr ganz bewußt zum Single, verkaufte seinen geldfressenden Sportwagen, vermietete seine teure Wohnung, zog sich in eine Berghütte zurück und lebte wie ein Eremit, bis das Manuskript beendet war. Der Roman ist bis heute noch nicht erschienen, obwohl er ihn vor vier Jahren abschloß. „Das ist nicht das Wichtigste daran", sagte er einmal, „daß dieser Roman auch gedruckt wird. Aber ich mußte ihn schreiben, um mit meinem Vater wieder ins Gespräch zu kommen. Nachdem ich das auf dem Papier versucht hatte, gelang es mir auch in Wirklichkeit. Das war der Sinn jenes Alleinseins – wieder an diesen Teil der Wirklichkeit heranzukommen."

Die Geschichte hat übrigens auch ein Happy End. Ina, die nur in Jochens Fantasie auf einer Indienreise bestanden hatte, bekam das erzwungene Alleinsein ebenfalls. Etwa ein Jahr nach ihrer polternden Trennung kamen sie sich wieder näher. Der Bericht über ihre gemeinsame Reise nach X. wurde Jochens größter Fernseherfolg ...

Nachgetragen sei noch, daß Jochen sein Alleinsein in der Berghütte nach anfänglichen Mühen sehr genossen hat. Zum ersten Mal machte ihm das Schreiben, das er sonst als sehr anstrengend und als reinen Broterwerb erlebte, richtigen Spaß. Er genoß es, Satz für Satz zu Papier zu bringen, erfreute sich an einzelnen Worten, staunte über die Erinnerungen aus der Kindheit, die ihm wieder zugänglich wurden. Natürlich trug die schöne Umgebung dazu bei, daß er die Einsamkeit genießen konnte. Aber er betonte in einem späteren Gespräch, daß er seither auch in seiner Stadtwohnung das Alleinsein viel besser ertrage, wenn er für längere Zeit von Ina getrennt sei (die beruflich viel unterwegs ist):

„Ich kann stundenlang Musik hören und darin richtig versinken. Ich kann in aller Ruhe ein Buch lesen, ohne immer nervöser zu werden, weil außer mir niemand in der Wohnung ist. Ich habe wieder entdeckt, wieviel Spaß es mir macht, zu malen. Ich kann stundenlang allein im Park spazierengehen, am liebsten morgens um 5.00 Uhr, wenn ich keiner Menschenseele begegne. Da tanke ich dann auf für die anstrengende Zeit der Konferenzen und Gespräche, die mich viel Nerven kosten. Da finde ich aber auch immer wieder zu mir selbst, wenn die Beziehung zu Ina in eine Sackgasse geraten ist, und kann mit neuer Kraft an unserer Beziehung arbeiten.“

(Für weitere Details zu dieser Art der schreibenden Selbst-Therapie siehe das gleichnamige Buch von J. vom Scheidt über *Kreatives Schreiben*.)

## Etwas raubt mir den Schlaf

Fred K. ist Anfang 40, ein Alter, in dem man ohnehin etwas ruhiger wird, wenn man sich selbst die Chance dazu gibt und einigermaßen Ordnung im eigenen Leben geschaffen hat. Seine Freundin Janna, sieben Jahre jünger, ist noch wesentlich quirliger und hat noch immer an jener hysterischen Grundstruktur zu leiden, die man bei hübschen Mädchen und Frauen nicht selten findet (weil ihnen zu viel falsche Aufmerksamkeit entgegengebracht wurde).

Janna lernte ich (R. Z.) kennen, weil sie seit Jahren schlecht schläft und deshalb, auf Empfehlung ihres Freundes, Rat bei mir suchte. Nun, Rat bekam sie von mir nur einen einzigen, nämlich den, einmal drei Tage lang keine Schlaftabletten zu nehmen. Und dann stellte ich ihr die Frage: „Was könnte Ihnen denn den Schlaf rauben?"

Gemeinsam versuchten wir herauszubekommen, was für ein Sinn dahinterstecken könnte, daß sie Nacht für Nacht nicht einzuschlafen vermochte. Es handelte sich um eine ganze Reihe von unbewältigten Problemen – zum Teil aus der Kindheit, zum Teil aus der Pubertät, zum Teil aus ihrer aktuellen Arbeit und dem Zusammensein mit Fred K. –, auf die ich nicht näher eingehen möchte, denn wichtiger war, was Janna mit diesen Problemen und Konflikten, diesen Ängsten und Hoffnungen anfing. Sie ging ihnen nämlich am liebsten aus dem Weg. Für eine hübsche Frau ist das vergleichsweise einfach, weil sie leicht Anschluß findet wenn sie möchte, zumindest bei Männern. Aber dadurch war es ihr schon von klein auf leicht gemacht worden, eigenen Entscheidungen aus dem Weg zu gehen.

Schlafstörungen hatte sie schon als Schulkind. Die Eltern ließen sie von einem Hypnose-Arzt behandeln, was auch einige Jahre half. Nach Beendigung der Schule, die sie mit der Mittleren Reife abschloß, absolvierte sie eine Schneiderlehre in einem Modeinstitut und wurde dann als Mannequin entdeckt. Ihre Schlafstörungen begannen erneut, als sie ihre erste feste Beziehung zu einem Mann einging, den sie vor allem wegen seines Geldes und seines Ansehens schätzte.

„Ist Ihnen nie in den Sinn gekommen, daß Ihnen *das* den Schlaf geraubt haben könnte – die Beziehung zu diesem ungeliebten Mann?" Sie verstand meine Frage zunächst nicht, weil ihr das eigene Seelenleben viel zu fremd war: Wie konnte in ihr ein Teil ihrer Persönlichkeit, das Unbewußte existieren, das eine solche Kontrolle über ihr Leben ausübte? Aber allmählich begriff sie diesen Mechanismus. Dieser beginnt, auch bei anderen Menschen, immer dann zu wirken, wenn sich tagsüber zu viel unerledigte Dinge angesammelt haben. Zwar können wir schlafend, im Traum, vieles davon bearbeiten; aber wenn sich zu viele Probleme anhäufen, reicht das Träumen allein nicht mehr aus. Dann kann man nicht einschlafen. Und wenn man sich nicht mit Tabletten künstlich betäubt, dann dringen die tagsüber verdrängten Fragen tatsächlich nach und nach ins Bewußtsein und werden der Bearbeitung zugänglich.

# Alte Methoden neu entdeckt

Wir kennen eine Reihe erfahrener Singles, die für sich eine uralte Methode wiederentdeckt haben, die schon die Kirchenväter kannten und die – zu Beginn unseres Jahrhunderts – der Begründer der Anthroposophie, Rudolf Steiner, wieder empfohlen hat: die Gewissenserforschung oder den Tagesrückblick. Man setzt sich vor dem Einschlafen aufrecht ins Bett, bequem angelehnt, und läßt den vergangenen Tag noch einmal vor dem inneren Auge vorbeiziehen. Sehr bald stößt man auf Unerledigtes, auf Fragen, die man nicht beantwortet, Entscheidungen, die man nicht gefällt hat.

Noch einfacher ist es, wenn man das, was da aus dem Vergessen auftaucht, schriftlich festhält.

Gesunder, tiefer Schlaf stellt sich wahrscheinlich nicht sofort ein, dazu hat man meist zu viele Probleme vor sich hergeschoben. Aber nach einigen Wochen regelmäßiger Übung ist der unerledigte Berg soweit abgetragen, daß das Unbewußte sich nicht mehr so dramatisch äußern muß, eben mit *Schlafberaubung*. Es versteht sich wohl von selbst, daß man auch dann, wenn der gesunde Schlaf wieder erreicht ist, weiter diese Rückschau pflegen sollte.

Warum wir auf diesen Sachverhalt in einem Buch über das Alleinleben hinweisen? Ganz einfach: weil Singles weniger Aussprachemöglichkeiten mit einem anderen Menschen haben, was geradezu nach solchen Hilfsmitteln schreit.

Daß Schlaftabletten oder die immer beliebter werdenden Tranquilizer (auch Alkohol kann übrigens leicht zum Schlafmittel werden!) keine Lösung für Schlafschwierigkeiten sind, dürfte sich inzwischen herumgesprochen haben, so daß wir uns Einzelheiten sparen möchten. Es gibt inzwischen genügend wissenschaftliche Beweise dafür, daß diese Mittel bei Dauergebrauch samt und sonders nicht nur das Nervensystem schädigen und süchtig machen (Barbiturate ebenso wie Metaqualone), sondern die Schlafstörungen zudem auch nur für kurze Zeit überbrücken helfen. Bei Dauerkonsum verstärken sie das seelische Durcheinander nur noch; die Gründe liegen auf der Hand. Amerikanische Forscher weisen auf folgenden Sachverhalt hin: „Der wohltätige Effekt" für Schlafsuchende beschränkt sich, „wenn es ihn überhaupt gibt", allenfalls auf:

- Verkürzung der Einschlafzeit um zehn bis 20 Minuten;
- Verlängerung der Gesamtschlafzeit pro Nacht um 20 bis 40 Minuten.

Auf diesen künstlichen Schlafgewinn per Tabletten, meinen wir, kann man gut verzichten. Das Defizit läßt sich billiger und vor allem gesünder durch das eben geschilderte Verfahren ausgleichen, das im Seelenleben Ruhe herstellt statt mit der „chemischen Keule“ das Gehirn stillzulegen.

## Verborgene Seiten der Persönlichkeit aufspüren ...

Nicht nur bei Schlafstörungen und Schlaflosigkeit hilft der Ratschlag, den wir am Schluß dieses Kapitels geben möchten.

Es mag sich trivial anhören, ist aber alles andere als selbstverständlich, wenn wir immer wieder darauf hinweisen, daß der Schlüssel zur Behebung vieler Probleme im seelischen Bereich ein schlechter Kontakt mit den verborgenen Seiten der eigenen Persönlichkeit ist. In den späteren Kapiteln werden wir vor allem aufzeigen, daß der Kontakt mit dem Kind von großer Bedeutung ist – dem Kind, das wir einmal waren und das in unserem Unbewußten immer noch existiert: als *Inneres Kind.*

Wenn Sie Lust haben, können Sie einmal zum 8. Kapitel vorblättern, auf S. 155, und lesen, was dort über den „Kontakt mit dem Inneren Kind“geschrieben steht. Auch das gleich danach beschriebene „Spiel mit den Steinen“ kann Ihnen helfen, den einen oder anderen *Knoten* in Ihrem Lebensgewebe besser zu verstehen und möglicherweise zu lockern – oder gar zu lösen.

# 3. Kapitel: Zweifel am Sinn des Lebens

*Das Leben bringt jeden Menschen in problematische und konfliktreiche Situationen, in denen er sich bewähren muß. Wer längere Zeit allein lebt, der muß allerdings noch zusätzliche Probleme bewältigen. Vor allem wird man im Alleinsein mit der Frage nach dem Sinn des Lebens nachhaltiger konfrontiert als andere Männer und Frauen. Wer diese Aufgaben löst, wird jedoch reich belohnt.*

Das Schweizer Marktforschungsinstitut Scope veröffentlichte die Ergebnisse einer Meinungsumfrage, die sicher nicht nur für die Schweiz zutreffen, sondern auch für Deutschland und andere hochindustrialisierte Länder der Gegenwart. Mehr als eintausend Personen wurden nach der Qualität ihres Lebens befragt, unter anderem mit dieser Frage: „Kennen Sie das, daß einem das Leben oft sinnlos vorkommt?“

Einmal abgesehen davon, inwiefern solche Umfrageergebnisse überhaupt repräsentativ sind und ob man tatsächlich an die wirkliche Meinung der Interviewten herankommt, ist das Ergebnis doch sehr interessant:

- Sechs Prozent der Bevölkerung antworteten, sie hätten dieses Gefühl der Sinnlosigkeit des Lebens schon oft gehabt;
- 36 Prozent sagten, „es geht mir manchmal so“;
- 56 Prozent gaben an, das entsprechende Gefühl nicht zu kennen;
- zwei Prozent verweigerten die Aussage.

Aufschlußreich sind Details der Auswertung. Demnach setzen Frauen sich wesentlich häufiger mit der *Sinnlosigkeit des Lebens* auseinander als Männer (47:37 Prozent). Am stärksten ist das leere und sinnlose Gefühl bei der Generation der Heranwachsenden zwischen 15 und 24 Jahren vertreten; weniger ausgeprägt scheint es bei Personen zwischen 25 und 54. Keine bedeutenden Abweichungen finden sich zwischen Arbeitern und Angestellten. Desgleichen hadert man wider Erwarten auf dem Land, wo die Leute allgemein als verwurzelt und naturverbunden gelten, ebenso häufig mit Sinnfragen wie in den großen Städten (42:40 Prozent).

## Die tieferen Ursachen von Alleinsein und Einsamkeit

Was läßt sich daraus entnehmen? Zum einen, daß jene Altersgruppe, in der Singles aufgrund der Lebensumstände am ehesten auftreten (Lehre, Studium, Existenzaufbau, Partnersuche), also die 15- bis 24jährigen, auch die stärksten Zweifel am Sinn des Lebens hat. Da in unserer Kultur der Mensch, der in einer (möglichst dauerhaften eheähnlichen) Beziehung lebt, noch immer am meisten geschätzt wird, wird mancher Alleinlebende schon aus Minderwertigkeitsgefühlen leicht dazu neigen, das Leben sinnlos zu empfinden.

Was läßt sich vom Standpunkt der praktischen Psychologie zur Frage nach dem Lebenssinn beziehungsweise dem Gefühl der Sinnlosigkeit beitragen, gerade unter dem Aspekt der Single-Thematik? Uns ist dieses Gefühl aus eigener Anschauung viel zu sehr vertraut, als daß wir es einfach „weg"erklären könnten. Wir denken, daß jeder Mensch, der einigermaßen bewußt lebt, solche Phasen der Verzweiflung und Nichtsnutzigkeit durchmacht, die das eigene Leben und schließlich die ganze Welt als sinnlos erscheinen lassen.

Heute ist dies weniger verwunderlich als in früheren Generationen, denn bereits in der Schule wird uns ein naturwissenschaftliches Weltbild vermittelt, das die Frage nach dem Sinn nicht nur ausklammert, sondern häufig sogar ausgesprochen betont, dic Welt habe keinen Sinn. Und Philosophie oder Religion lassen uns derzeit ebenfalls gerne im Stich, wenn wir solche Fragen stellen. Desgleichen die Psychologie, die sich gerne vor ihnen drückt und in angebliche Objektivität und Sachlichkeit flüchtet. Sogar der große Menschenforscher Sigmund Freud verstieg sich einmal aufgrund seines Pessimismus zu der Behauptung: Wer über den Sinn des Lebens nachgrüble, der sei krank.

Alfred Adler (*Der Sinn des Lebens*) und Viktor E. Frankl (*Der Mensch auf der Suche nach Sinn*) sind zwei der ganz wenigen Psychologen, die hier suchten und auch fündig wurden. Wir sehen unbeschadet anderer, vor allem religiöser und philosophischer Gedanken bei der Frage nach dem Sinn drei Aspekte, die leicht verwechselt und zusammengeworfen werden. Sie hängen mit den drei zeitlichen Dimensionen zusammen, an denen der Mensch teilhat: Vergangenheit, Gegenwart und Zukunft.

Die Gegenwart erlebt man immer dann als sinnvoll, wenn buchstäblich die „Sinne voll“ sind, nämlich voll von Wahrnehmungen der eigenen Innenwelt und der Außenwelt. Wer im Hier und Jetzt ganz aufgehen kann, wird nicht ständig am Sinn des Lebens zweifeln. Dennoch kann auch in ihm – unbewußt – gelegentlich der Zweifel nagen. Und zwar dann, wenn es in der persönlichen Vergangenheit Episoden oder ganze Phasen gibt, die man nicht versteht und daher nicht als sinnvoll (will heißen: als nicht zum Selbstverständnis passend) akzeptieren kann. Erst, wenn solche abgespaltenen Erfahrungen (die zu regelrechten Teilpersönlichkeiten werden können) entsprechend erkannt und bearbeitet wurden, beispielsweise durch eine Psychotherapie, können sie insgesamt in die Persönlichkeit integriert werden. Erst wenn man zum ganzen Leben *Ja* sagen kann, ist man in der Lage, einen Sinn in der Existenz zu erkennen.

Aufgrund dieses vergangenen und gegenwärtigen Sinnerlebnisses kann man schließlich auch die Zukunft hoffnungsvoll erwarten und einen Sinn in dem erahnen, was auf einen zukommt und sich in ersten Ansätzen bereits zeigt. So verstanden, wird sogar die Gewißheit des Todes sinnvoll, nämlich wenn man das Gefühl hat, die Möglichkeiten seiner Existenz in der Vergangenheit ausgeschöpft zu haben und auch die Gegenwart entsprechend mit vollen Sinnen zu erleben.

## Die innere Leere füllen

Wie soll man sich nun verhalten, wenn andere Menschen, gar Respektspersonen aus dem wissenschaftlichen Bereich, einem erklären, das Leben sei nicht sinnvoller als der Leerlauf einer komplizierten Maschine? Wir würden diesen Standpunkt als das Ergebnis einer emotionalen Verkümmerung betrachten, einer Einengung der Wahrnehmungsfähigkeit, kurz: als Folge einer schweren Depression, die es unmöglich macht, mit vollen Sinneskräften Gegenwart, Vergangenheit und Zukunft in sich hineinzulassen. Solch eingeengtes Bewußtsein läßt sich aber erweitern.

Wir sehen dies als eine der wichtigsten Aufgaben an, die der bewußt lebende Single zu bewältigen hat: seine Wahrnehmungsfähigkeit in der Gegenwart wie auch seine Erkenntnis der eigenen Geschichte so zu verbessern und zu verstärken, daß ihm sein eigenes Leben wie das Leben überhaupt wieder als sinnvoll erscheint. Beides läßt sich üben. Die Selbsterfahrungsgruppen basieren weitgehend auf solchem *Sinn-Training.*

Von dieser Forderung läßt sich aber auch eine Art Umkehrschluß ziehen: Es könnte aufs Ziel hin betrachtet gut sein, wenn es der Sinn einer zunehmenden Anzahl von Singles ist, daß mehr und mehr Menschen auf dem Weg durch dieses beschwerliche Stadium des Alleinseins zur Erkenntnis ihrer selbst und damit zu einem neuen sinnerfüllten Selbstverständnis gelangen – einem positiven Lebensgefühl, das uns weitgehend abhanden gekommen ist (s. die Schweizer Umfrage zu Beginn dieses Kapitels).

Zur Selbsterkenntnis gehört allerdings als erster wichtiger Schritt die Einsicht, daß man für seine Befindlichkeit selbst verantwortlich ist, sobald man die Lebensphase der Abhängigkeit vom Elternhaus, also die Pubertät, hinter sich hat.

Sinnlosigkeitsgefühle und in ihrem Gefolge das scheußliche Gefühl der *inneren Leere* und Bedeutungslosigkeit, schließlich die Langeweile kennt jeder Single zur Genüge. Wie geht er, wie geht sie normalerweise damit um?

Noch immer helfen sich die meisten wahrscheinlich mit Ersatzbefriedigungen.

George Sand hat eine davon, das Rauchen, sehr anschaulich gewürdigt: „Die Cigarre schläfert den Schmerz ein und bevölkert die Einsamkeit mit tausend anmutigen Bildern." Der amerikanische Psychoanalytiker Eli Marcovitz hat in einem sehr aufschlußreichen Artikel über das Zigarettenrauchen aufgezeigt, daß der Raucher mit seinem *blauen Dunst* eben jenes Gefühl innerer Leere auszugleichen sucht, unter dem heute so viele Menschen leiden. Aber es ist eben kein echter Ausgleich!

## Wenn das Leben mißlingt

Was das Nikotin und die Rauchpartikel für den Raucher sind, das ist der Alkohol für den Trinker. Sowohl physiologisch wie psychologisch (Dämpfung, Betäubung unangenehmer Gefühle, allgemeine Aktivierung, vorübergehende Lösung depressiver Zustände) hilft die Rauschdroge, die negativ erlebten Seiten des Lebens zu überbrücken, und leider oft auch, sich über ihre Existenz hinwegzutäuschen.

In verstärktem Maße gilt dies für problematische Substanzen wie Haschisch und LSD und schließlich für die *harten* Drogen, die

Opiate (Morphium, Heroin) sowie für das Kokain. An anderer Stelle (vom Scheidt, 1984) wurde am Beispiel eines Haschischrauchers zu zeigen versucht, wie die Karriere eines solchen Drogenabhängigen verläuft, wie sie vor allem schon mit bestimmten narzißtischen Störungen in der Kindheit vorgespurt wird, die den Betreffenden immer weiter in die Einsamkeit treiben.

Drogenabhängige sind Singles par excellence! Sie sind es allerdings häufig in einer sehr unglückseligen Form, die sich speziell bei den harten Drogen als Sackgasse erweist, als eine Art *Selbstmord auf Raten*. Im Grunde genommen kann der echt Süchtige sich nicht entscheiden, ob er leben oder sterben will. Er bringt damit ein Grunddilemma des Alleinlebenden auf den brutalsten Nenner, den man sich denken kann: „Will ich Kontakt zu anderen oder will ich total allein (= tot) sein?“

Welche wichtige Rolle Rauschdrogen im Leben auch sehr berühmter Menschen spielen, die daran allerdings nicht immer zugrunde gingen, zeigt ein Mann, bei dem man es kaum vermuten würde: Sigmund Freud. Der Begründer der Psychoanalyse hat einige Jahre lang zum Teil sehr hohe Dosen Kokain genommen. Allerdings wußte man zu jener Zeit (1884) noch nicht, um was für eine gefährliche Droge es sich in Wahrheit handelt; man hielt Kokain für ein potentes Anregungs- und Stärkungsmittel.

Freud hat in mehreren Briefen an seine Verlobte mitgeteilt, welche Hilfe ihm die Droge war, wenn er sich in Paris, wo er einige Monate studierte, einsam und verlassen fühlte. Er war sehr kontaktscheu und benützte das Mittel auch, wenn er beispielsweise bei seinem verehrten und zugleich gefürchteten Lehrer, dem Psychiater Jean Martin Charcot, eingeladen war. So nahm er am 18. Januar 1886 anläßlich einer Einladung bei der Familie Charcot „etwas Cocain, um das Maul besser öffnen zu können ...“

In einer Studie habe ich (J. v. Sch.) 1973 zu zeigen versucht, daß Freud in dem Augenblick die Rauschdroge aufgeben konnte, als er nicht länger von seiner geliebten Martha Bernays getrennt lebte, sondern sie heiraten konnte. Seinen damaligen Auffassungen entsprechend sah Freud primär die sexuelle Problematik des Drogenkonsums. Man kann jedoch vermuten, daß er hierbei stark seine eigenen Lebenserfahrungen mit einfließen ließ, wahrscheinlich ohne selbst zu merken, wie stark er innerlich bei seinen Forschungen beteiligt war. Jedenfalls schrieb er 1888, also zwei Jahre nach der Eheschließung mit Martha: „Genauere Untersuchung weist in der Regel nach, daß diese Narkotika zum Ersatze direkt oder auf Umwegen des mangelnden Sexualgenusses bestimmt sind, und wo sich normales Sexualleben nicht mehr herstellen läßt, da darf man den Rückfall des Entwöhnten mit Sicherheit erwarten."

## Kontakt zu den inneren Figuren herstellen

Was Freud beim damaligen Stand seiner Forschungen noch nicht wissen konnte: Die Grundproblematik des Drogensüchtigen ist nur beiläufig sexueller Natur. Eine weit stärkere Rolle spielt die totale Vereinsamung in der Kindheit. Der Süchtige ist immer schon ein Single, und er ist es bereits so jung, daß im späteren Leben seine labil gebliebene Persönlichkeitsstruktur mit den Gefühlsentbehrungen dieses seelischen und sozialen Mangelzustands Alleinleben nicht mehr anders fertig wird als durch das immer wiederholte Aufsuchen von Rauschzuständen.

In jenen Räuschen kann man nämlich wieder Kontakt zu seinen inneren Figuren bekommen (denen der normale Mensch beispielsweise im Traum oder in der Fantasie begegnet) und fühlt sich dadurch, wenigstens für die Zeit des Rausches, ganz und heil. Der Kontaktmangel nach außen hin ist dann wenigstens für Stunden durch verstärkten Kontakt nach innen ein wenig ausgeglichen (also Kontakt mit sich selbst, mit dem Unbewußten, mit den abgespaltenen Teilpersönlichkeiten). Es ist nicht übertrieben, zu sagen, daß der Drogensüchtige, schon lange ehe er tatsächlich zu Drogen greift und sich berauscht, nicht nur unter Kontaktmangel zu anderen realen Menschen leidet (wie jeder Single), sondern zudem auch noch sehr wenig Kontakt mit sich selbst hat. Wenn es nicht gelingt, diesen Mangelzustand abzubauen, kommt der Drogensüchtige allmählich um.

Es gibt gewisse Spielregeln, wie man mit seiner Einsamkeit am sinnvollsten umgeht. Die wichtigste möchten wir noch einmal wiederholen, gerade im Zusammenhang mit den hier zu besprechenden seelischen, psychosomatischen und sozialen Störungen. Es ist jene Spielregel, die besagt: „Den Kontakt mit den anderen Menschen darfst du ungestraft eine ganze Weile abbrechen oder reduzieren, aber den Kontakt mit dir selbst mußt du unbedingt aufrechterhalten."

Wir sind uns darüber im klaren, daß diese Forderung in jenem Augenblick nichts als leeres Wortgeklingel ist, wo ein Mensch aufgrund einer langjährigen Vorgeschichte sich selbst schon so weit entfremdet ist, daß er gar nicht mehr spürt, wie es in ihm aussieht, was seine eigentlichen Bedürfnisse sind, wie er sie am besten befriedigt. Die (psycho)historische Reihenfolge ist ja diese (s. auch das nächste Kapitel und das Schema auf S. 84/85): Bereits als Kind leidet man unter den Kontaktstörungen (also: dem Single-Sein) der Eltern und anderer Bezugspersonen, die sich vor allem als Mangel an Zuwendung äußern. Man reagiert mit ähnlichen, meist noch massiveren Kontaktstörungen, kapselt sich anderen Menschen gegenüber ab. Vor allem, wenn dieser Mangel an Zuwendung sehr früh stattfand, ist man nie richtig in der Lage gewesen, ein stabiles Selbst aufzubauen und Kontakt zu den verschiedenen Teilen der eigenen Persönlichkeit zu bekommen.

Versucht man später, sich durch Ersatzbefriedigungen wie Alkohol oder Drogenrausch den Kontakt wenigstens nach innen zu beschaffen, so wird diese Entwicklung nur noch verstärkt: Sowohl die physiologische Wirkung der verschiedenen Gifte auf Gehirn und Nervensystem als auch die psychische und soziale Entfremdung, die solche irrealen, künstlichen Zustände drastisch fördern, treiben den Betreffenden immer weiter in die Abkapselung von der Außen- wie von der Innenwelt. Er wird mehr und mehr gestört, krank, neurotisch.

## Extremzustände

Unter welchen Störungen können Alleinlebende noch leiden? Im Grunde genommen kann man hier ruhig sämtliche Neurosen und verwandten Zustände anführen. Sie alle sind letztendlich das Resultat von Kontaktstörungen; nur differieren die Intensität, die damit verbundenen Ängste und zunehmende Distanz zu anderen Menschen wie zu sich selbst.

Am weitesten entfernt von allen anderen Menschen wie auch vom eigenen Selbst befindet sich der Psychotiker, zum Beispiel der Schizophrene, der ganz in seiner Wahnwelt lebt. Diesen Menschen ist deshalb auch therapeutisch so schwer zu helfen, obgleich immer wieder Versuche unternommen werden. Beeindruckende Berichte von solchen Therapien haben Hannah Green (*Ich habe Dir nie einen*

*Rosengarten versprochen)* und Mary Barnes (*Meine Reise durch den Wahnsinn*), geliefert. Von Therapeutenseite aus finden wir Gisela Pankows *Gesprengte Fesseln der Psychose* nach wie vor am beeindrukkendsten.

Die Psychose kann man verstehen als das verzweifelte Arrangement eines Singles, durch sein bizarres Verhalten der Umwelt wenigstens ein Minimum an Zuwendung zu entlocken. Da diese Zuwendung aber von einem entsetzlich verängstigten und hilflosen *Kind im Kranken* gesucht wird und die Umgebung dieses *Innere Kind* hinter den Barrikaden des Wahns gar nicht richtig sehen kann (oder häufig auch: nicht sehen will), ist es überaus schwierig, zu helfen. Medikamente betäuben nur das letzte Leben, das der Psychotiker noch zeigt, und sperren ihn in eine *chemische Zwangsjacke.* Das ist oft nicht anders möglich, weil die Umwelt so hilflos ist; aber es ist immer tragisch, weil es die letzten Hilfeschreie unterdrückt und den Betreffenden bei lebendigem Leib emotional erstickt.

Ein Sonderfall sind jene Beeinträchtigungen des seelischen und sozialen Lebens, die man *Autismus* nennt. Es handelt sich dabei um sehr verschiedene Erscheinungsbilder, die jedoch alle eines gemeinsam haben: Die betreffende Person ist wie eingesponnen in einen unsichtbaren Kokon, der sie von ihrer Umgebung (insbesondere von anderen Menschen) wie mit einer Glasschicht isoliert. Dustin Hoffmann hat diese tragische Lebensform in dem Film *Rain Man* (eine Verballhornung des Vornamens Raymond) überzeugend verkörpert: ein hochintelligenter Mensch hinter einer Fassade, die der eines Schwachsinnigen stark ähnelt, bei dem die gesamte Gefühlswelt tief ins Innere und Unbewußte abgedrängt ist und scheinbar nur noch der nüchterne Intellekt die Beziehung zur Außenwelt aufrechterhält.

In der Bundesrepublik leiden bereits etwa 7 000 Kinder zwischen fünf und 14 Jahren und eine unbekannte Zahl Erwachsener unter dieser Störung, deren Therapie sehr schwierig und im Erfolg ungewiß ist.

Es sieht so aus, als sei der Autismus am Ende des 20. Jahrhunderts zu so etwas wie einem Zerrbild der Probleme und Gefahren geworden, denen jeder Mensch ausgesetzt ist, der über einen längeren Zeitraum allein lebt. Vor allem wenn eine entsprechende Vorschädigung in der Kindheit vorliegt, welche die Isolation zum alles überschattenden Lebensthema macht (wie beim *Rain Man* der Fall).

## Bunte Flecken im Grau des Alltags

Günstiger ist die Situation bei den Neurosen. Allerdings beobachtet man seit geraumer Zeit eine Verschiebung des Schweregrads dieser Störungen. Pauschal kann man sagen, daß die hysterischen und zwanghaften Neurotiker Single-Persönlichkeiten sind, die noch ganz gut in der Gesellschaft zurechtkommen, ja die bei all ihren Absonderlichkeiten oder gerade deshalb bunte Flecken ins Grau des alltäglichen Einerlei bringen. Man erinnere sich nur an die kauzigen Lehrer in dem Film *Die Feuerzangenbowle* oder an die hysterisch überdrehten Knall-Chargen erfolgreicher Komödien. Inzwischen schieben sich jedoch Störungen in den Vordergrund, die seelisch und/oder sozial sehr viel verarmter sind, in erster Linie die *narzißtischen Persönlichkeitsstörungen* und die *Borderline-Fälle* (von engl. *borderline* = Grenzlinie).

Letztere bewegen sich, wie schon der Name andeuten soll, gefährlich nahe an der Grenze zum Psychotiker, wohingegen die narzißtisch Gestörten zwar schon weitaus mehr Schwierigkeiten haben als die *normalen* Neurotiker, aber doch noch bei aller Vereinsamung sozial einigermaßen *funktionieren*:

Wir glauben, daß gerade der narzißtisch gestörte Mensch besonders deutlich die Züge des Single zeigt. In den uns bekannten Fällen sind diese Menschen meist auch echte Singles gewesen, haben also für sich allein gelebt; und wenn sie in festen Beziehungen zu anderen Menschen lebten, so haben letztere unter entsprechenden unerträglichen Spannungen gelitten, die deutlich den Krypto-Single verrieten.

Nicht minder zugenommen haben die verschiedenen Formen von Depression; wir sahen schon weiter oben, daß Depression ein sehr großes Problem für jeden Single ist.

## Flucht in die Krankheit

Weit undurchsichtiger wird die Angelegenheit, wenn sich der Single (oder Krypto-Single) nicht offen in seelischen oder sozialen Störungen zeigt, sondern sich hinter körperlichen Leiden versteckt. Im Grunde genommen ist jede dieser psychosomatischen Krankheiten auf ihre ureigenste Weise ein Rückzug des Patienten von der übrigen Welt. Nur erzwingt er/sie gewissermaßen durch die Krankheit Zuwendung von anderen und kann durch diesen *Krankheitsgewinn* massiv daran gehindert werden, sich die Tatsache der inneren Vereinsamung einzugestehen. Ob es sich um die frustrierte Ehefrau handelt, die ihren Mann mit Migräne-Attacken zur Verzweiflung treibt, oder um den *Unfaller*, der unerträglichen Spannungen durch Unfälle zu entkommen versucht – das Grundmuster ist sehr ähnlich.

Der Psychoanalytiker Alexander Mitscherlich stellte einmal fest, daß „dreißig bis achtzig Prozent“ aller Leiden, deretwegen Menschen einen praktischen Arzt aufsuchen, psychosomatischer Natur seien; andere Schätzungen liegen sogar noch höher. Dementsprechend kann man ermessen, wie weit verbreitet diese *Flucht in die Krankheit* bei uns ist. Wir vermuten: Wenn man genauere Zahlen wüßte, hätte man schon einen ganz guten Anhaltspunkt über den Umfang dieser großen Gruppe von Krypto-Singles.

Fritz Zorn war das Pseudonym eines Züricher Lehrers, der, bevor er an seiner Krebskrankheit starb, eine Psychotherapie begann. In seinem Buch *Mars* hat er die ungeheuerliche Einsamkeit seines Single-Daseins beschrieben. Das Alleinsein, das Abgeschnittensein von der übrigen Welt und vor allem die daraus resultierende Gefühlsarmut bei sich selbst, war ihm so entsetzlich, daß er die Schmerzen seiner Krankheit wie eine Erlösung empfand: Spürte er dadurch doch zumindest, daß er lebendig war, daß er einen Körper hatte. Der erste Satz seines Buches, der gut als Motto für die Eremiten-Variante des Single-Themas dienen kann, lautet: „Ich bin jung und reich und gebildet; und ich bin unglücklich, neurotisch und allein ...“

Wie die letzte Tat vieler Heroinsüchtiger, die sich mit einer Überdosis, dem *Goldenen Schuß*, umbringen, kann man auch Fritz Zorns Krebserkrankung als einen Prozeß der Selbstzerstörung auffassen. Er selbst hat diese Zusammenhänge von Vereinsamung, Todessehnsucht und Krankheitsentstehung deutlich erkannt und dargelegt. Aber auch der direkte Selbstmordversuch, ohne Umwege über Sucht oder Krankheit, kommt häufig genug vor.

Meist dürfte er der letzte Ausweg für einen verzweifelten Single oder Krypto-Single sein, dem alle anderen Versuche, sich selbst zu helfen, mißlungen sind. Wir sind der Auffassung, daß niemand sich selbst umbringen will. Der Suizid ist lediglich der radikalste Versuch, total unerträgliche Lebensumstände zu beenden, und das läßt sich nun einmal am einfachsten bewerkstelligen, indem man die eigene Person zerstört.

Im Grunde lassen all die aufgezählten Störungen und Leiden sich als wenngleich untauglicher Versuch verstehen, den Übergang vom Jugendalter zur Erwachsenen-(Partner-)Phase zu bewältigen. Wir glauben, daß viele Neurosen, Süchte, psychosomatische Störungen, ja sogar Selbstmorde nicht zustande kämen, wenn unsere Wertvorstellungen nicht jene Menschen höher stellten, die in Partnerbeziehungen leben. Dagegen werden diejenigen, die dazu stehen, allein zu leben, oft ausgesprochen diskriminiert. Krassestes Beispiel früherer Zeiten hierfür waren die Witwenverbrennungen in Indien: Man gestand den überlebenden Frauen nicht zu, auch allein zu existieren.

Aber selbst heute gibt es noch genügend Abwertungsindizien, zum Beispiel die höhere Besteuerung von Geschiedenen oder die Benachteiligung von Witwen im Zusammenhang mit der Rentenversicherung.

## Freiheiten und Sonderrechte

Wer weiß, wie die zukünftige Welt aussehen wird, wenn die Singles sich erst einmal als benachteiligte Minderheit (oder gar schon Mehrheit?) begreifen und für ihre Rechte zu kämpfen beginnen? Wir möchten dies nicht als Aufforderung zum Egoismus verstanden wissen, sondern als Anerkennung des besonderen psychischen und sozialen Zustands der Singles, ähnlich wie man ja auch jungen Menschen in der Pubertät oder den Studenten gewisse Freiheiten und Sonderrechte zugesteht.

Wir hoffen sehr, daß bereits die Anerkennung des Single-Sein als eigenständige Entwicklungsphase so manchem Alleinlebenden hilft, sich selbst besser zu akzeptieren und sich nicht noch zusätzliches unnötiges Leid zuzufügen, etwa durch Vorwürfe, man sei neurotisch oder werde auf andere Weise mit den Anforderungen des Erwachsenenlebens nicht so recht fertig. Das Leiden als solches läßt sich freilich nicht aus der Welt schaffen. Und das ist auch gut so. Denn darüber sind sich wahrscheinlich die meisten Psychologen, Philosophen und Theologen einig: daß der Mensch sich seelisch und geistig erst dann weiterentwickelt, seinen Anlagen gemäß, wenn er durch Leiden dazu gezwungen wird. Ein erhellendes Beispiel hierfür gab der Single Friedrich Nietzsche, der in seinem Buch *Ecce Homo* notierte:

„Die vollkommene Helle und Heiterkeit, selbst Exuberanz des Geistes, verträgt sich bei mir nicht nur mit der tiefsten physiologischen Schwäche, sondern sogar mit einem Exzess von Schmerzgefühl. Mitten in Martern, die ein ununterbrochener dreitägiger Gehirnschmerz samt mühseligem Schleimerbrechen mit sich bringt, besaß ich eine Dialektikklarheit par excellence und dachte Dinge sehr kaltblütig durch, zu denen ich in gesünderen Verhältnissen nicht Kletterer, nicht raffiniert, nicht kalt genug bin."

Man muß wohl nicht unbedingt so tief in körperlichem Elend versinken, wie Nietzsche das getan hat, um zu sich selbst und zu wichtigen neuen Erkenntnissen zu gelangen. Meistens reicht schon das Ausmaß an Selbsterfahrung, das zugänglich wird, wenn man ein paar Nächte Schlaflosigkeit durchsteht oder wenn man sich zutraut, eine depressive Verstimmung anzunehmen und nicht gleich mit Tabletten den unangenehmen Zustand wegzuscheuchen versucht.

## Erholung in der Zurückgezogenheit

Zusammenfassend möchten wir vermuten: Die Schwierigkeiten und Leiden der Singles (speziell ihre Einsamkeit und Kontakt- bzw. Bindungsschwäche und die daraus resultierenden Probleme und Störungen) lassen sich verstehen als Kennzeichen des Übertritts von einem entwicklungspsychologischen Stadium in ein anderes, nämlich vom Jugendlichen zum partnerschaftsfähigen Erwachsenen.

Dies verlangt enorme psychische Energien, denn es geht um nichts Geringeres als um die Bildung eines neuen Bewußtseins. Dieser hohe Energiebedarf führt rasch zu Erschöpfung und jenen anderen Zuständen, die man in früheren Generationen in Verkennung der Sachlage mit allen möglichen medizinischen Termini bedacht hat: nervös, neurotisch, psychopathisch, vegetativ labil ...

Um sich zu regenerieren, zieht der Single oder der ihm nah verwandte Krypto-Single sich gerne – bewußt oder unbewußt – in die Einsamkeit zurück. Was zunächst wie ein Ausweichen vor allen möglichen Anforderungen der Umwelt aussieht, könnte in Wahrheit ein genialer Kompromiß der Psyche sein.

Als das wichtigste Merkmal, das die verschiedenen Bewußtseinsformen und Entwicklungsphasen unterscheidet, möchten wir die Übernahme von Verantwortung nennen: In der Kindheit und Jugend tragen unsere Eltern und Erzieher die Verantwortung für uns.

Der Single ist, ganz im Sinne des Erwachsenseins, voll für sich selbst verantwortlich. Als Krypto-Single hat er häufig auch bereits Verantwortung für andere übernommen (Partner, Kinder). Aber erst wenn er die Zeit als bewußt lebender Single durchgestanden hat und sich selbst genügend kennt, ist er in der Lage, nicht nur für sich selbst Verantwortung zu übernehmen, sondern auch für die Beziehungen, die er mit anderen teilt.

Single-Sein ist zugleich Abwehrmechanismus und Schutzmechanismus. Aber es ist vor allem Realitätsbewältigung. Wir können den Single, wie übrigens auch den Neurotiker und verwandte Kranke, als seelisch und sozial gestört betrachten (wenn wir bestimmte, freilich höchst fragwürdige Maßstäbe für Gesundheit und Normalität anlegen – siehe Arno Gruens Analyse *Der Wahnsinn der Normalität*). Wir können seine Unsicherheit infolge von Kontaktschwäche, sein mangelndes Selbstwertgefühl (weil er erst auf der Suche nach sich selbst ist), ja sogar seine gelegentliche Arroganz (mit der er Angst und Unsicherheit kaschiert) als Kennzeichen von Unreife und Pathologie betrachten. Wir tun uns leicht, seine verschiedenen Erscheinungsformen in Schubladen mit Etiketten wie psychotisch, neurotisch und narzißtisch gestört abzulegen. Und ganz sicher würde die Weltgesundheitsorganisation (WHO) wohl die meisten Singles, sofern sie unter den oben erwähnten Störungen leiden, als „nicht gesund“ klassifizieren, denn „gesund sein“ ist für die WHO der „Zustand vollkommenen biologischen, sozialen und psychischen Wohlbefindens“.

## Eine Krankheit, um gesund zu werden

Aber vielleicht werden spätere Generationen einmal erkennen, daß dem Single unserer Tage ähnliches widerfährt wie den Schamanen früherer Zeitalter, die erst eine langwierige und oft auch sehr gefährliche *Schamanen-Krankheit* mit körperlichen und seelischen Merkmalen durchstehen mußten, ehe sie ihr Amt antreten konnten. Mircea Eliade hat diese Reifungskrankheit eindrücklich beschrieben. Und Carl Gustav Jung hat in seinem autobiographischen Buch *Erinnerungen Träume Gedanken* festgehalten, wie es ihm mit seiner eigenen Schamanen-Krankheit ging, die er nur dadurch bewältigen konnte, daß er ihm zunächst unerklärliche Phantasien und Träume bis hin zu prophetischen Visionen in Bilder zu fassen und mit Worten zu beschreiben suchte. Die Münchner Psychotherapeutin Irmtraut Schäfer hat in jüngster Zeit ein Modell entwickelt, das dieses uralte Wissen mit modernen Selbsterfahrungsmöglichkeiten kombiniert. Bei der *Vision Quest*, die auf alte indianische Traditionen zurückgeht und die sie in den USA kennenlernte, geht eine kleine Gruppe unter Leitung eines erfahrenen Lehrmeisters in die Wüste und lebt dort, jede(r) für sich allein, einige Tage und Nächte im Freien. Es wird gefastet und meditiert, um mit Hilfe intensiver Naturerlebnisse den Übergang in eine neue Lebensphase zu finden. Im mythischen Jahreszeiten-Zyklus alter Völker der nördlichen Hemisphäre war der Abschied vom alten Jahr mit dem kosmischen Ereignis schlechthin gekoppelt: der Wintersonnenwende. Mit Kulten und Ritualen leistete der Mensch sozusagen universale Hebammendienste. Denn in dieser paradoxen Zwischenzeit, da sich Tod und Leben, Chaos und Kosmos ineinander verschränkten und eins ins andere überging, waren Riten, Übergangsriten, das Bindeglied, strukturierende Mittler. „Energieträger zwischen kosmischen und menschlichen Kräften, da keines ohne das andere, der Mensch nicht ohne Kosmos und der Kosmos nicht ohne Mensch existieren konnte." (*Riten des Übergangs*, S. 7)

Jung prägte später den Ausdruck *Individuation* für diesen Vorgang, nachdem er erkannt hatte, daß es sich keineswegs nur um ein Geschehen handelt, das Schamanen vorbehalten ist (und ihren heutigen Nachfolgern, den Psychotherapeuten), sondern daß Individuation und Selbstverwirklichung zu jedermanns Schicksal gehören. Man muß nur zulassen, daß diese Individuation sich ereignet. Wie sich in unseren Tagen zeigt, ist das Auftreten einer immer größeren Zahl von Singles, die – getrieben vom Leiden – an ihren existentiellen Problemen arbeiten, ein unübersehbares Zeichen dafür, daß Individuation endlich als Aufgabe für alle Menschen erkannt wird. Näheres über den Vorgang der Individuation findet man konzentriert und übersichtlich bei Jolande Jacobi (1971); die speziellen Aspekte der Animus und Anima behandelt R. Johnson in seinem Buch *Der Mann, die Frau.*

Einer von uns (J. v. Sch.) hat in seinen Büchern *Geheimnis der Träume*, *Kreatives Schreiben* und in den beiden Bänden *Der Weg ist das Ziel* die Möglichkeiten von Selbsterfahrung und Bewußtseinserweiterung als Notwendigkeit eines sinnerfüllten Lebens genauer beschrieben.[10]

## Überwindung der Selbstbezogenheit

Alleinsein läßt sich auch als Meisterung der Selbstbezogenheit (Narzißmus) verstehen. In diesem narzißtischen Zustand, der sich in der Pubertät entwickelt und der die Loslösung von den Eltern und anderen Autoritäten signalisiert, begibt sich der junge Mensch in gefährliche Gefilde. Aber erst als Single, also im Vollbesitz seiner Selbständigkeit, kann er, sofern es gewünscht wird, diesen Narzißmus bewältigen. Der Preis dafür ist vor allem Isolation und Angst:

- Die Isolation hilft, eigene Grenzen und die der anderen besser zu erkennen und zu respektieren.
- Die Angst (von althochdeutsch *angus* = eng) hilft, so unangenehm das Erlebnis auch ist, buchstäblich *eng* zu werden, was ja auch heißt: sich zu verdichten, im psychologischen Sinne also sich zu konzentrieren.

Als krankhaft darf man alle diese Zustände erst dann bezeichnen, wenn sie den weiteren Wandel, nämlich hin zum partnerfähigen Erwachsenen, unmöglich machen. Single-Sein ist entsprechend ein Durchgangsstadium, genau wie Kindheit und Jugend. Manche Leiden der Alleinlebenden, speziell Psychose, Sucht und Selbstmord, signalisieren, daß diese Entwicklung und allmähliche Wandlung auch in eine Sackgasse münden kann oder in eine Einbahnstraße, aus der es nur schwer ein Entkommen gibt. Das Schema auf Seite 84/85 soll verstehen helfen, welche Bedeutung den einzelnen Entwicklungsstadien dabei zukommt und wo eventuell Hilfe von außen angezeigt ist, meist in Form einer Beratung, einer Selbsterfahrungsgruppe oder einer Psychotherapie.

---

[10] Wir bieten hierzu Seminare an, die sich besonders für Alleinlebende gut eignen. Kontaktadresse: Institut für Angewandte Kreativitätspsychologie, PF 440238, D-80751 München.

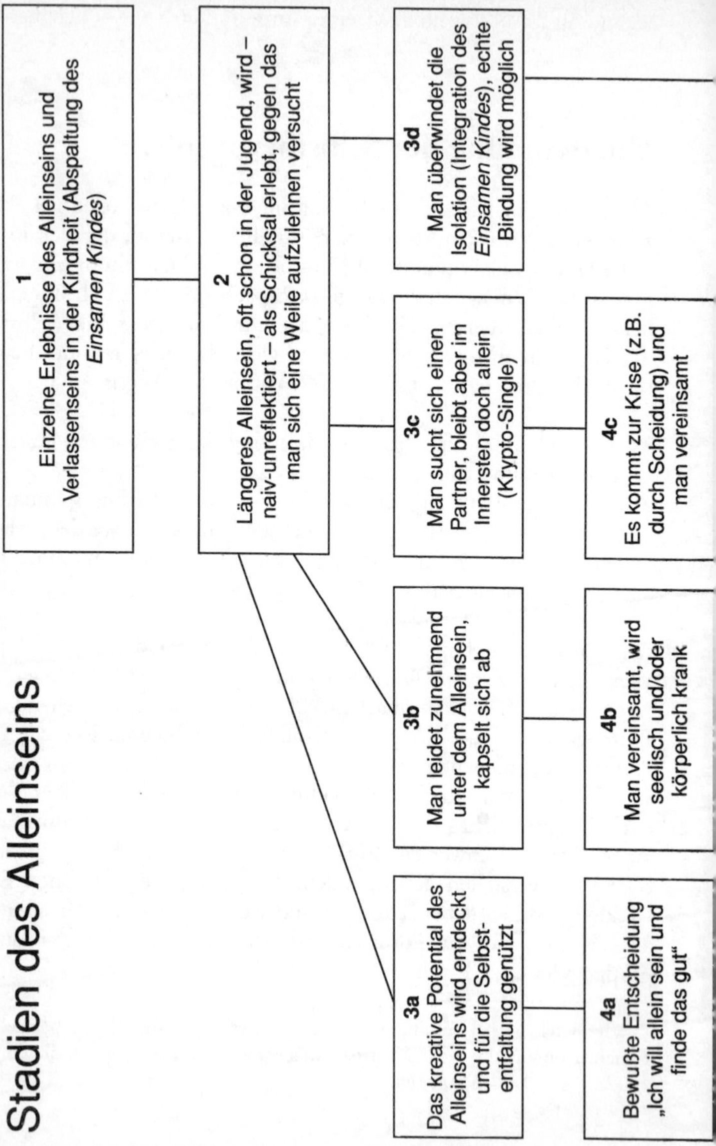


Abb. 2: Stadien des Alleinseins

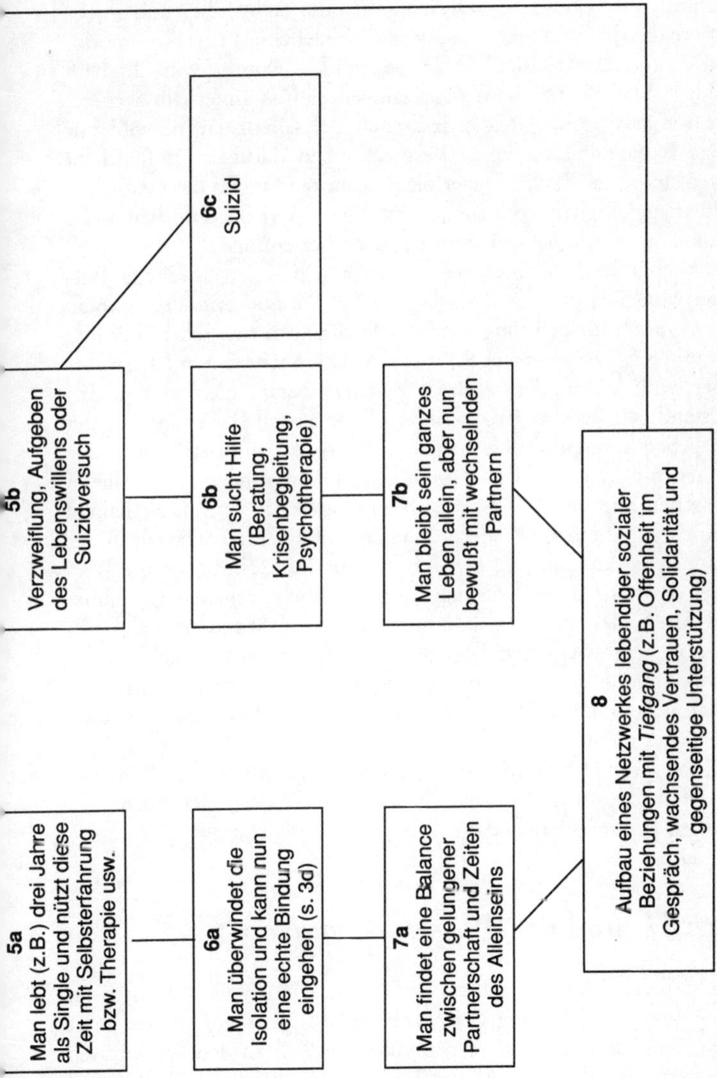
5a
Man lebt (z.B.) drei Jahre als Single und nützt diese Zeit mit Selbsterfahrung bzw. Therapie usw.
5b
Verzweiflung, Aufgeben des Lebenswillens oder Suizidversuch
6a
Man überwindet die Isolation und kann nun eine echte Bindung eingehen (s. 3d)
6b
Man sucht Hilfe (Beratung, Krisenbegleitung, Psychotherapie)
6c
Suizid
7a
Man findet eine Balance zwischen gelungener Partnerschaft und Zeiten des Alleinseins
7b
Man bleibt sein ganzes Leben allein, aber nun bewußt mit wechselnden Partnern
8
Aufbau eines Netzwerkes lebendiger sozialer Beziehungen mit Tiefgang (z.B. Offenheit im Gespräch, wachsendes Vertrauen, Solidarität und gegenseitige Unterstützung)

Ein sehr aufschlußreicher Roman, der so manches Leiden der Alleinlebenden nicht ohne Witz beschreibt (ironische Distanzierung ist zumindest vorübergehend eine ganz gute Selbsthilfe) und insbesondere das doch oft recht freudlose Liebesleben als eine Art emotionales Jo-Jo charakterisiert, ist *Der Fisch ohne Fahrrad* von Elisabeth Dunkel. Das Buch schaffte vor einigen Jahren innerhalb weniger Wochen den Sprung in die deutschen Bestsellerlisten, obwohl nur einige Regionalblätter kurze Besprechungen darüber veröffentlicht hatten. Fazit des Buchs: Die erfolgverwöhnten Singles der westlichen Industriegesellschaft können sich zwar in materieller Hinsicht vieles leisten – aber sie scheitern an ihren Liebesbeziehungen.

Anschließend möchten wir noch ein sehr weit verbreitetes Verhalten von Singles darstellen, das wir das *Weglauf-Syndrom* nennen. Es ist typisch für den Single auf der Suche nach sich selbst, der diesen inneren Drang nach Selbsterkenntnis aber noch nicht wahrhaben will. Wir finden solche *Wegläufer* überall, nicht nur in den selbständigen Berufen (wo sie ihrem Drang nach Bewegung leichter nachgeben können), sondern auch in Behörden und Betrieben. Ganz im Gegensatz zu einer weitverbreiteten Meinung möchten wir diesen Menschen attestieren, daß sie sich ausgesprochen normal verhalten! Ähnlich wie die Schulkinder, die nicht still auf ihren Plätzen in der Klasse sitzen können und *nervös* herumrutschen, sind auch die *Wegläufer* besser dran, weil sie sich noch natürlich verhalten gegenüber dem Streß, den ihre Umwelt ihnen zumutet. Stundenlanges Stillsitzen ist keineswegs eine Tugend, sondern nur das Verleugnen einer höchst ungesunden Situation, an die man sich anzupassen hat (obgleich unsere körperliche Grundausstattung solche langen Ruhepausen gar nicht vorsieht).

Das Weglauf-Syndrom zeigt jedoch, gewissermaßen als Kehrseite der Medaille, auch deutlich jenen anderen Aspekt des Nicht-Annehmen-Könnens: einen Aufruf zur Weiterentwicklung.

## Gert H. und das *Weglauf-Syndrom*

Der freiberufliche Journalist Gert H. ist seit einigen Monaten in psychologischer Beratung. Sein Problem sieht ganz einfach aus: Er ist nicht fähig, sich zu einer vorgenommenen Zeit an den Schreibtisch zu setzen und seine Terminarbeiten zu erledigen. Da helfen alle guten Vorsätze und Vorarbeiten (zum Beispiel: die Gliederung eines zu schreibenden Artikels zu entwerfen) überhaupt nichts. Schon beim Aufwachen fühlt er sich sehr unwohl, „wie Blei“, und er möchte „am liebsten sterben“. Er zwingt sich dann zum Aufstehen, überwindet den toten Punkt. Aber sobald er in die Nähe des Schreibtisches kommt, fallen ihm plötzlich dringende Dinge ein, die er zu erledigen hat: Zigarette rauchen, die Post vom Schließfach holen, Kollegen aufsuchen, bei der Bibliothek vorbeigehen.

Wenn Gert H. einige Stunden später wieder nach Hause kommt, ist der Vormittag „im Eimer“. Er ist „wie erschlagen“ und legt sich, nach einer rasch zubereiteten Mahlzeit, wieder ins Bett. Wenn er Glück hat, gelingt es ihm am Nachmittag, den Artikel wenigstens anzufangen. Meistens vertrödelt er den Nachmittag jedoch ähnlich wie die erste Hälfte des Tages. Erst spät in der Nacht schreibt er dann sein Pensum, allerdings unter enormem Termindruck. In der Regel gelingt es ihm dann auf wundersame Weise, das Manuskript noch eben in letzter Minute per Eilboten und mit dem Nachtzug auf den Weg zur Redaktion in die ferne Großstadt zu bringen. Erschöpft und wütend auf sich selbst geht er nach Hause zurück.

Dieses Weglauf-Syndrom ist ein typisches Verhalten vieler Menschen, die allein leben.Vor allem Kopfarbeiter, die frei über ihre Zeit verfügen können, halten die Einsamkeit am Schreibtisch nur schwer aus. Bewährtes, aber gefährliches Hilfsmittel: Alkohol, der die Weglauf-Impulse dämpft, indem er den ganzen Organismus über die Betäubung bestimmter Gehirnzentren lahmlegt.

In der Krisen-Beratung stellt sich allmählich heraus, daß der Journalist regelrecht Angst vor seinem Arbeitsplatz hat. Angst, dort mit sich und dem Computer allein zu sein. Erst als es gelingt, allmählich den Kontakt zwischen Gert und den Figuren seiner Innenwelt zu verbessern (durch die Arbeit an seinen Träumen und durch *aktive Imagination,* wie C. G. Jung eine bestimmte Form der gelenkten Fantasie nannte), vermag er die Furcht vor der Einsamkeit nach und nach zu überwinden. Vor allem der lebendige Kontakt mit einem weiblichen Archetyp, der Anima (er nennt sie „meine Muse“), verbessert sein Weglauf-Syndrom erheblich. Es tritt eine innere Beruhigung ein. Diese baut in der Folge allmählich sowohl den Alkoholkonsum wie auch exzessiven Kaffeegenuß und Zigarettenkonsum ab, die seine triebhafte Unruhe und damit das Weglaufenwollen noch enorm verstärkt hatten.

Scheinbar völlig anders verhält sich die Hausfrau Anna Sch. Um eine ärztlich diagnostizierte Kreislaufschwäche („zu niedriger Blutdruck“) zu bekämpfen, trinkt sie zum Frühstück drei Tassen Kaffee, die ihr den nötigen Schwung für den Arbeitstag geben. Die sich einstellende Euphorie übertönt nachhaltig, was sich hinter dem körperlichen Symptom der Kreislaufschwäche verbirgt: eine handfeste neurotische Beeinträchtigung, nämlich eine larvierte (= verdeckte) Depression.

Allerdings zeigt sich bei näherem Hinsehen, daß ihre häuslichen und außerhäuslichen Tätigkeiten (die sie sehr erschöpfen) zum Großteil aus unnötigem Leerlauf und sinnlosen Putzexzessen bestehen. Diese erfüllen für Anna eine ähnliche Funktion wie die mannigfaltigen Aktivitäten, die Gert H. vo seinem Schreibtisch fernhalten. Anna kann auf diese Weise jenem Augenblick entkommen, den sie mehr fürchtet als alles andere: nämlich einmal still dasitzen und sich eingestehen zu müssen, wie einsam und sinnlos ihr Leben geworden ist, degradiert zur Magd eines Mannes und dreier Kinder, die von ihr Tag und Nacht verwöhnt werden wollen.

## Selbsterkenntnis ist der beste Weg

Erst in einer Selbsterfahrungsgruppe, zu der eine Freundin sie überredet, begreift sie, daß die Beziehung zu ihrem Mann und ihren Kindern längst eine Farce und inhaltlos geworden ist. Sie erkennt, daß sie in Wahrheit die Existenz eines Krypto-Singles führt und findet den Mut, bewußt die Familie zu verlassen und als Single zu leben. Als es ihr einigermaßen gut geht, versucht sie, nachdem ihr Mann eine ähnliche Entwicklung riskierte, sich probeweise wieder mit ihm anzufreunden. Die Voraussetzungen sind in diesem Fall günstig, weil in den ersten Jahren ihrer Ehe eine breite gemeinsame Basis bestanden hatte, mit einer Fülle von geteilten Interessen, die lediglich im Eheалltag verschüttet worden waren.

Das *Weglauf-Syndrom* wird man in keinem Lehrbuch der Psychopathologie unter diesem Namen finden. Aber es ist wahrscheinlich der gemeinsame Nenner all jener psychosozialen Störungen, die als Neurosen, narzißtische Störungen, Borderline-Symptomatik und verwandte Leiden die Seiten dieser Lehrbücher füllen. Der psychisch (was immer auch bedeutet: der körperlich und sozial) gestörte Mensch kann nicht zur Ruhe kommen, weil er aufgrund innerer Konflikte angsterfüllt auf der Flucht ist. Diese Konflikte haben ihre Wurzeln in früheren Lebensjahren, werden aber mindestens im selben Maße durch aktuelle Probleme der Gegenwart genährt. Man ist auf der Flucht vor sich selbst, vor der eigenen Zerrissenheit, Unruhe und Unsicherheit. Jede Lebenslüge, die sich in falscher Anpassung an fragwürdige Partnerbeziehungen oder im Aufrechterhalten zerstörerischer beruflicher Arrangements äußern kann, verstärkt das Weglaufenwollen noch.

Übrigens, Weglaufen kann man nach zwei Richtungen: nach außen, wie Gert H. und Anna Sch.; und nach innen, in einer Art Totstell-Reflex, häufig kaschiert als psychosomatische Krankheit.

Lange ehe aufgrund dieser Entwicklung jemand zum echten Single wird, etwa indem er sich scheiden läßt, ist er innerlich bereits zum Krypto-Single geworden. Kontakte zu anderen Menschen, und seien es der Ehepartner oder die eigenen Kinder, werden nur noch auf Sparflamme am Leben gehalten. Bis der endgültige Bruch stattfindet. Auch der echte Single ist allerdings vor dem Weglauf-Syndrom nicht gefeit. Wir sahen es am Beispiel des Journalisten Gert H.

## Eine andere Art von Hausapotheke

Wie kann man Selbsterkenntnis ganz praktisch gewinnen?

Im 9. Kapitel geben wir eine Fülle von Anregungen, wie das geübt werden kann. Aber vielleicht fangen Sie mit einem Blick ins 8. Kapitel an und probieren zunächst einmal aus, was wir in die seelische Hausapotheke gepackt haben, die wir dort vorstellen. Ihr Inhalt erscheint uns als gute Vorbereitung für jede Selbsterkenntnis und Selbsterfahrung, ohne die sich nun einmal nichts verändern läßt im eigenen Leben.

# 4. Kapitel: Quellen der Einsamkeit

*Von Kindesbeinen an werden wir Situationen des Alleinseins ausgesetzt. Wo Zuwendung der Eltern in ausreichendem Maße fehlt, wird späteres Single-Sein vorprogrammiert. Schule und Arbeitswelt verstärken diese Mangelerfahrungen noch zusätzlich. Fast unabwendbare Folge dieser Kette von Zuständen des Alleinseins und der Isolation ist schließlich der neue Menschentyp Single.*

*Die Kulturgeschichte kennt schon einen Vorläufer: den Helden, der allein die Gefahren des Lebens meistert. Er wird damit zum Vorbild der Männer und Frauen, die heute die psychischen und sozialen Krisen ihres Lebens bewältigen und, durch den komplizierten Prozeß der Individuation, zu sich selbst finden.*

Niemand wird als Single geboren. Aber: Von Geburt an werden wir alle systematisch zu Singles gemacht. Adolf Portmann hat darauf hingewiesen, daß der Mensch eine *physiologische Frühgeburt* ist, das heißt, der Säugling kommt in einem körperlichen Entwicklungszustand auf die Welt, der – verglichen mit dem artverwandten Menschenaffen – noch sehr unfertig ist. Entsprechend muß die Mutter dem Kind anstelle des vorzeitig, nach neun Schwangerschaftsmonaten verlassenen biologischen Uterus einen entsprechenden Schutzraum sichern. Man spricht deshalb vom ersten (nachgeburtlichen) Lebensjahr gerne als dem psycho-sozialen Uterus. Die Dyade (Zweiheit) Mutter-Kind wurde bisher hierfür als ideal betrachtet, wenngleich sich inzwischen Stimmen mehren, die auch einen entsprechend engagierten Vater als Teil dieses nachgeburtlichen Mutterleibs akzeptieren.

Dieses schöne Bild vom ersten Lebensjahr ist allerdings mehr und mehr eine Art hübscher Erinnerung geworden. Die Wirklichkeit sieht längst nicht so ideal aus. Welches Kind wird heute noch neun Monate – oder gar drei Jahre – gestillt, wie in früheren Generationen üblich und bei den Naturvölkern sogar heute noch zu beobachten?

## Einsame Kinder

Bereits im Krankenhaus, gleich nach der Entbindung, wird das Neugeborene von der Mutter getrennt. Damit fängt die endlose Kette einsamer Situationen an, mit denen der moderne Mensch fertigwerden muß und die ihn systematisch zum Single erziehen. Zum Glück scheint sich auf diesem so wichtigen Gebiet inzwischen eine Wende anzubahnen. Diese wurde durch den Arzt Leboyer in Gang gebracht und wird heute von immer mehr Müttern getragen, die um *Rooming-in* nach der Entbindung ersuchen.

René Spitz hat eindrucksvoll beschrieben, was mit Kindern geschieht, die zuwenig seelische und soziale Zuwendung bekommen, obgleich ihnen an materiellen Gütern nichts mangelt. In seinem Buch *Vom Säugling zum Kleinkind* beschreibt er die Schäden, die im Extremfall zum psychischen Hospitalismus werden, der sogar tödliche Formen annehmen kann: Tod durch Alleingelassenwerden.

Margaret S. Mahler behandelt im ersten Band ihrer Studien über *Symbiose und Individuation* die Psychosen, also schwerste psychische Störungen, im frühen Kindesalter. Sie spricht von der symbiotischen Phase, in der Kind und Mutter noch aufs engste seelisch miteinander verbunden sind. Wird diese Verbindung zu früh unterbrochen, kommt es zu Autismus und anderen Verhaltensänderungen, bis hin zur völligen psychischen Abkapselung des Kindes von der Umwelt. Nicht immer verläuft eine solche Abkapselung so dramatisch wie bei den Fällen, die der Psychoanalytiker Bruno Bettelheim in *Die Geburt des Selbst* beschrieben hat. Das eindrucksvollste Beispiel in seiner Sammlung ist der neunjährige Junge Joey, der sich für eine Maschine hält und jeden Morgen an einer imaginären Steckdose Strom tankt. In diesem Zusammenhang sei noch einmal an das eindrucksvolle Schicksal des *Rain Man* im gleichnamigen Film mit Dustin Hoffman erinnert.

Schon sehr viel normaler sehen die Mädchen und Jungen aus, die Katharina Zimmer in *Das einsame Kind* vorstellt. Ihre Störungen zeigen sich meistens nur dem, der genau hinsieht. Diese einsamen Kinder sind es, die sich so frühzeitig an den Zustand des Alleinseins gewöhnen, daß sie im späteren Leben gar nicht anders können, als Singles zu werden; zu massiv sind die emotionalen Barrieren, die sie als Selbstschutz und zur Abwehr gegen eine unfreundliche Umwelt errichtet haben.

Aber es ist nicht nur eine verständnislose Umgebung oder gar Kinderfeindlichkeit, wie Hans P. Bleuel sie in seiner Studie *Kinder in Deutschland* nachgewiesen hat, die Singles frühzeitig vorprogrammiert. Eine gewichtige Rolle kommt neben dem gemütsarmen Elternhaus der modernen Schule zu, die vorwiegend den Verstand der Schüler trainiert und damit die Entfremdung der Kinder von sich selbst (Bezug zum eigenen Körper und ganzheitliches Erleben werden blockiert) sowie von ihrer häuslichen und schulischen Umwelt immens fördert. In deutschen Schulen sind psychosomatische Beschwerden der Kinder nicht zuletzt aus diesem Grund fast schon der Normalfall. Der Streß an unseren Schulen ist sicher noch nicht so groß wie an japanischen Einrichtungen, wo einer Lehrerumfrage zufolge jeder vierte Grundschüler und jeder dritte Mittelschüler bereits einmal an Freitod gedacht und viele den Schritt in diese fatale Richtung gemacht haben. Bei uns in Deutschland bringen sich jährlich schon etwa 500 Schüler um!

## Superman und die *Festung der Einsamkeit*

Die Ursachen liegen auf der Hand. Das vorherrschende Leistungsprinzip mit dem daraus resultierenden Notensystem unterbindet systematisch Zusammenarbeit und Zusammengehörigkeitsgefühl der Kinder und treibt sie in rivalisierendes Verhalten, das zwangsläufig zu Isolation und Einsamkeit führt. Obwohl in den einschlägigen Studien immer wieder betont wird, daß Angst vor strafenden Eltern wegen schlechter Noten eine der Hauptursachen sei, wenn Kinder sich umbringen oder an der Schule krank werden, möchten wir die – freilich schwer nachprüfbare – These aufstellen, daß es vor allem die emotionale Isolation ist, die krank macht oder gar umbringt.

Entsprechend formulierte der Reformpädagoge Hartmut von Hentig, der in Bielefeld ein richtungsweisendes neues Schulmodell in Gang brachte, auf einer Fachtagung in München bereits 1976: „Das Auffälligste an den heutigen Kindern ist ihre Unfähigkeit zu *trauen* (nicht: trauern[11] ) – ein sie beherrschendes Gefühl, zu kurz zu kommen, übergangen, übersehen, überhört, ungerecht belastet oder

---

[11] *Die Unfähigkeit zu trauern* war 1967 der Titel eines aufsehenerregenden Buches der Frankfurter Psychoanalytiker Alexander und Margarete Mitscherlich.

beschuldigt zu werden. Sie schreien sich gegenseitig nieder; sie sind zu einer gemeinsamen Leistung und Ordnung nur unter mathematischer Aufteilung der Aufgaben und Opfer bereit ..."

Was in der Grundschule beginnt, setzt sich in den weiterführenden Schulen und in der Lehrlingszeit fort. Eine Studie des Max-Planck-Instituts für Psychiatrie weist darauf hin, daß es für 650 000 verhaltensgestörte Kinder und Jugendliche in der Bundesrepublik nur 65 Jugendpsychiater gibt. Die Versorgung dieser gefährdeten jungen Menschen ist also mehr als katastrophal. Kein Wunder, daß die gefährlichen Ausweichmöglichkeiten des Alkoholismus, der Drogensucht und des Suizids rapide zunehmen.

Ein Comic-Held, der unüberwindliche Superman vom fernen Planeten Krypton, ist wohl nicht durch Zufall so beliebt bei den Kindern und Jugendlichen. Sein Beiname „der Stählerne" signalisiert ein Selbstgefühl, das vielen Heranwachsenden sehr vertraut ist und das bei Bettelheims Fall des Jungen Joey, der sich für einen Roboter hielt, am krassesten zum Ausdruck kommt. Superman hat zwar auch eine Freundin – die Reporterin Lois Lane –, aber er ist und bleibt in allen seinen Abenteuern ein typischer Single, der gottähnlich allein gegen die Welten des Bösen kämpft, auf der Erde und im ganzen Universum, ja sogar in vergangenen und zukünftigen Epochen. Das Zentrum seiner Tätigkeit, in dem er seine Superwaffen und Trophäen hortet und neue Kräfte schöpft, liegt am Nordpol und trägt den bezeichnenden Namen „Festung der Einsamkeit".

Die Pubertät ist jene Entwicklungsphase, in der sich junge Menschen aus der Herkunftsfamilie lösen und zu sich selbst finden, später auch eine eigene Familie gründen sollen.

Interessant ist eine Tatsache, auf die Erik H. Erikson in *Jugend und Krise* mehrfach hingewiesen hat: daß nämlich bei den sogenannten Naturvölkern so etwas wie die Pubertät im Sinne einer langjährigen eigenständigen Entwicklungszeit gar nicht existiert. Sobald der Junge oder das Mädchen geschlechtsreif geworden sind, werden sie in einer gleichgeschlechtlichen Gruppe Gleichaltriger von einem erfahrenen Stammesangehörigen (der ebenfalls demselben Geschlecht angehört) in die nötigen Kenntnisse der Jagd und anderer erwachsener Verrichtungen eingewiesen. Krönender Abschluß dieser mehrere Wochen dauernden Einweihungszeremonien ist der Initiationsritus. Dabei werden die Elf-, Zwölfjährigen, die eben noch als Kinder bei der Mutter lebten, den Erwachsenen zugesellt: Die Mädchen leben fortan bei den Frauen, die Knaben im Männerhaus. Es dauert zwar noch einige Zeit, bis sie sich einen Ehepartner suchen und dann eine eigene Familie gründen; aber im Prinzip gelten sie schon als erwachsen.

## Wettbewerb und Konkurrenz – notwendig und gefährlich

In unserer Kultur ist hiervon nur die Feier der Konfirmation beziehungsweise Kommunion im religiösen Raum erhalten geblieben, bei der ebenfalls ein Übergang von der Kindheit zum Erwachsensein angedeutet wird. Damit erschöpfen sich allerdings schon die Parallelen, denn bei uns ist man in diesem Alter noch keineswegs ein vollgültiger Erwachsener. Die Tatsache der biologischen Geschlechtsreife wird sogar nachdrücklich unterdrückt, und statt dessen wird die Ausbildung fortgesetzt, die im sechsten Lebensjahr mit dem Schuleintritt begonnen hat – bei Gymnasiasten bis ins 19. Lebensjahr, bei Studenten sogar noch einige Jahre länger. Die Pubertät erweist sich demnach als ausgesprochenes Kulturprodukt. Sie dient dazu, dem Heranwachsenden die Inhalte und Spielregeln unserer Gesellschaft und Kultur beizubringen, die immer komplizierter werden, weshalb diese Phase sich mehr und mehr in die Länge zieht.

Der Preis ist allerdings gewaltig und in vielen Fällen zu hoch. Anders als Kinder und Jugendliche bei den Naturvölkern, die immer in das größere soziale System der Familie oder des Stammes eingebunden und nur sehr selten einmal allein sind, ist unsere ganze Ausbildung darauf ausgerichtet, das Kind und später den Jugendlichen im Lernvorgang zu isolieren. Schon im Klassenzimmer kapselt ihn die Wettbewerbssituation beim Kampf um die guten Noten von den Kameraden ab. Zu Hause sitzt er, wieder allein, stundenlang über seinen Hausaufgaben.

Aber mehr noch als solche Tatsachen isolieren andere Sachzwänge die Kinder und Jugendlichen und machen sie vorzeitig mit den Merkmalen des Single-Seins bekannt, formen sie gewissermaßen zu Prä-Singles. Speziell das Leben in der Großstadt bietet wenig Anregungen durch die monotone Struktur ihrer Topographie. Aber auch Landkinder können sich der fortschreitenden Isolation kaum entziehen, die dadurch gefördert wird, daß die Eltern – häufig beide berufstätig – immer weniger Zeit für notwendige Gespräche haben.

Viele wachsen als Einzelkinder auf – eine Folge des enormen Geburtenrückgangs. In vielen Familien sind die Möglichkeiten für Kommunikation zusätzlich dadurch eingeschränkt, daß die ganze Familie, oft schon während des Abendessens, vor dem Fernseher sitzt, der das emotionale Vakuum scheinbar ausfüllt.

Peter Blos hat an den Anfang seines Buches *Adoleszenz*, in dem er das Jugendalter in psychoanalytischer Sicht darstellt, einen Ausschnitt aus dem dramatischen Gedicht eines 17jährigen gestellt. Was dieser John D. schreibt, darf als symptomatisch für die Verlassenheit seiner ganzen Generation gelten:

*Ich? Ich? Was bin ich?*
*„Ich bin allein mit dem Schlagen meines Herzens."*
*Ich, heda, Ich! Was ist Ich?*
*„Es ist das Einsame und das Verlorene, immer auf der Suche nach ... wem?"*
*Nach einem anderen Ich? Nach einem Ich, das mir antwortet? Nein?*
*Aber was dann? ...*

## Auf der Suche nach Identität

Der Jugendliche ist auf der Suche nach seinem Ich oder seiner Identität als eigenständiger Mensch. Aber es wird ihm sehr schwer gemacht, diese neue Identität als Erwachsener zu finden. Immer weniger finden in diesem Alter den Weg in Gemeinschaften, wo sie von Gleichaltrigen und Älteren ein entsprechendes Rollenverhalten lernen können. Viele sind auf zweifelhafte Gruppen am Rande oder mitten in der Kriminalität angewiesen (Rocker, Drogenkonsumenten). Oder sie bleiben in der Isoliertheit stecken, in die Schule und Elternhaus sie systematisch getrieben haben, wenngleich ohne es gezielt zu wollen. Drastische Belege für diese Karrieren zum Single hin liefern zwei Studien, die das Verhalten und die Erwartungen von Gymnasiasten erforschten. Der Hamburger Psychologieprofessor Manfred Amelang fand heraus:

Je näher die Schüler dem Abitur kommen, desto deutlicher „zeigt sich ein hochbedeutsamer Rückgang an Solidarität und Güte des Klassenklimas"; nahezu die Hälfte der Schüler hat „schon des öfteren mit Rücksicht auf eine bessere Zensur meine wirkliche Meinung zurückgehalten"; zwei von drei Schülern sind der Ansicht, daß „die Angst um den Studienplatz jeden zum Einzelkämpfer macht".

Der Diplompsychologe Volker Evers fand bei Jugendlichen in Neumünster im Alter von 14 bis 22 Jahren folgende Beschwerde: Sie fühlen sich „oft allein gelassen". Was die Stadt ihnen an sinnvollen Freizeitmöglichkeiten bietet, wird heftig kritisiert.

Eine ähnliche Isoliertheit, verbunden mit Resignation und mangelndem Interesse an eigenen Aktivitäten zur Verbesserung ihrer Lebenssituation, verrät auch eine Studie der Arbeitsgemeinschaft der Jugendverbände in der Schweiz, der 1147 Aufsätze von Schülern und Lehrlingen zugrunde lagen. Und die wohl schwärzesten Aspekte solch trostlosen Lebens hat die Ex-Fixerin Christiane F. in ihrem kompromißlosen Erfahrungsbericht über *Die Kinder vom Bahnhof Zoo* vermittelt. Sie sieht überall „den totalen Stumpfsinn".

Und: „Das Traurige an all den Cliquen ist – ob Hascher oder Teeniebopper oder Rockertypen –, daß sie an nichts echtes Interesse haben, daß sie auf nichts echt Bock haben. Die sehen alle keine richtige Zukunft für sich. Im gewissen Sinn stehen sie alle da, wo ich vor ein paar Jahren stand" – nämlich vor dem Konsum harter Drogen wie Heroin und Kokain. Ähnliches gilt für die Kinder- und Jugendlichenprostitution, die nicht nur in der Dritten Welt, sondern auch bei uns enorm ansteigt.

## Fragwürdige Reize

Eine wichtige Ursache für diesen Mangel an Lebensperspektive und das Unvermögen, das eigene Schicksal zu meistern, sieht auch Christiane F. im Schulwesen: „Wir haben auf der Hauptschule nie gelernt, uns mit etwas gründlich auseinanderzusetzen. Da ging alles immer husch, husch. Schreiben, rechnen, ein paar Brocken Gesellschaftskunde – das war's." Auch der gutwilligste Lehrer tut sich freilich schwer, Schülern etwas beizubringen, die nichts beigebracht haben wollen, weil sie sich langweilen. So mancher Lehrer hat uns schon sein Leid über die Unwilligkeit der Kinder geklagt, Wissen von ihm anzunehmen, und sei es noch so gekonnt und interessant dargestellt.

Die Isoliertheit der Kinder von ihrer Umgebung ist einfach schon zu groß, als daß in einer unruhigen, überfüllten Klasse noch die ohnehin fragwürdigen Reize rein intellektuellen Tatsachenwissens zu ihnen durchdringen könnten. Die nur wenige Minuten dauernden, oft in sekundenkurze Schnipsel zerstückelten Video-Clips des Fernsehens, die ähnlich zerhackten Musikprogramme des Rundfunks und quirlige interaktive Computerspiele bieten da wesentlich intensivere Stimuli, gegen die ein Lehrer in der Klasse kaum bestehen kann.

Über diesen langen, systematischen Weg zum Single von Kindesbeinen an ließe sich noch viel sagen. Aus Platzgründen wollen wir uns jedoch nur noch auf einen Aspekt konzentrieren: die zunehmende Entfremdung zwischen Kind und Eltern.

Signe Hammer hat in *Töchter und Mütter* über die Schwierigkeiten dieser Beziehung berichtet, vor allem wie problematisch es gerade für junge Mädchen ist, eine eigene Identität zu finden, wenn Mütter beispielsweise in ihrem Verhalten völlig nach den Ansprüchen des Ehemannes ausgerichtet sind und auf die eigenständigen Bedürfnisse der heranwachsenden Tochter kaum reagieren.

Ein bereits klassisches Beispiel für Schwierigkeiten, die Söhne mit ihren Vätern haben, ist Franz Kafkas *Brief an den Vater*, worin mit geradezu prophetischer Einsicht viele Entwicklungen beschrieben werden, die erst in der jetzigen Generation voll zum Durchbruch kommen. Zentral ist das Erlebnis der totalen Isolation. Kafka führt es darauf zurück, daß er so schreckliche Angst vor dem rabiaten Vater hatte. Wenngleich viele Kinder und Jugendliche heute weniger unter einem zu aggressiven männlichen Vorbild leiden, sondern mehr unter dem weitgehenden Mangel an Vorbild überhaupt (was Alexander Mitscherlich zu seiner berühmt gewordenen These von der *vaterlosen Gesellschaft* führte), so sind die Folgen doch sehr ähnlich, vor allem die Tendenz, Single zu werden, also allein zu leben.

Ein Kernsatz von Kafka lautet dementsprechend, die für ihn wirklich drohende Ehe sei „dieser bisher größte Schrecken meines Lebens". Von einer solchen festen Bindung an eine Frau fürchtete er sogar eine Gefährdung seiner schriftstellerischen Kreativität (was ein interessantes Seitenthema beleuchtet: die Problematik des Künstlers, der Single wird beziehungsweise bleibt, um seine Einfälle nicht zu gefährden): „Ich habe schon angedeutet, daß ich im Schreiben und in dem, was damit zusammenhängt, kleine Selbständigkeitsversuche, Fluchtversuche mit allerkleinstem Erfolg gemacht, sie werden kaum weiterführen, vieles bestätigt mir das. Trotzdem ist meine Pflicht oder vielmehr es besteht mein Leben darin, über ihnen zu wachen, keine Gefahr, die ich abwehren kann, ja keine Möglichkeit einer solchen Gefahr an sie herankommen zu lassen. Die Ehe ist die Möglichkeit einer solchen Gefahr ...“

## Berufs- und Partnerwahl

Auch nach der Pubertät setzt sich die Serie der möglichen frustrierenden und isolierenden Situationen fort, die dazu beitragen, daß ein junger Mann oder eine junge Frau zum Single wird – sofern nicht längst geschehen –, nämlich im Sinne des Fürsichlebens, auch unter anderen Menschen.Vom jungen Erwachsenen, der das 18. Lebensjahr erreicht hat, wird erwartet, daß er allmählich einen Partner für eine Ehe oder eheähnliche Bindung sucht und seinen Beruf beziehungsweise das dorthin führende Studium wählt. Aber beides ist heute ein enorm schwieriger Prozeß geworden, der mehr Lebenserfahrung, Hilfe durch die ältere Generation und Kreativität verlangt, als viele aufbringen können. Rasch wird man da vor die Wahl gestellt, die kreativen Energien *entweder* in die Partnerwahl *oder* in die Berufswahl zu investieren. Zu kurz kommt notgedrungen, speziell bei den Männern, die Partnerwahl. Kontaktschwierigkeiten und Einsamkeit sind die notgedrungene Folge; wobei Frauen sich oft noch leichter tun, wenigstens mit Freundinnen Kontakt zu pflegen.

In Lehre, Studium und Berufsausübung geht die Isolation weiter. Ausgeprägter noch als in der Schule heißt hier die Devise: Rivalität statt Kooperation. Die kollegialen Gespräche am Mittagstisch und in den Arbeitspausen sollten nicht darüber hinwegtäuschen, wie oberflächlich die Informationen sind, die da ausgetauscht werden, unter Ausklammerung aller gefühlshaften Aussagen, die allein die Isoliertheit zwischen Menschen zu überwinden vermögen.

Und das geht so weiter in der Familie, die man gründet. Wir haben schon im ersten Kapitel zu zeigen versucht, daß diese Partnerbeziehungen häufig gar keine echten Beziehungen zweier aneinander interessierter Menschen sind, sondern sich im Nebeneinanderherleben zweier Krypto-Singles erschöpfen, sobald die erste Verliebtheit verflogen ist. Ulrich Moser hat in seiner *Psychologie der Partnerwahl* und dem vorangehenden Band *Psychologie der Arbeitswahl und der Arbeitsstörungen* sehr anschauliche Beispiele gegeben, wieweit unbewußte Kräfte im Spiel sind, wenn wir die wichtigsten Entscheidungen unseres Lebens treffen, eben die Wahl von Partner und Beruf. Es leuchtet ein, daß jemand, der durch Kindheits- und Jugenderfahrungen schon auf ein Leben als Single vorgeprägt wurde, solche (in der Regel unbewußten) Erwartungshaltungen in Richtung Alleinleben und Isolation auch bei diesen wichtigen Entscheidungsprozessen an den Tag legt.

Was sind im Detail die Quellen der Einsamkeit im Berufsleben? Wir möchten nur zwei herausgreifen. Die wohl einschneidendsten Faktoren sind die extreme Aufteilung der Arbeitsvorgänge in winzige Detailprozesse und die enorme Beschleunigung dieser Vorgänge.

Am krassesten ist die Arbeitsteilung natürlich in der Fabrik ausgeprägt. Der Intellektuelle Robert Linhart verdingte sich bei den französischen Citroen-Werken. Über seine Zeit am Fließband hat er ein eindrucksvolles Büchlein mit dem treffenden Titel *Eingespannt* geschrieben, in dem es über diesen schauerlichen Mahlstrom heißt: „In den Zwischenräumen dieses grauen Gleitens erahne ich einen Abnutzungskrieg des Todes gegen das Leben, des Lebens gegen den Tod, das heißt: die Zahnräder des Fließbands, das unerschütterliche Gleiten der Autos, die Wiederholung identischer Handgriffe, die nie vollendete Aufgabe – als gäbe es keine Bewegung mehr, keine Wirkung der Handgriffe, keine Veränderung, nur noch absurdes Trugbild der Arbeit."

## Lebende Maschinen am Werk

Wer in einem solch mörderischen Prozeß eingespannt ist, der ist wohl kaum mehr in der Lage, in der Freizeit zu Familienangehörigen oder zu Freunden eine tragfähige Beziehung aufzubauen. Wissenschaftliche Untersuchungen haben das handfest untermauert. Aber steht es mit anderen Berufen viel besser?

Und hat, beispielsweise, der Arzt, der jeden Tag Dutzende von Patienten an sich vorbeimarschieren sieht, manche nur wenige Minuten lang, ein humaneres, persönlicheres Verhältnis zu den *Objekten* seiner Arbeit? Wir wagen es zu bezweifeln. Ausgebildet an Leichen, die seziert werden, und an wehrlosen Tieren, die zu meist sinnlosen Experimenten *verbraucht* werden, kann der moderne Arzt kaum noch ein anderes Verhältnis zu seinen Patienten entwickeln als das zu einer Art lebender Maschine. Was den Inhalt der Arbeit angeht, unterscheiden sich Fließbandarbeiter und Mediziner oft nur wenig. Beide kapseln sich schon allein durch die Einwirkungen ihres entfremdeten Arbeitsprozesses in hohem Maße von der Umwelt ab, in der sie tätig sind.

Autoritäre Hierarchien und Rivalität bestimmen überall im Berufsleben das Verhältnis der Menschen zueinander. Wie kann man da anders denn als Single, also zurückgezogen auf das abgeschirmte eigene Ich, überleben?

Läßt man die Schlafzeit einmal unberücksichtigt, so hat die Zeit, die der Mensch am Arbeitsplatz verbringt (Anfahrt und Pausen eingerechnet) weitaus die intensivste Wirkung auf ihn: Fast die Hälfte des Tages fördert sie sein Alleinsein.

Es gibt leider noch immer sehr wenige Berufe und Arbeitsplätze, wo echter Team-Geist, Menschlichkeit und Zusammenarbeit das Klima bestimmen. In diesem Sinne ist der heute sich so stark vermehrende Typus des Single ein echtes Produkt der modernen Industriegesellschaft, bestens deren Anforderungen angepaßt; vor allem, wenn er oder sie noch dazu ein ausgesprochener *Workaholic,* ein Arbeitsneurotiker, ist, der in der Arbeit den Hauptsinn seines Lebens sieht. Ohne die Singles und die Opfer (an Zeit und Menschlichkeit), die sie tagtäglich bringen, wäre andererseits unser extremes Wirtschaftssystem wahrscheinlich längst zusammengebrochen! Das eine ist ohne das andere nicht denkbar. Beide schaukeln sich gegenseitig, im Sinne eines kybernetischen Regelkreises, mehr und mehr auf: Die Industrialisierung hat vor einigen Generationen allmählich jene wirtschaftlichen und beruflichen Strukturen erzeugt, die das Single-Sein förderten, und je mehr anpassungsfähige Krypto-Singles und echte Singles aus diesem Prozeß hervorgingen, um so besser konnte die arbeitsteilige Wirtschaft funktionieren.

Aber wie das bei kybernetischen Systemen so ist: Irgendwann erreichen sie ihren Grenzwert. Mechanische Systeme brechen dann infolge Überlastung zusammen. Soziale, biologische und psychische Systeme hingegen erzeugen *Gegengifte*, die sich nach langsamer Anlaufzeit bald kaskadenartig vermehren und gegenseitig verstärken. Es sieht so aus, als würden heute speziell die Singles diesen Umkehrprozeß tragen. Er läuft derzeit noch ziemlich langsam ab – aber schon die zahlenmäßige Zunahme signalisiert eine allmähliche Beschleunigung des Vorgangs, der uns noch manche ungeahnte Überraschung bereiten wird.

# Zunehmende Differenzierung

Was wir jedenfalls schon jetzt beobachten können, ist eine zunehmende Differenzierung innerhalb der arbeitsfähigen Bevölkerung, die man entsprechend ihrer Beteiligung am Arbeitsprozeß etwa so einteilen könnte:

1. Arbeitsneurotiker, die in der Arbeit völlig aufgehen (hierbei handelt es sich ganz sicher um ausgesprochene Krypto-Singles, denn menschliche Beziehungen, die diese Bezeichnung verdienen würden, halten so etwas nicht lange aus);
2. gut angepaßte Arbeitskräfte, die eine Balance zwischen Beruf und Privatleben gefunden haben (wenn es sich um Krypto-Singles handelt, finden wir hier oft ausgeprägte Ersatzbefriedigungen, für die ein Gutteil des Einkommens aufgebracht werden muß);
3. typische alleinlebende Singles, die „arbeiten, um zu leben" und ansonsten versuchen, in der Freizeit dem Leben möglichst viele angenehme Seiten abzugewinnen;
4. Aussteiger, die ihre Bedürfnisse drastisch zurückschrauben und Lebensqualität (die wenig oder gar nichts kostet) einem fragwürdigen Lebensstandard vorziehen;[12]
5. Ausgeflippte (Drogenabhängige, Kriminelle etc.), die nur auf Kosten der Gemeinschaft leben.

Für uns interessant ist speziell die dritte Variante. Die Ausgeflippten und die Alternativler haben in der Regel eine Lebensform gefunden, in der sie sich – ihren Bedürfnissen entsprechend – zu Hause fühlen. Sie sind nicht sonderlich daran interessiert, an ihrer persönlichen Weiterentwicklung zu arbeiten. Dieses Urteil mag ein wenig ungerecht klingen, sofern es sich auf eine bestimmte Gruppe von Menschen bezieht, die alternativ leben wollen, weil sie gerade nach *Selbstverwirklichung* streben. Allerdings ist ihr Verhalten für uns dann fragwürdig, wenn es einen massiven Rückzug aus der übrigen Gesellschaft beinhaltet. Denn zur Selbstverwirklichung gehört es, mit den Problemen der (auch sozialen) Umwelt einigermaßen sinnvoll umzugehen, was durch Rückzug allein nicht möglich ist.

---

[12] Das allerdings in vielen Fällen nur möglich ist, weil die übrige Bevölkerung unter Opfern der eigenen Bequemlichkeit für den Unterhalt der Infrastruktur sorgt!

Hier wird für uns zunehmend der politische Aspekt relevant: soweit möglich zu einem Abbau der herrschenden Mißstände beizutragen. Das aber ist nur machbar durch Solidarität mit anderen, also durch menschliche Beziehungen. Hierfür kommen am ehesten die zweite und dritte Gruppe in Frage: die angepaßten (Krypto-) Singles und die echten Singles. Dazu müssen diese allerdings erst ihre Isoliertheit überwinden.

## Ent-schleunigung

Eine Reihe von Faktoren trägt dazu bei, daß der Mensch der Industriegesellschaft von Kindesbeinen an in jene psychische Verfassung versetzt wird, die ihn auf das Alleinleben als Erwachsener vorbereitet, ja, die ihm einen anderen Zustand kaum mehr vorstellbar erscheinen läßt – weil er ihn nämlich als Kind viel zuwenig erfahren hat. Die fortschreitende Abkapselung läßt sich schon am Gesicht, der Stimme und der Körpersprache deutlich erkennen.

Kleine Kinder sind völlig offen. Sie zeigen mit ihrer Mimik, Gestik und Lautäußerung deutlich, wie ihnen gerade zumute ist. Spätestens im sechsten Lebensjahr, also mit Schulbeginn, ändert sich dies. Die Gesichter werden ernster, verschlossener, die Bewegungen langsamer und kontrollierter, die stimmliche Modulation flacher. Das ist kein Wunder, denn nun wird Selbstbeherrschung verlangt, und zwar bis hin zur Selbstverleugnung. Je älter der Mensch wird, um so verschlossener erscheint er uns. (Es ist immer wieder ein beglückendes Erlebnis, zu beobachten, wie in einer Selbsterfahrungsgruppe nach einiger Zeit auch bei älteren Menschen das oftmals maskenhaft erstarrte Gesicht sich allmählich lockert, die Bewegungen flüssiger werden und die Stimme an Umfang gewinnt, sobald es gelingt, die emotionale Abkapselung allmählich aufzubrechen!)

Außer dieser ungesunden, extremen Selbstkontrolle lernen wir in der Schule und im Berufsleben, ja sogar in unserer Freizeit noch etwas, das uns in die Isolation treibt. Es ist dies jene Beschleunigung unserer Lebensabläufe, die uns systematisch zwingt, *verkopft* zu werden. Am deutlichsten läßt sich diese Entwicklung anhand des Fernsehens und des Autofahrens erläutern.

Unser natürliches Fortbewegungstempo ist das des Fußgängers: rund fünf Kilometer pro Stunde. Auf diese Geschwindigkeit sind unsere Sinnesorgane und unser Gehirn, das die Sinneseindrücke verarbeitet und die Reaktionen koordiniert, eingerichtet. Die Evolution hat uns darauf programmiert, uns wohl zu fühlen, wenn wir uns mit diesem Tempo (oder langsamer) bewegen.

Was passiert nun, wenn wir uns mit einem Vielfachen dieser fünf Stundenkilometer bewegen, also beispielsweise am Steuer eines Autos? Es findet eine Umschaltung statt. Wir nehmen jetzt nicht mehr ganzheitlich wahr, also mit dem gesamten Körper, sondern fast ausschließlich mit dem *optischen Informationskanal*, also den Augen. In unseren Netzhäuten befinden sich zwei biologische Mikrocomputer, die hochverdichtete optische Signale an das Gehirn weiterleiten, und zwar vor allem an das Neuhirn. Denn nur dieses ist in der Lage, mit den hohen Geschwindigkeiten extrem komprimierte Informationen zu verarbeiten: in Form abstrakter Symbole. Wir sind so darauf trainiert, „mit Worten zu denken", daß wir ganz vergessen haben, daß Sprechen (genau wie Lesen und Schreiben, oder gar das Rechnen) ein unnatürlicher Vorgang ist, den der Mensch erst spät in seiner Entwicklungsgeschichte zu beherrschen gelernt hat. Und daß es auch jene andere langsame, ganzheitliche Form des Wahrnehmens, Denkens und Reagierens gibt, die wir heute fast nur noch bei Kindern beobachten – das haben wir ebenfalls vergessen.

## Fasten für die Seele

Fasten ist nicht nur höchst gesund für den Körper – siehe Entgiftung, Entschlackung und Gewichtsabnahme. Es sollte außerdem noch jenen anderen Aspekt (wieder-)entdecken, der mit den intensiven Auswirkungen auf das Seelenleben zu tun hat. Dieser war den alten Kulturen sehr vertraut und ist uns leider verlorengegangen: Wer mehrere Tage lang nichts ißt, sondern nur Flüssigkeit zu sich nimmt (was ein gesunder Mensch in der Regel ohne Schwierigkeiten übersteht), erlebt zu seinem Erstaunen, daß

- sich das Lebenstempo spürbar verlangsamt,
- man dadurch sensibler wird für Innenwelt- und Außenweltreize,
- sich die Konzentrationsfähigkeit erhöht und die geistige Leistungsfähigkeit zunimmt.

Außerdem wird das Traumleben stark angeregt und dadurch werden wichtige Inhalte aus den tieferen Seelenschichten der Selbsterfahrung zugänglich. Deshalb ist Fasten so empfehlenswert als ideale Selbsthilfe für Singles. Es hat also überhaupt nichts mit falsch verstandener Askese und Selbstkasteiung zu tun, sondern verlängert vor allem die kreative Phase, die Psyche und Organismus ohnehin jede Nacht, während des Schlafes, durchlaufen. Die englische Sprache verdeutlicht dies heute noch mit ihrem Wort für Frühstück: *breakfast*, das heißt „Fasten brechen"!

Am günstigsten ist es, beim ersten Versuch zumindest, das Fasten zu zweit oder in einer Gruppe auszuprobieren, wo man das Erlebte gemeinsam aufarbeiten kann; später läßt sich auch gut alleine fasten.

(Grundlegende medizinische Hinweise und Ratschläge findet man in dem Buch *Wie neugeboren durch Fasten* – der Titel trifft genau! – von Dr. med. Hellmut Lützner.)

Wenn diese Beschleunigung nicht nur gelegentlich stattfindet, sondern zur Selbstverständlichkeit wird, dann verändert sich das Bewußtsein. Intuitives, gefühlshaftes Erfassen der Wirklichkeit geht verloren (kommt allenfalls im Traum wieder oder muß mühsam neu erlernt werden); intellektuelles, emotionsarmes Erfassen der Welt durch den *Neuhirn-Computer* herrscht vor.

Das Autofahren zwingt uns ständig dazu, mit unserem Neuhirn-Computer zu arbeiten. Sonst würden wir sehr schnell am nächsten Hindernis zerschellen. Wer sich im 100-km/h-Tempo bewegt, kann die auf ihn zurasende Landschaft nur noch in hochabstrakter Form verarbeiten: als groben Verlauf der Straße, als Verkehrszeichen, als Schatten und Umrisse von Gebäuden und Menschen und anderen Fahrzeugen, die auf physikalische Werte wie Geschwindigkeit, Größe und Anzahl reduziert werden. Blech und Glas isolieren zudem den Autofahrer von der Umwelt. Und wenn er dann auch noch, wie im Berufsverkehr der Normalfall, allein in seinem Gefährt zur Arbeit rollt, dann könnte er sich genauso gut am Steuer eines Raumschiffes auf dem Flug zum Mond befinden, so abgeschottet ist er als Autofahrer von der Wirklichkeit.

## Fernsehen und Autofahren – zwiespältige Kräfte

Ähnlich isolierend und verkopfend wirkt das Fernsehen. Es engt die Wahrnehmung auf eine winzige Sehfläche und Tonquelle ein. Schnittfolge und Musik zwingen uns Wahrnehmungsformen und Denkprozesse auf, die ebenfalls hochbeschleunigt sind und überwiegend das Neuhirn ansprechen. Der übrige Mensch ist weitgehend vom Geschehen ausgeschaltet. Oft aktiviert nur noch der drastische Thrill schockierender Krimi-Szenen die Angst- und Fluchtreflexe und läßt den passiven Zuschauer hie und da spüren, daß er ein Herz und einen Kreislauf hat. Berührende Szenen von den dramatischen Veränderungen im Ostblock, besonders aus dem gepeinigten Rumänien, wie wir sie Ende 1989 verfolgen konnten, bewirken Ähnliches.

Fernsehen und Autofahren sind (bei allen positiven Eigenschaften, die sie auch haben) mächtige Generatoren der Einsamkeit und Isolierung.

Darüber hinaus ist das Auto natürlich auch noch heute, nach jahrzehntelanger Verfügbarkeit, ein „Mittel der Selbstbestätigung und zwar erstaunlicherweise in den letzten Jahren sogar noch mehr als in früheren Perioden", schrieb Franz Thoma schon 1979 in der *Süddeutschen Zeitung* in einem Aufsatz mit dem Titel „Das Geheimnis des Autobooms". Uns kommt das so vor, als wollten recht viele Menschen vor dem nächsten (endgültigen?) Ölschock noch einmal in den Genuß dieses Erlebnisses Autofahren kommen. Vielleicht weil sie instinktiv spüren, daß das Gefühl der Macht über viele Pferdestärken nicht nur von der übrigen Welt isoliert, sondern auch ihr Selbstbewußtsein aufbaut?

Es ist dies allerdings ein höchst fragwürdiges Selbstbewußtsein, das gut zur Beschleunigung unseres ganzen Zeitalters paßt. Dies muß wohl ausgekostet werden, bis der Single endlich merkt, welchen Preis in Form von Abkapselung von der Welt er dafür bezahlt. Wilhelm Reich hat das treffende Wort vom *Charakterpanzer* geprägt. Ständige Isolierung und Zerfall des emotionalen Kontakts zu anderen Menschen verhärten uns: seelisch, sozial und – durch verspannte Muskulatur – sogar körperlich.

Wer den Charakterpanzer wieder loswerden möchte, dem hilft nur systematische Ent-schleunigung. Marie Vinn empfiehlt, die *Droge im Wohnzimmer* (den Fernseher) einfach abzuschalten. Und wir empfehlen den Autofahrern, es den Berliner Polizisten nachzumachen, die aus ihren Funkstreifenwagen auf Fahrräder umgestiegen sind; mit großem Erfolg, wie es in einem Zeitungsbericht hieß, nicht zuletzt, weil die Distanz zu den Bürgern wieder kleiner wurde. Aber wahrscheinlich muß man die Konsequenzen der Beschleunigung erst einmal richtig spüren und zum Single werden, ehe man umschwenken kann und in der Ent-schleunigung einen Sinn sieht. Erst wenn genügend Menschen darunter leiden, daß wir uns der Natur draußen (Stichwort: Umweltverschmutzung) und der eigenen Natur in uns selbst (Stichwort: Innenwelt-Verschmutzung) entfremdet haben, wird dieser Prozeß umkehrbar.

Der Single, wir sahen es am Beispiel des Arbeitslebens bereits, ist sowohl ein Produkt der Entfremdung als auch ihr Antriebsmotor. Ab einem bestimmten, sich heute immer deutlicher abzeichnenden Stadium dürften die Alleinlebenden allerdings auch diejenigen sein, die den Prozeß wieder rückgängig machen. Soweit das überhaupt noch möglich ist.

## Die Einsamkeit des Langstreckenläufers

Wer die Begeisterung während großer Fußballspiele erlebt, die Millionen Zuschauer in ihren Bann schlagen, bekommt leicht den Eindruck, daß das Zusammenspiel in der Mannschaft das herausstechende Moment des modernen Sports ist. Der Eindruck täuscht. Nicht Mannschaften sind typisch für das sportliche Freizeitverhalten unserer Tage, sondern die einsamen Disziplinen: Marathonlauf, Jogging, Wellenreiten und Surfing, Drachensegeln, Bungeespringen, Erstürmen von Achttausendern im Alleingang (die Mannschaft dient meist nur als Hilfstrupp).

„Stehend ... im diffusen Licht, mit dem Wind im Rücken, habe ich plötzlich eine Art Allgefühl – nicht das Gefühl, es geschafft zu haben und stärker zu sein als alle, die vor uns da waren, nicht Allmachtgefühl. Nur ein Hauch von Glücksgefühl tief drinnen im Kopf und in der Brust ..."

Reinhold Messner hat den höchsten Berg der Welt zusammen mit seinem Freund Peter Habeler bestiegen. Aber wie er in seinem Buch *Everest – Expedition zum Endpunkt* minuziös beschreibt, erlebte er den Augenblick des höchsten Triumphs allein, als Single. Er sprach seine Eindrücke oben am Gipfel in den Kassettenrecorder. Weil sonst niemand da war, der ihm zuhörte.

Die 29jährige Amerikanerin Diana Nyad kraulte 42 Stunden lang über eine Strecke von 115 Kilometern von Kuba nach Florida, durch einen Spezialkäfig vor den Haifischen geschützt. Aber sie musste den Versuch abbrechen, einen neuen Langstrecken-Schwimmrekord aufzustellen. Krank und erschöpft, von giftigen Quallen verätzt und von Halluzinationen gepeinigt, zogen die Helfer sie aus dem Wasser.

Fachleute nennen den Drang nach solchen Extremerlebnissen *stimulus addiction* (Reizsucht). Kein Wunder, daß Singles sich solchen Sportarten zuwenden: Das Leben in der emotionalen Abkapselung verführt leicht dazu, mit massiven Reizen und mit Nervenkitzel à la Achterbahn die große Distanz zur Umwelt gewaltsam zu durchbrechen. Aber aus der Einsamkeit kommt der Single-Sportler deshalb noch lange nicht heraus.

Die Verlagerung der Sportfaszination vom Fußball auf Tennis, wie sie einige Jahre zu beobachten war, bestätigt diese Beobachtungen nur zu nachhaltig. Stars wie Steffi Graf und Boris Becker sind die Einzelkämpfer par excellence; selbst im Doppel hat der Partner vor allem die Funktion, die einzelgängerischen *Helden* um so deutlicher hervortreten zu lassen.

Auch in seiner freien Zeit ist der moderne Mensch offenbar nicht in der Lage, erfolgreich aus seiner Isolation auszubrechen. Natürlich gleiten nicht alle auf einem Surfboard am Kamm einer zusammenbrechenden Woge entlang oder stürzen sich mit einem Hängegleiter von einer Bergflanke. Aber sind jene Millionen, die an den Wochenenden die Ränge der Fußballstadien bevölkern, um zusehend *Sport zu treiben*, weniger isoliert? Oder die noch höhere Zahl der Fernsehzuschauer, die das Geschehen aus noch größerer räumlicher und vor allem emotionaler Distanz verfolgt? Emotionale Beteiligung verschafft meist erst der Alkohol.

In dem englischen Film *Die Einsamkeit des Langstreckenläufers* konnte man übrigens vor Jahren schon sehr eindrucksvoll studieren, wie sportlicher Ehrgeiz, Single-Sein und entsprechende soziale Isolation (in der Schule, im beginnenden Berufsleben) Hand in Hand gehen.

Seit wir dieses Buch 1979 erstmals schrieben, konnten sich weltweit neue Formen der Freizeitgestaltung mit rasender Geschwindigkeit durchsetzen, die Singles beinahe jeden Alters wie auf den Leib geschneidert sind:

- Da ist, als neue Sportart, das Rollerblade-Fahren, selbst mitten im Großstadtverkehr.
- Die kleinen Kopfhörer des Walkman, angeschlossen an winzige Kassettenplayer, liefern in der U-Bahn wie auf der Skipiste Musikbeschallung und kapseln den Benutzer von seiner Umwelt ab.
- Und was in den 60er Jahren der Zauberwürfel des ungarischen Mathematikers Rubik mit seinen vertrackten geometrischen Knobeleien war, sind heute der Gameboy, oder die Spiele auf einem richtigen Computer, mit denen viele Alleinlebende ihre einsamen Stunden verbringen – wobei das Surfen im Internet inzwischen offenbar ein noch größerer Kick geworden ist, mit allen Qualitäten einer süchtigmachenden *Droge*.

Man darf annehmen, daß der Trend zum Alleinleben auch in Zukunft für Überraschungen dieser Art sorgen wird, vor allem für Solo-Spiele nach Art des Schachcomputers. Und überhaupt die Computer! Sie sind wahrscheinlich das ideale Spiel- und Arbeitszeug für alle echten und Krypto-Singles. Als (Pseudo-)Gegenüber sind sie unschlagbar, vor allem was Geduld und die Bedürfnislosigkeit in punkto Zuwendung angeht.

## Ein wenig Planung kann recht hilfreich sein

So viele Möglichkeiten es auch gibt, in die Einsamkeit hineinzugeraten, gibt es mindestens so viele Wege aus ihr heraus. Dazu bedarf es jedoch eines bewußteren Umgangs mit dem eigenen Leben, als viele Menschen ihn besitzen (s. „Sieben Schritte aus der Isolation", S. 175). Die Konzeption eines *Tagesplans* beziehungsweise *Lebensplans* (S. 176) ist eine hilfreiche Möglichkeit, das eigene Leben besser in den Griff zu bekommen und nicht länger Spielball fremder Kräfte zu bleiben – die ja viel zur Vereinsamung beitragen!

# 5. Kapitel: Den Charakterpanzer abbauen

*Wer zu lange allein lebt, steht in großer Gefahr, seelisch zu verhärten. Das überträgt sich dann allmählich auch auf die körperliche Konstitution. Die Folge sind Störungen psychosomatischer Art bis hin zu richtigen Krankheiten. Beziehungen zu anderen Menschen sind eine Art Allheilmittel gegen diese Verhärtung. Aber sie müssen stimmen.*

Wer einsam ist, trägt durch sein Verhalten gegenüber anderen nicht nur dazu bei, daß er sich selbst immer mehr abgrenzt – er fördert auch massiv die Einsamkeit anderer. Ohne solche Kettenreaktionen wäre es wahrscheinlich undenkbar, daß es heute so viele alleinlebende (oder in ihren Beziehungen isolierte) Menschen gibt. Ursprünglich mögen es Migrationen infolge von Kriegen oder Naturkatastrophen und sich ändernde berufliche Bräuche gewesen sein, welche die Bindungen der Familien und anderer Gruppierungen zerstörten und den einzelnen in die Einsamkeit trieben. Aber wer auf diese Weise entwurzelt wurde und seinen Kontakt mit der Gefühlswelt eingeschränkt hat, der wird diese Isolation mit hoher Wahrscheinlichkeit an seine Lebensgefährten und Kinder weitergeben. Noch eine dritte Quelle läßt sich ausmachen, neben Entwurzelung und emotionaler Kettenreaktion, also sozio-kulturellen und sozialpsychologischen Einflüssen. Es ist dies die psychosomatische Reaktion des ganzen Menschen auf die extremen physikalischen und chemischen Reize seiner Umwelt.

Ein Arzt, mit dem wir uns einmal darüber unterhielten, warum viele Menschen so schlecht atmen, erklärte: „Wundert Sie das, bei all den Abgasen, die wir in den Straßen einer Stadt inhalieren? Der Körper wehrt sich auf seine Weise, indem er langsamer und flacher atmet. Die Folge ist auf die Dauer allerdings fatal: Die Lungenflügel werden schlecht belüftet, kleben zusammen, und es entsteht leicht ein Emphysem – das heißt, die Lungen ertrinken buchstäblich.“

## Gesicht und Körper verschließen sich

So wie sich die Lungen durch allmähliche Abschließung gegen die vergiftete Außenluft wehren, schützt sich wahrscheinlich unser gesamter Organismus gegen das noch größere – weil unausweichlichere – Übel der Lärmbelästigung durch den Autoverkehr. Wer in einer Großstadt lebt, kennt dieses bedrohliche Gefühl, das der Tag und Nacht nie zur Ruhe kommende Geräuschpegel auszulösen vermag. Da wir allerdings, in einer Art Selbstschutz, die Reizschwelle unbewußt und vollautomatisch sehr leicht erhöhen können, fällt uns dieses ungeheuerliche, bedrängende Dröhnen nicht lange auf. Wir gewöhnen uns daran, wie es so schön heißt. Erst nach einigen Tagen Aufenthalt in einer ruhigen Landschaft fällt uns der Unterschied auf.

Das Schlimme an diesem Sachverhalt ist jedoch nicht die Lärmbelästigung als solche, sondern das, was sie mit uns macht: Sie verschließt uns buchstäblich. Man sieht es schon an den Gesichtern und der Körperhaltung vieler Stadtmenschen, wie sie sich unbewußt mit verengten Poren gegen die akustische Reizflut abschirmen und verspannen. Das läßt sich nicht durch Diagnosen wie *neurotische Abwehr* wegerklären. Das Schlimmste daran ist: Wir bleiben so verschlossen, auch wenn die unmittelbare Lärmbedrohung am Wochenende, in der Nacht nachläßt.

Da Körper und Seele in ständigem, unauflösbarem Wechselspiel miteinander stehen, leuchtet ein, daß diese somatische Abkapselung (die sich deutlich als Verengung der Hautoberfläche beobachten läßt) sich auch psychisch äußert: eben als emotionale Verhärtung, als *Charakterpanzer* im Sinne Wilhelm Reichs. Die Vorstadien der Lärmpest machen schon den Kindern zu schaffen und bereiten auch auf diese Weise das spätere Single-Sein (infolge psychosomatischer Abschirmung) systematisch vor. In der medizinischen Fachzeitschrift *Das öffentliche Gesundheitswesen* fanden wir einen Bericht mehrerer Wissenschaftler, die den Lärmpegel an vier Hamburger Schulen gemessen hatten. Sie fanden dabei durchwegs höhere Werte als jene 25 bis 42 Dezibel, die für geistige Arbeit als gerade „noch erträglich" bezeichnet werden. Bei den Messungen in den Klassenräumen während des Unterrichts lagen alle Werte über 75 Dezibel! In zwei Klassen wurden sogar Dauerschallpegel von über 80 Dezibel erreicht, mit Spitzen sogar von 100 Dezibel. Die Ursachen sind Außenlärm (vor allem durch Straßenverkehr) und dann natürlich der Krach, den die Schüler selbst verursachen. Bei den überfüllten Klassen kein Wunder: Der natürliche Lärm, den fast 30 Kinder (eine sehr gängige Klassenstärke) verursachen, einfach als Folge ihrer normalen Lebensäußerungen, muß ja groß sein.

Nach Meinung der Wissenschaftler, die sich unangemessen vorsichtig ausdrücken, ist es „... *nicht auszuschließen, daß eine derart intensive Lärmkulisse bei Schülern, aber auch bei Lehrern zu psychischen und vegetativen (psychosomatischen) Reaktionen und damit zu einer Beeinträchtigung der Gesundheit führen kann.*“

Das Beispiel, das für viele andere Untersuchungen stehen mag, soll zeigen, was man alles beachten muß (bis hinein in die feinsten physiologisch-physikalischen Zusammenhänge), wenn man das komplizierte Phänomen *Single* wirklich verstehen möchte. Und wenn man vor allem begreifen will, wie unausweichlich heute fast jeder Mensch, sofern er nicht gerade in einer idyllischen Waldkolonie lebt, diesem Prozeß der Isolierung, des emotionalen Rückzugs, der Charakterpanzerung ausgesetzt ist, der uns alle zum Single oder Krypto-Single regelrecht züchtet. Wahrlich: ein Thema für die Schreckensvisionen eines Science-Fiction-Romans!

## Psychologe, hilf dir selbst

Unterstützt werden solche Entwicklungen, um nochmals darauf hinzuweisen, gerade auch durch Ausbildung und Berufsleben. Weiter oben nannten wir den Fließbandarbeiter in der lärmerfüllten Autofabrik und den Arzt mit seiner *Fünf-Minuten-Sprechstunde* als Beispiele. Ich (J. v. Sch.) möchte hier noch meinen eigenen Berufsstand erwähnen, genauer: die Ausbildung zum Psychologen, weil sie das Groteske der Situation besonders deutlich erhellt: Psychologen sind Fachleute, deren Aufgabe es ist, das Seelenleben und das übergreifende sozialpsychologische Wechselspiel von Menschengruppen zu erforschen. Aufgrund ihrer Fachkenntnisse sollen sie dann Verständnishilfen für Nicht-Psychologen (und natürlich auch für sich selbst) anbieten. Wie werden nun solche Experten ausgebildet?

Ich verrate sicher kein Geheimnis, wenn ich feststelle, daß die überwiegende Zahl der Psychologiestudenten sich dieses Fach aussucht (und es interessieren sich viermal soviel dafür, als es Studienplätze in Deutschland gibt), weil sie sich vom Studium zunächst einmal eine Hilfe für ihr Selbstverständnis erwarten. Es sind sensible Heranwachsende, welche die lange (dreizehn Jahre dauernde!)

Schulzeit bis hin zum Abitur wahrscheinlich mehr oder minder bedrückend erlebt haben und nun nach Möglichkeiten suchen, die Verkopfung und intellektuelle Isolierung zu überwinden. Ich glaube nicht, daß es nur eine Projektion meiner eigenen negativen Erfahrungen in dieser Richtung ist, wenn ich das feststelle. Aber was wird auf der Universität geboten? Weitere fünf bis sechs Jahre Paukerei, Lesen theoretischer Abhandlungen, Anhören von Vorlesungen, also Unterricht. Das heißt, weitere Verkopfung und Verstärkung der Single-Situation. Was weitgehend fehlt, ist das offene Gespräch, der Austausch auch von emotionalen Erfahrungen, das lebendige Lernen in Alltagssituationen (in denen sich der spätere Berufspsychologe ja bewähren muß!), vor allem aber die gründliche Bewältigung wenigstens eines Teils der eigenen Lebensproblematik, also die Aufarbeitung der wichtigsten emotionalen und sozialen Defizite aus der eigenen Kindheit mittels Selbsterfahrung.

Der Diplompsychologe verläßt die Hochschule vollgestopft mit hochabstraktem Wissen über das wissenschaftliche Konstrukt der menschlichen Psyche. Aber er ist häufig nicht in der Lage, mit anderen Menschen ein normales Gespräch zu führen, das über nüchterne Fachsimpelei hinausgeht. Man könnte hier also gut den Ratschlag aus dem Evangelium des Lukas (der selbst Arzt war) abwandeln, der empfahl: „Arzt, hilf dir selbst ...“ in ein modernes: „Psychologe, hilf (zunächst einmal) dir selbst, ehe du anderen helfen willst.“

## Hochschulen sind Brutstätten für Singles

Im offiziellen Mitteilungsblatt der Universität München hat der Psychologiestudent Thomas Thun diese auch persönlich erfahrene Misere beklagt. Befragungen der Studenten haben gezeigt, daß neun Zehntel nach dem Vordiplom die Ausbildung in Klinischer Psychologie anstreben, das heißt: Psychotherapeut in irgendeiner Form werden wollen. Aber: „Die für die Therapie berufsqualifizierende Ausbildung im Diplomstudium halte ich für eine Illusion. Die kognitive, ausbildungsrationale Komponente, die die Universität beisteuern kann, setzt nämlich bereits eine *erste Natur*, eine Identität voraus, die, wird sie nicht mitgebracht, von Lehrpersonen nicht *ex cathedra* gestiftet werden kann.“ (Th. Thun)

Fähig zu Beratung, zu psychologischem Gespräch, zum „Therapeut-Sein“ wird der Absolvent des Psychologiestudiums erst, nachdem er sich außerhalb der Hochschule noch mindestens drei Jahre lang sehr teure und zeitraubende Selbsterfahrung, in Gruppen und in der Einzeltherapie, geholt hat. Wir haben das Beispiel des Psychologiestudiums deshalb hier erwähnt, weil es besonders drastisch die Misere unseres Berufslebens überhaupt zeigt. Wenn schon die Fachleute für menschliches Miteinander so wenig Chancen haben, im Zuge ihrer Ausbildung ihre emotionalen Fähigkeiten zu entwickeln, die allein das Überwinden der Single-Situation ermöglichen – um wieviel schlimmer muß dann der Charakterpanzer bei jenen Berufen gefördert, ja regelrecht gezüchtet werden, die schon von den Fachinhalten her weiter entfernt vom Gefühlsleben angesiedelt sind, beispielsweise Maschinenbau und Physik?

Unsere Hochschulen sind wahre Brutstätten für Singles. Und da dort die geistigen, wirtschaftlichen und politischen Führungskräfte der Nation ausgebildet werden, also die kulturellen und sozialpsychologischen Vorbilder und Multiplikatoren für Wertmaßstäbe und Verhalten, läßt sich, mit ein wenig Phantasie, leicht ausmalen, welche Auswirkungen das auf ein ganzes Volk hat. Und das gilt nicht nur für uns Deutsche, sondern für jeden modernen Industriestaat unserer Erde.

Hierarchische Strukturen in Politik und Wirtschaft und in sämtlichen anderen Lebensbereichen, die ja in idealer Weise zum emotionslosen „Funktionieren" von vereinsamten Menschen geeignet sind, dazu noch Wettbewerbsmentalität und Rivalitätsprinzip anstelle menschenfreundlicher, kreativer Zusammenarbeit, sind nur eine weitere Bestätigung für die erwähnten Thesen von der fortschreitenden Charakterpanzerung nicht nur der Individuen, sondern des gesamten sozialen Systems.

## Ein Gang über den Friedhof

Wenden wir uns jetzt wieder mehr dem Privatleben zu, wo uns freilich ganz ähnliche Mechanismen begegnen. Die ergiebigsten Funde macht der Psychologe ohnehin nicht im Laboratorium, unter künstlichen Bedingungen, sondern im Alltag. Hierzu ein Beispiel aus einer früheren Phase meines eigenen Lebens als Single nach der Scheidung (J. v. Sch.):

Samstagnachmittag, strahlendes Sommerwetter. Gegenüber meiner Wohnung liegt ein aufgelassener Friedhof, den man zur großstädtischen Idylle mit Spielplatz für Kinder und mit Spazierwegen für die ältere Generation umgewandelt hat. Eine Oase der Ruhe und des freundlichen Grüns, erfüllt vom Gezwitscher von Vögeln, die man schon ausgestorben glaubte. So recht geeignet als Stätte der Begegnung erholungshungriger Menschen.

Fast eine Stunde lang gehe ich über den Friedhof. Was ich beobachte, zunächst ohne es bewußt zu wollen, deprimiert mich. Auf einem halben Hundert Bänken sitzen fast ebenso viele Menschen. Die meisten sitzen allein da, mit mehr oder minder unglücklichen oder verschlossenen Gesichtern. Es sind Menschen jeden Alters. Dann sehe ich einige Pärchen, beide je in ein Buch oder eine Zeitung vertieft, stumm. Mütter (auch einige wenige Väter) spielen mit ihren Kindern; aber der Partner fehlt.

Ich muß mir ins Gedächtnis rufen, daß mich mein eigenes (damaliges) Alleinsein wahrscheinlich beeinflußt: so wie jemand mit einem gebrochenen Bein plötzlich all die anderen Menschen bevorzugt wahrnimmt, die ebenfalls mit einem Gipsbein herumhinken. Ich sehe also vielleicht deshalb bevorzugt Singles, weil ich (damals) selbst allein lebe, gewissermaßen aus einer Art Betriebsblindheit? Deshalb spähe ich nun nach Menschen aus, die keine Singles sind. Und tatsächlich: Ich habe einige andere Möglichkeiten übersehen.

Da sind drei ältere Frauen, wahrscheinlich aus benachbarten Häusern, die lachend und schwatzend auf einer Bank sitzen. Da ist ein verliebtes Pärchen, das sich auf einer Wiese balgt. Und da sind einige andere Paare, die aneinandergeschmiegt spazierengehen oder ebenfalls auf einer Bank ausruhen. Und schließlich entdecke ich, vor der ehemaligen Aussegnungshalle, eine große türkische Familie: drei Generationen, sieben Mitglieder, männliche und weibliche.

Aber sind es nicht alle Krypto-Singles? Die Gastarbeiter, die sich ja auch gerne in die Gruppengeborgenheit der Bahnhofshalle flüchten, haben wahrscheinlich noch die unverkrampftesten Beziehungen untereinander – wenngleich diese zumindest in der Familie sicher sehr streng strukturiert und ritualisiert sind.

Bei zwei der älteren Paare habe ich den Eindruck, daß sie sich sehr nahe sind, im Sinne von emotionaler Nähe. Kleine Gesten, Freundlichkeiten, schon die körperliche Nähe ohne künstliche Gezwungenheit, signalisieren mir: Da verstehen, da mögen sich zwei.

# Das plötzliche Verschwinden der Qual

Ich ging dann rasch weiter, weil ich mir wie ein Voyeur vorkam, der in die Intimität von Zweierbeziehungen eindringt. Bei den anderen hatte ich nicht dieses Gefühl, allzuweit in eine Privatsphäre vorzustoßen.

Und wie war das mit dem jungen Liebespaar auf der Wiese? Auch da schaute ich nur kurz hin, wollte nicht ihre große Nähe stören (obwohl sie das kaum gemerkt haben dürften). Ich sah ihre intensive Offenheit, die vor allem in dem ständigen Bedürfnis nach Berührung zum Ausdruck kam. Aber wer verliebt ist, den darf auch der Psychologe nicht ganz für voll nehmen. Die Verliebtheit baut Grenzen ab und verfälscht die wahre Natur jedes Menschen. Man müßte diese beiden einige Wochen später sehen, wenn die erste Verliebtheit verflogen ist, wenn die tiefsitzenden Übertragungsmechanismen wieder in Gang kommen. Wenn die emotionalen Barrieren wieder errichtet werden, weil man – vielleicht unbeabsichtigt – verletzt wurde. Weil ein unbedachtes Wort alte Kränkungen und seelische Kindheitsnarben schmerzhaft wieder angerührt hat ...

Ja, ich bin ziemlich deprimiert von diesem Friedhof weggegangen. Er kam mir an jenem Nachmittag vor wie die *Welt in der Nußschale*. Warum lassen die Väter ihre Frauen mit den Kindern allein bei diesem schönen Wetter in diesem schönen Fleckchen Erde, fragte ich mich, was haben sie so Wichtiges zu tun, woanders, anstatt die Nähe ihrer Partnerin zu genießen und zu fördern, durch Gespräche, Zärtlichkeiten ...

Warum muß da jeder dieser Einzelgänger für sich allein auf einer Bank sitzen? Warum rücken sie nicht zusammen, schwatzen miteinander, irgendwelches *dummes Zeug*, das trotz seiner Belanglosigkeit (für den Außenstehenden) doch so viel Nähe und Wärme transportieren kann! Aber ich habe mich ja auch nicht zu jemandem gesetzt, sondern mich wieder in mein Arbeitszimmer verkrochen, um an diesem Manuskript weiterzuschreiben ...

Eines ist mir übrigens noch aufgefallen auf dem Friedhof: Das waren die Inschriften der Grabsteine. Fast alle zeigten sie an, daß da ein Ehepaar begraben war, manchmal zusammen mit den später gestorbenen Kindern. Ob sich diese Paare im Leben jemals so nahe waren wie im Tod? Ich möchte es für viele von ihnen bezweifeln. Die Wahrheit ist wohl, daß die Friedhofsidylle da etwas vorspiegelt, was es in der Menschheitsgeschichte bisher nur ganz selten gegeben hat: wirklich tiefe menschliche Partnerbeziehungen, die auf der Basis nicht von wechselseitiger Unterordnung, sondern von gegenseitigem Akzeptieren und Respektieren beruhen, bei großer körperlicher Nähe.

In der Zeit der Verliebtheit, beim ersten Kennenlernen, schmelzen die Barrieren der Isolation wie Eis in der Sonne; das ist ja das eigentliche Wunder der Verliebtheit. Der Psychologe Ingo Mummert hat den wahren Sachverhalt sehr präzise beschrieben: „Der Verliebte fühlte sich vorher allein, einsam und isoliert, und er litt unter diesem Zustand. Durch die Verliebtheit wird dieser Zustand kurzzeitig aufgehoben. Was den Verliebten beglückt, ist nicht die Liebe, nicht einmal die andere Person, sondern das plötzliche Verschwinden der Qual der Einsamkeit."

## Im Gefühlssturm der Verliebtheit

Nun gibt es zwar, dies muß der Vollständigkeit halber angemerkt werden, auch eine andere Form der Verliebtheit, die eine gute Partnerbeziehung fantastisch bereichert und vertieft, aber diese setzt bereits eine gute Beziehung voraus. Mummerts Beschreibung trifft sehr gut den Zustand, der bei verliebten Singles (bzw. Krypto- oder Prä-Singles) vorliegt. Der Single, der sich in langen Jahren daran gewöhnt hat, für sich zu leben, gibt diesen einsamen Lebensstil nur ungern auf. Der Gefühlssturm der Verliebtheit kann da manches gewissermaßen *schmelzen* lassen, was sonst an Vorbehalten existiert. Aber es dauert nicht lange, und der alte Zustand der Verschlossenheit tritt wieder ein, genährt durch Fehler, die ihre Wurzel im eigenen Single-Sein und den damit verbundenen Beschränktheiten und Kurzsichtigkeiten beziehungsweise Unempfindlichkeiten für die wahren Bedürfnisse des Gegenübers haben.

*Die Zauberflöte*, Emanuel Schikaneders bezauberndes Libretto für Mozarts Oper, ist ein schönes Beispiel dafür, daß unsere gesamte Kultur vor dieser eben geschilderten Realität total die Augen verschließt. Es wird so getan – und Mozart und sein Textdichter tun dies meisterhaft –, als seien mit jenem Moment, wo die beiden Liebenden sich nach vielen gefährlichen Prüfungen endlich finden, alle Probleme der Menschenwelt beseitigt. Am Ende der Oper singt der Chor enthusiastisch: „Triumph! Triumph! Du edles Paar! Besieget hast du die Gefahr!"

Aber der Prinz Tamino und seine Geliebte Pamina haben den schwierigeren Teil des Zusammenlebens (das ja zu diesem Zeitpunkt noch nicht einmal richtig begonnen hat) erst noch vor sich. Das andere Pärchen, Papageno und Papagena, gewissermaßen die *Schattenseiten* des prinzlichen Paares, sind da schon sehr viel realistischer. Sie schnäbeln munter davon, daß es jetzt darum gehe, möglichst viele kleine Papagenos und Papagenas in die Welt zu setzen. Reicher Kindersegen hat schon allemal dafür gesorgt, daß ein Ehepaar der Problematik und Zerbrechlichkeit seiner Beziehung nicht zu intensiv auf die Schliche kam. Aber ob Tamino und Pamina, die seelisch und kulturell weitaus differenzierter sind und dementsprechend für Unstimmigkeiten weitaus empfänglicher sein dürften als die Vogelmenschen, mit dem späteren Zusammenleben auch so leicht fertigwerden?

## Romeo und Julia als altes Ehepaar?

Es gibt eine tiefsinnige Tragikomödie, die das spätere Eheleben von Romeo und Julia darstellt (die in dieser Version dem Tod entronnen sind, den Shakespeare ihnen ursprünglich und in sehr weiser Voraussicht zugedacht hatte). Ein schreckliches Schauspiel, dieses Gezänk und diese Intrigen des im dritten Ehejahrzehnt völlig verfeindeten Gespanns! Aber auch faszinierend: Niemals wurde uns deutlicher bewußt als in diesem Stück von Ephraim Kishon (*Es war doch die Lerche*), daß es in unserer Kultur wie in vergleichbaren anderen Hochkulturen zwar viele Darstellungen der Verliebtheit gibt (und noch wesentlich mehr Beschreibungen mißglückter Paarbeziehungen, siehe Flauberts *Madame Bovary* und alle Stücke von Hendrik Ibsen), aber keine einzige Darstellung einer geglückten Beziehung über die Zeit des Verliebtseins hinaus. Das kann seinen Grund doch nur in der Tatsache haben, daß es solche geglückten Beziehungen (mit ihrer eigenen Form des Verliebtseins und Sich-liebens) kaum gibt oder gegeben hat! (Einmal ganz abgesehen davon, daß das große Unglück allemal interessanter darzustellen ist als das *kleine Glück*.)

Kurt Tucholsky hat diesen Sachverhalt, daß offenbar das Zusammenleben zweier Menschen überwiegend problematisch ist, in seinem Gedicht „Danach“ unübertrefflich dargestellt:

## Danach

Es wird nach einem happy end im Film jewöhnlich abjeblendt.
Man sieht bloß noch in ihre Lippen den Helden seinen Schnurrbart stippen - da hat se nu den Schentelmen.
Na, un denn -?
Denn jehn die Beeden brav ins Bett.
Na ja ... dies ist ja auch janz nett.
Aba manchmal möcht man doch jern wissn:
Wat tun se, wenn se sich nich kissn?
Die könn ja doch nich imma penn ...!
Na, un denn -?
Denn säuselt im Kamin der Wind.
Denn kricht det junge Paar 'n Kind.
Denn kocht sie Milch. Die Milch loft üba.
Denn macht er Krach. Denn weent sie drüba
Denn wolln sich beede jänzlich trenn ...
Na, un denn -? ...

In früheren Zeiten lebte es sich wahrscheinlich leichter in einer Ehe, die von den Eltern beschlossen wurde und aus reinen Vernunftgründen zustande kam, zum Beispiel um Grundbesitz zu vergrößern oder die Macht herrschender Dynastien zu stärken. Die sogenannte *romantische Liebe* als Grundlage auch für einen Ehebund ist eine relativ junge Erfindung: Die Troubadoure des ausgehenden Mittelalters besangen sie. Von den Ritterhöfen aus drang sie dann allmählich ins Bürgertum und in die anderen Stände vor. Soziologen sehen die romantische Liebe gerne als eine Art sinnloser Spielerei an und betonen, wieviel solider die Vernunftehe war. Aber wir denken, sie sehen da nur eine Seite der Entwicklung.

## Die Erfindung der Verliebtheit

Natürlich kommen die Menschen in Zeiten, wo sie täglich ums nackte Überleben kämpfen müssen, nicht darauf, sich über Sinn und Inhalt einer Paarverbindung viele Gedanken zu machen. Wer bis zu sechzehn Stunden am Tag arbeiten muß, um das tägliche Brot und das Dach über dem Kopf zu sichern, denkt nur in jenen kurzen

Wochen, allenfalls Monaten, an Liebe, in denen er den Partner kennenlernt. Aber selbst diese kurze Phase einer intensiven Gefühlsbeziehung haben in früheren Zeiten wohl nur die wenigsten Menschen erlebt; die meisten konnten es sich, wie gesagt, gar nicht leisten.

Es gab deshalb praktisch keine Chance, daß jemand durch die Liebe und die Nähe zum Partner einen Anstoß zur eigenen seelischen Entwicklung erhalten konnte. Die Angehörigen früherer Epochen waren wahrscheinlich nicht einmal (erwachsene) Singles, sondern erreichten bestenfalls das Bewußtsein von Jugendlichen. Wahrscheinlich waren die meisten sogar noch in einer Art kindlichem Stadium und fühlten sich der Großfamilie beziehungsweise dem Klan enger verbunden als einem anderen Individuum.

Es war ein großer Fortschritt, als die Verliebtheit als eigenständige wertvolle Phase des Lebens gewissermaßen *erfunden* wurde. Aber dann blieb die kulturelle und seelische Entwicklung offenbar stehen – siehe Tucholskys böse Satire! Die Antwort auf sein bohrendes „Na, un denn?" aus den 20er Jahren sind in der heutigen Zeit die Single, und zwar jene Single, die soweit ihre Eigenständigkeit gefunden haben, daß sie in der Lage sind, später eine tragfähige Partnerbindung einzugehen.

Unsere Kultur mutet noch immer schizophren an:

Fördert sie doch überall das Single-Sein, wie wir an der Vielzahl von Beispielen für Ursachen der Einsamkeit sahen, stellt aber gleichzeitig die Zweierbeziehung als Ideal hin!

Vielleicht könnte man das alte Paar Philemon und Baucis, das Goethe uns im zweiten Teil des *Faust* gegen Schluß auf die Bühne stellt, als ein gelungenes Beispiel einer solchen Beziehung verstehen? Aber der Dichter hat intuitiv wohl erfaßt, daß dies ein sehr gefährdetes Glück ist. Er läßt die beiden durch Mephisto brutal aus dem Weg räumen, als Opfer eines technischen Großprojekts der Landgewinnung aus dem Meer.

Wer nicht das Glück hatte, durch die eigenen Eltern eine gelungene Ehe vorgelebt zu bekommen, wird gute Vorbilder anderweitig vergeblich suchen. Von den schlechten Vorbildern gibt es allerdings mehr als genug. Unsere ganze Literatur lebt davon, sei es in der Form von Komödien (die den tragischen Aspekt gekonnt verdrängen), sei es in der Form bitterböser Ehekriege, wie es Edward Albees *Wer hat Angst vor Virginia Woolf?* und Martins Walsers *Die Zimmerschlacht* exemplarisch vorführen. Lernen kann man davon fürs eigene Leben, für die sinnvolle Gestaltung der eigenen Beziehungen, kaum etwas – höchstens, daß man solchen Beziehungen am besten aus dem Wege geht und allein bleibt.

## Ratschläge für Paare

Immerhin gibt es inzwischen ernstzunehmende Forscher, die sich Gedanken über Partnerbeziehungen gemacht haben und von denen man so manchen Ratschlag übernehmen kann. Wir wollen an dieser Stelle nur die uns am brauchbarsten erscheinenden Titel nennen:

- Jürg Willi, *Die Zweierbeziehung*
- Rubin und Gertrude Blanck, *Ehe und seelische Entwicklung*
- Sehr hilfreich kann auch das Buch des Psychotherapeuten Rüdiger Rogoll *Nimm dich, wie du bist* sein, der anhand von Eric Bernes Transaktionaler Analyse zeigt, wie man die komplizierte Psycho- und Soziodynamik innerhalb einer Paarbeziehung besser verstehen und entwirren kann.
- Und natürlich Eric Bernes eigene Bücher (siehe Anhang).

Doch bei aller Verständnishilfe, die Ratschläge und Theorien in Büchern bieten können: Wirklich geholfen wird einem damit nicht, vor allem dann nicht, wenn man in der Problematik noch mitten drin steckt. Da lohnt es sich schon weit mehr, Fachleute um Rat zu fragen und im persönlichen Gespräch eine Klärung zu suchen. Allerdings haben diese Ratschläge häufig den Nachteil, daß sie zu sehr die bröckelnde Paarbeziehung berücksichtigen und zuwenig die Single-Problematik dahinter erkennen. Speziell die Vorschläge des Ehepaars O'Neill, die schmerzlichen eigenen Erfahrungen entstammen, verdienen größte Aufmerksamkeit. Allerdings sehen auch sie zu wenig, welche zentrale Rolle dem bewußt gelebten Single-Stadium *vor* der Ehe zukommt.

Abschließend möchten wir noch auf ein Buch hinweisen, das die Lebenskrise bei Partnerverlust sehr gut darstellt. Es wendet sich an jene Gruppe der Singles, die abrupt aus einer Beziehung herausgerissen wurden, weil der Partner gestorben ist. *Vereinsamung* von Collin Murray Parkes, einem englischen Psychoanalytiker, ist der Idealfall eines Buches, das exakte Beschreibung von Sachverhalten, kulturgeschichtliche Einordnung und theoretische Durchdringung des Stoffes vereint. Vor allem die emotionalen Störungen, die der Partnerverlust auslöst und die den Überlebenden plötzlich wieder primär mit sich selbst konfrontieren, werden sehr aufmerksam behandelt. Ähnliches läßt sich über Verena Kasts Studie *Trauern* sagen.

## Selbst aktiv werden – nicht länger Spielball bleiben

Paare mögen sich leichter tun als viele Alleinlebende, Kontakt zu anderen Menschen (meistens: anderen Paaren) zu bekommen. Aber auch wer ohne Partner lebt, kann brauchbare Wege entwickeln, aus der Isolation herauszutreten und die eher genußvollen Seiten des Alleinseins dann um so intensiver zu erfahren.

In Kapitel zwölf haben wir zwei Möglichkeiten skizziert, wie man Zugang zu anderen Menschen, speziell zu anderen Alleinlebenden, bekommen kann. Da ist zunächst die Gründung eines Stammtisches; aber noch vielversprechender erscheint uns, was wir themenzentrierte Selbsthilfe- und Projektgruppen nennen.

Beides sind keine Wundermittel oder Patentrezepte, jedoch echte Chancen, Isolation zu überwinden.

# 6. Kapitel: Verlängerte Pubertät – oder vorverlegte *Midlife-crisis*?

*Eine der tieferen Ursachen des modernen Trends zum Alleinleben gründet in den erstarrten kulturellen und sozialen Strukturen des Patriarchats. Dies geht jedoch derzeit offensichtlich seinem Ende zu. Das ist Chance und Gefahr zugleich für den Menschen unserer Tage, der lernen muß, selbständig zu entscheiden und sein Leben zu führen – Chance eines echten Erwachsenwerdens und zugleich Gefahr eines Steckenbleibens in pubertärem Egoismus.*

Wollten wir die Hintergründe, die zur Entstehung von Singles führen, erschöpfend behandeln, so müßten wir allein darüber eine eigene Reihe dickleibiger Bücher verfassen. Was spielt da nicht alles zusammen: Biologie, Physiologie, Soziologie, Mythologie, Kulturgeschichte, Tiefenpsychologie, Sozialpsychologie, Entwicklungspsychologie ...

Allein die Übergänge von der Pubertät zum Single-Sein einerseits, vom Single-Sein zur Aufnahme fester Bindungen andererseits verdienten eine eigene Studie. Als wir mit den Vorarbeiten zu diesem Manuskript beschäftigt waren, drängte sich uns eine Zeitlang der Gedanke auf: Die Single-Phase ist ja im Grunde nur eine Art verlängerter Pubertät ...

Aber dann sahen wir, daß zwischen dem – weitgehend vom Elternhaus abhängigen – Jugendlichen und dem Erwachsenen, der als Single allein und selbständig seinen eigenen Haushalt versorgt, doch ein großer Unterschied besteht, auch wenn so manche Eigenarten und Verhaltensweisen der Singles sich manchmal pubertär ausnehmen. Zum Beispiel die Neigung zu häufigem Partnerwechsel oder eine Überbetonung sexueller und materieller Interessen. Aber dann begriffen wir, daß dies eine sehr gefährliche Betrachtungsweise ist, hat doch schon der Begriff Pubertät einen leicht negativen Beigeschmack (weil Jugendliche in vielen Belangen noch nicht ernst genug genommen werden).

Und würde da nicht erst recht der Ausdruck Single zu einer abschätzigen Bezeichnung verkommen (aus ähnlichen Gründen)?

Ein zweiter Fehler, den wir dann machten, war der, daß wir – das andere Extrem – die Single-Zeit als eine Art vorverlegter *Midlife-crisis* ansahen. Bis wir verstanden, daß der Partneraspekt der *Krise in der Mitte des Lebens* (sehr gut beschrieben im Buch von G. Sheehy) nur verzögertes Produkt eines bestimmten Fehlverhaltens ist. Es resultiert daraus, daß zwei Singles sich zu einer Ehe zusammentun, ohne für eine solche langfristige Bindung reif zu sein. Die Krise besteht dann darin, daß einer der beiden Partner – oder auch beide gleichzeitig – begreift beziehungsweise begreifen, daß er/sie das Single-Sein noch nachholen muß. Dann liegen die Karten offen auf dem Tisch, und beide können im Alleinsein versuchen, das Versäumte auszugleichen.

## Ein Kind anschaffen – oder Immobilien?

Wieviel besser wäre es, wenn diese Zeit geistigen, seelischen und sozialen Wachstums *vor* einer Ehe- und Familiengründung bewältigt würde oder wenigstens in den ersten Jahren der Beziehung! Aber recht häufig täuscht man sich mit einem Kind über die wahren Verhältnisse hinweg.

Nicht selten handelt es sich sogar um ausgesprochene Wunschkinder, nur daß eben der bewußte Wunsch nach Nachkommen nur das ist, was vom eigentlichen Problem sichtbar an die Oberfläche dringt. Ein anderer, Eheberatern nur zu vertrauter Trick des Unbewußten von Eheleuten, die in Wahrheit Krypto-Singles sind, besteht darin, sich bei den ersten Anzeichen einer massiven Ehekrise in ein finanzielles Abenteuer zu stürzen. Besonders beliebt sind hierbei Anschaffungen von Immobilien – sei es der Kauf einer Wohnung oder gar der Bau eines eigenen Hauses – mit finanziellen Verpflichtungen auf Jahrzehnte hinaus.

Oder man geht für mehrere Jahre ins Ausland, „weil meinem Mann dort eine so tolle Stellung angeboten wurde". Aber *aufgeschoben* ist bekanntlich nicht *aufgehoben*. Nachdem man sich eine Weile über die (unbewußte) Grundproblematik hinweggemogelt hat, bricht die Katastrophe dann doch mit Vehemenz herein. Und zurück bleiben – im günstigsten Fall – zwei Singles, die sich endlich bewußt an die Lösung ihrer Probleme machen können, falls sie dafür bereit sind.

Wir glauben, daß der Bibelspruch „Liebe deinen Nächsten wie dich selbst" zumindest in dieser Hinsicht irreführend ist. Er sollte besser lauten: „Liebe deinen Nächsten – aber liebe dann zur Abwechslung auch mal wieder ganz dich selbst."

Auf das Wechselspiel kommt es letzten Endes an. All diese Überlegungen führten schließlich dazu, daß uns klar wurde, daß das Single-Sein sich nicht reduzieren läßt, weder auf ein verlängertes Stadium pubertärer Unreife, noch auf eine allzu früh einsetzende *Midlife-crisis*, was ja schon vom Lebensalter her ein Unding wäre. Fließende Übergänge zwischen allen drei Bewußtseinszuständen beziehungsweise Lebensformen lassen sich allerdings sicher ausmachen. Dante Alighieri (1265-1321) hat schon in den ersten Zeilen seiner *Göttlichen Komödie* die Problematik der Lebensmitte sehr treffend mit der des Alleinseins als Single verknüpft. Im Ersten Gesang beginnt er:

„Inmitten auf der Fahrt durch unser Leben / Fand ich mich jäh in einem finstern Walde, / Dieweil der rechte Weg mir ging verloren ..."

## Der Single als Liebhaber

„Post coitum animal triste" – dieser berühmte lateinische Spruch über die Traurigkeit des Tieres (gemeint ist natürlich der Mensch) nach dem Geschlechtsakt wurde sicher von einem ausgeprägten Single begründet. Es handelt sich um die Traurigkeit dessen, der nach vollzogener sexueller Vereinigung wieder in seine Einsamkeit zurücksinkt. Wohingegen das Liebespaar, das in einer dauerhaften Beziehung lebt, sich auch nach dem Verschmelzungserlebnis des Orgasmus noch in der gemeinsamen Beziehung geborgen fühlen kann.
Prominentes Beispiel des Single-Liebhabers ist unter den historischen Figuren Giacomo Casanova (1725-98), ihm beigesellt sein berüchtigter Zeitgenosse Marquis de Sade (1714-1840). Eine nur literarische Figur hat dem Suchtverhalten des Menschen, der in ständig neuen Begegnungen nach dem erotischen Glück sucht, ohne je eine feste Bindung zu riskieren, den Namen gegeben: Don Juan. Der *Don-Juanismus* hat als eigener Symptom-Komplex Aufnahme in die psychiatrischen Lehrbücher gefunden. Es ist je-

doch höchst fragwürdig, ob es sich hierbei wirklich um eine Krankheit handelt. Im Sinne der Thesen dieses Buches würden wir den *Don Juan* weit eher für einen Single halten, dem es nicht gelungen ist, seine negativen Prägungen aus Kindheit und Jugend zu überwinden.
Casanovas Autobiographie ist, jenseits von falschen moralischen Ansprüchen, ein warnendes Beispiel dafür, daß ständiger Partnerwechsel keine Lösung für das Bedürfnis nach menschlicher Nähe ist. Federico Fellini hat das in seinem Film über diesen Frauenhelden des Rokoko sehr drastisch nachgezeichnet.

Und sieben Terzinen später heißt es: „Da ward die grause Angst etwas beschwichtigt, / Die tief im See des Herzens mir gewaltet, / Die Nacht, die so voll Jammer ich verbrachte ..."

Der Weg durch den „finsteren Wald" bleibt niemandem auf seiner Lebensstrecke erspart, ebensowenig die „grause Angst" und der Jammer der einsamen Nächte, in denen man nur sich selbst ausgeliefert ist. Warum also warten, bis man sich „inmitten auf der Fahrt durch unser Leben" befindet, wenn man sich diesen Situationen ganz bewußt schon im zweiten Lebensjahrzehnt stellen kann, nämlich sobald man der Pubertät entwachsen ist?

## Das Leitbild einer untergehenden Kultur

Die Kulturgeschichte des Single ist eine ungemein spannende Angelegenheit. Neben den politischen und geistigen Führern (zum Beispiel Häuptling und Medizinmann) gab es in den alten Kulturen noch eine weitere zentrale Figur: den Helden. Joseph Campbell hat ihn in seinem Buch *Der Heros in tausend Gestalten* ausführlich beschrieben. Auf seine psychologische Bedeutung hat, vor allem anhand des Osiris-Mythos, der Jung-Schüler Erich Neumann in seinem faszinierenden Buch über die *Ursprungsgeschichte des Bewußtseins* hingewiesen.

Eine der schönsten Darstellungen eines Heldenmythos ist das vier Jahrtausende alte Gilgamesch-Epos aus dem Kulturkreis der Sumerer und Babylonier. Gilgamesch ist ein Halbgott mit enormen Kräften; zusammen mit seinem Freund Enkidu, den er zunächst in einem gewaltigen Zweikampf besiegen muß, meistert er eine Serie haarsträubender Abenteuer. Sein Endziel: eine magische Zauberpflanze zu gewinnen:[13] „Das Kraut sieht aus wie ein Stechdorn und wächst tief unten im Meer ... Wenn du dies Kraut in deine Hände bekommst und davon ißt, so wirst du ewige Jugend und Leben finden."

Warum verweisen wir ausgerechnet auf diesen sumerisch-babylonischen Mythos und nicht auf den von den Heldentaten des griechischen Herakles? Oder auf den kühnen Gang des Theseus durch das kretische Labyrinth mit dem mörderischen Minotauros? Oder – aus dem germanischen Kulturkreis – auf die Siegfried-Geschichte? Auch sie sind mächtige Helden, die ausziehen, um in kühnen Begebenheiten nicht nur körperliche, sondern auch seelische und geistige Stärke zu zeigen (es sei nur an den listenreichen Odysseus erinnert). Ja, die sogar die Götter herausfordern, wie Prometheus und Bellerophon auf dem geflügelten Pferd Pegasus.

Das Gilgamesch-Epos hat uns schon immer sehr beeindruckt, weil es besonders deutlich das Ringen des Helden (und damit stellvertretend das Ringen jedes einzelnen Menschen) um seelische und soziale Reife, um Selbständigkeit und Selbstverwirklichung darstellt. Die Symbolik dieses Mythos ist nahezu unerschöpflich. Die Sintflut kann gedeutet werden als Untergang des Bewußtseins unter dem Ansturm der sozialen Kräfte und der Naturgewalten.

Aber wichtiger noch ist die Suche des Gilgamesch nach jenem Zauberkraut, das „ewige Jugend und Leben" verheißt. Es handelt sich hier, tiefenpsychologisch betrachtet, um das Erwachen einer höheren Bewußtseinsstufe, die ja das eigentliche Ziel des Helden bei dieser *Nachtmeerfahrt des Helden* ist.

Der Held früherer Geschichtsepochen war stets ein Single im Sinne unseres Buches.

Eine detaillierte Anthropologie als Entwicklungsgeschichte des Single muß erst noch erarbeitet und geschrieben werden. Vorstellen läßt sich derzeit die Stufenfolge nach Abbildung 3, Zeit des Übergangs, wobei die einzelnen Stufen den Kulturformen entsprechen, die der Historiker heute unterscheidet.

---

[13] In einem dazwischen geschalteten Bericht erfahren wir noch durch den Ahnen Utnapischtim vom furchtbaren Regen – der Sintflut der Bibel, die diesen Text aus babylonischen Quellen übernommen hat. Wenn jemand von einer ähnlichen Flut *träumt*, darf man annehmen, daß wichtige Veränderungen in der Struktur des Bewußtseins bevorstehen oder noch einmal nacherlebt werden.

Carl Gustav Jung und seine Schüler haben sich mit der Bedeutung des Helden als Vorbild und Wegbereiter eines eigenständigen Lebens befaßt. Für Jung war auch der Weg, den ein Patient während einer Psychotherapie durch seine eigene Vergangenheit und Gegenwart unternimmt, eine Heldenfahrt; wenngleich diese meist nicht durch die Gefahren einer bedrohlichen Außenwelt, sondern durch die Konflikte und Hemmnisse der Innenwelt führt.

Helden scheint es in unserer Zeit kaum mehr zu geben, sieht man von gelegentlichen aufsehenerregenden Illustriertenberichten über Expeditionen in entlegene Erdteile oder von spektakulären Mondflügen einmal ab. Aber es gibt sie natürlich immer noch: in der Scheinwelt des Kinos, in der Trivialliteratur. Doch etwas anderes erscheint uns viel wichtiger: Auch der alleinlebende Mann, die alleinlebende Frau geht einen solchen nicht ungefährlichen Weg der Individuation. Und wir halten es nicht für übertrieben, zu behaupten, daß der Single heute – als Massenphänomen – eben jenen Typus des urtümlichen Helden verkörpert, der das Idealbild einer heute untergehenden Kultur, nämlich der patriarchalen Kultur, in der die mutigen Männer den Ton angaben.

Darüber hinaus hat sich der moderne Single-Held nicht nur in eine neue Abenteuerlandschaft begeben (eben nach innen), sondern neben den männlichen Helden ist jetzt gleichberechtigt die weibliche Heldin getreten, die es früher in dieser Form kaum gab. Jedenfalls wurde über sie fast nichts überliefert, wenn es sie gegeben haben sollte, was ja auch etwas über ihre Rolle aussagt (Jeanne d'Arc sei als eine der wenigen Ausnahmen genannt, außerdem die wehrhafte Brunhilde, sowie das sagenhafte Volk der Amazonen).

Könnte diese drastische Veränderung in unseren Tagen den Untergang der starren patriarchalen Struktur durch die neu dazugewonnene Kreativität der Singles bedeuten?

**Zeit des Übergangs**

Eine detaillierte Anthropologie als Entwicklungsgeschichte des Single muß erst noch erarbeitet und geschrieben werden. Vorstellen läßt sich

1. Sammler-Kultur der Frühmenschen (=„Adam und Eva im Paradies")
2. Kultur der (männlichen) Jäger und (weiblichen) Sammler

3. Kultur der Nomaden-Viehzüchter und seßhaften Ackerbauern (der Hirte „Abel" wird vom Ackerbauern „Kain" erschlagen, d. h. die Kultur der Seßhaften zerstört die Kultur der Nomaden)

4. Kultur der Städte
5. Industrie-Kultur der Moderne

6. Nachindustrielle Kultur (entsteht zur Zeit): Zeit des Übergangs vom Krypto-Single, der in Pseudo-Beziehungen lebt, zum echten Single, beziehungsweise vom *transitorischen* Single zum bindungsfähigen Partner.

Die entwicklungspsychologischen Bezeichnungen (*Kind, Jugendlicher,* usw.) auf der rechten Seite sind als Hinweise auf typische, in diesen

Abb. 3: Zeit des Übergangs

derzeit folgende Stufenfolge, wobei die einzelnen Stufen den Kulturformen entsprechen, die der Historiker heute unterscheidet.

Zeitalter des *Kindes*

Zeitalter des *Jugendlichen*

Zeitalter des *Krypto-Singles*

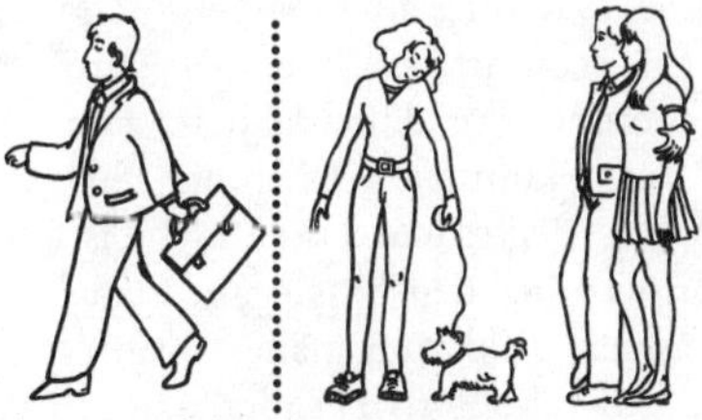

Der *Single* wird zur eigenen Lebensform; danach: Zeit der *Partnerschaft* in Privatleben und Beruf

Epochen vorherrschende Bewußtseinszustände und soziale Formen und Spielregeln zu verstehen.

## Kunst und Religion fördern das Alleinsein

Schon seit geraumer Zeit verfallen die alten Lebensformen des Patriarchats. Demokratische Strukturen lösen überall auf der Welt in einem unendlich mühsamen und langsamen Prozeß die autoritären Strukturen ab. Die Demokratie ist ständig gefährdet durch Tyranneien, die Karikaturen ihrer Urform, eben des Patriarchats, sind. Lebendige Demokratie setzt allerdings große Ich-Stärke, Zivilcourage und Selbständigkeit des einzelnen Bürgers voraus, wenn sie wirklich funktionieren und menschlich sein soll. 1989 konnte man auf eindrucksvolle Weise miterleben, wie auf der ganzen Welt sowohl kommunistische wie faschistische Diktaturen binnen Wochen, ja Tagen vom Volk durch Revolution gestürzt (DDR, CSSR, Rumänien) oder abgewählt (Polen, Ungarn, Taiwan, Chile, Namibia) wurden, weil sich Millionen Bürger die Unterdrückung nicht länger gefallen ließen. Früher hatte der einzelgängerische Held Zivilcourage, ja Todesmut bewiesen – in unseren Tagen muß jeder einzelne von vielen Millionen unterdrückter Menschen diese Eigenschaften entwickeln, um sich die Freiheit zu erobern, die einem niemand schenkt. Das Beispiel Rotchina, wo man die aufbegehrenden Studenten auf dem Platz des Himmlischen Friedens niedermetzelte, zeigt, wie hoch der Preis für politische Freiheit werden kann.

An diesen dramatischen Beispielen sieht man jedoch zugleich, daß Einzelkämpfertum nur dann eine Chance hat, wenn sich viele Mutige solidarisch zusammentun und ihre Isolation überwinden – und sei es nur für die Phase des Aufbegehrens und des politischen Umbaus.

Neben dem Typus des Helden – sei es der des alten Mythos oder der politische Held unserer Tage – gab es immer schon eine weitere Form des Single: den Künstler. Sigmund Freud behauptete, alle Kunst (wie überhaupt jede höhere Form kultureller Leistung) entstehe durch Sublimierung der sexuellen Begierden. Diese Sicht ist uns zu eng. Nach allem, was wir bisher über den Single und seine Probleme gehört haben, liegt eine andere Erklärung näher: Kunst, Literatur, Musik, überhaupt jede Form schöpferischer Betätigung, könnte entstanden sein aus dem existentiellen Kampf alleinlebender Menschen gegen die Gefahren der Einsamkeit. Und welcher Künstler hat anders gelebt denn als Single?

„Ich persönlich muß vollkommen allein sein", antwortete der britische Maler Francis Bacon in einem Interview auf die Frage des

Reporters Marcel Archimbaud, ob er als Künstler in erster Linie auf sich gestellt sei oder eher den Anschluß an eine Gruppe oder Schule brauche.

Auf den Punkt gebracht, würden wir es so formulieren: Sie wurden schöpferisch tätig, weil sie ihr Alleinsein anders nicht aushielten. Der Maler vor seiner Staffelei; der Autor, der ein Buch schreibt; der Komponist am Instrument – sie alle leben in intensivem Kontakt zu ihrer eigenen inneren Wirklichkeit und entgehen auf diese Weise dem Problem, daß ihnen kein Kontakt zu anderen Menschen verfügbar ist, zumindest dann nicht, wenn sie arbeiten.

Der Preis für diese schöpferische Tätigkeit im Alleingang ist allerdings nicht selten sehr hoch. „Viele Künstler, wie zum Beispiel der Komponist Mussorgskij, haben bei der Arbeit getrunken, um in eine andere Dimension vorzustoßen. Sie trinken auch viel", sagte der Reporter zu Bacon, worauf dieser antwortete:

„Aber wenn ich zuviel getrunken habe, kann ich nicht arbeiten. Ich weiß, es gibt Leute, die das können. Ich kann es nicht, es hilft mir überhaupt nicht. Meine Freunde und ich sind große Trinker, wie man so sagt. Wenn ich mit ihnen zusammen bin, trinke ich oft zuviel. Aber vom Standpunkt der Malerei her gesehen, bereitet der Alkohol eher Schwierigkeiten."

## Die Chance der Selbstfindung

Und wie steht es endlich mit jenen vielleicht wichtigsten kulturellen Schöpfungen des Menschen, seinen Religionen? Wir vermuten, daß auch der Ein-Gott-Glaube, den ja alle Hochkulturen favorisieren, einen erheblichen Teil Schuld daran trägt, daß es so viele Singles gibt – ist doch der Alleine Gott der Single par excellence![14]

Wie würde unsere Kultur aussehen, wenn sich das Prinzip des Tantrismus durchgesetzt hätte, in dem männliche und weibliche Gottheiten, Shiwa und Shakti, gleichberechtigt nebeneinander und miteinander die Welt schaffen, in Gang halten und wieder vernichten?

---

[14] Das Trinitäts-Prinzip, mit den zusätzlichen Instanzen von Gott-Sohn und Heiligem Geist, ändert daran nicht viel, weil noch immer das weibliche Element fehlt. Die Gottesmutter Maria spielt – im christlichen Kulturraum – in diesem Triumvirat eine viel zu unbedeutende Rolle.

Den einsamen Helden im religiösen Sinne, der seinen gefahrvollen Weg der Selbsterkenntnis und Bewußtseinserweiterung geht, haben auch die Freimaurer zum Vorbild genommen, unter anderem nach alten Motiven der Eleusinischen Mysterien (K. Kerenyi 1962, D. Lauenstein 1987) und der ägyptischen Einweihungen (W. von Uxkull 1931). Schikaneder und Mozart haben diesem freimaurerischen Helden, der eine Reihe von Prüfungen bestehen muß, mit dem Prinzen Tamino in der *Zauberflöte* ein musikalisches und literarisches Denkmal von höchstem Rang gesetzt. Wie sehr Einsamkeit auch in anderen Kulturen die große Chance der Selbstfindung, ja die einzige Chance überhaupt ist, hat in unseren Tagen Carlos Castaneda mit den Berichten über seine 14jährige Lehrzeit bei dem Indianer-Zauberer Don Juan demonstriert. Jürgen Kremer bringt Castanedas und seines Lehrmeisters Leistung auf diesen Nenner: „Don Juan als wahrer Lebenskünstler macht aus seiner Einsamkeit eine Kunst."

Ähnliches hat Pierre Derlon bei den Zigeuner-Kakus gelernt (Derlon 1976, 1978) und Reshad Field bei den Sufi-Mystikern (Field 1978).

Wir möchten es bei diesen Hinweisen belassen. Wir glauben, daß auch sie zeigen, welche bedeutende Rolle dem Single als eigenem Menschentyp und als eigener Lebensform immer schon zugekommen ist, wenngleich er früher enorm selten war und sich erst in unseren Tagen durch eine eigene Dynamik zum Massenphänomen entwickelt.

## Mönchtum und Zölibat

Der neugierige Leser, der dem Single-Phänomen auf eigene Faust in der Kulturgeschichte nachspüren möchte, wird auch fündig in dem Quellenwerk *Lebensformen im Mittelalter* des Historikers Arno Borst, in dem es beispielsweise (S. 666) heißt: „Als Staat und Gesellschaft, Gesellschaft und Gemeinschaft auseinandertraten, wurden Lebensformen privat." Dies begann in der Renaissance, die ja das Individuum, und das ist zunächst und immer noch in erster Linie der Einzelgänger, der Eroberer, der Künstler, der Machtmensch, eben der

Single, in den Mittelpunkt stellt – also die privateste eigenständige Lebensform überhaupt.[15]

Nicht minder ergiebig ist in dieser Hinsicht die Studie *Über den Prozeß der Zivilisation* des Soziologen Norbert Elias. Anhand winzigster Details weist er nach, wie der Mensch individualisiert wurde und sich der psychische Abstand zwischen den Individuen mehr und mehr vergrößerte. Er zeigt dies beispielsweise anhand der Entwicklung der höfischen Formen im Mittelalter, etwa der Sitte, nicht länger mit den Fingern zu essen, sondern mit Messer und Gabel. Dies stellte nicht nur eine gewisse Distanz zwischen Esser und Essen her, sondern half vor allem die rauhen, aggressiven Manieren der mittelalterlichen Menschen domestizieren – was jedoch erheblich zur Isolation der Menschen voneinander und damit zur Entstehung vieler Singles beigetragen haben dürfte.

Aber das reichhaltigste Material finden wir wahrscheinlich in der Kirchengeschichte, sowohl was die Förderung des Single-Sein angeht als auch den Versuch seiner Überwindung (mehr als ein Versuch ist es bis auf den heutigen Tag nicht geworden, wie die Betonung des männlich-patriarchalen Ideals in allen Konfessionen deutlich zeigt – ohne dessen Überwindung echte Partnerschaft undenkbar ist). Die Geschichte des Mönchtums und speziell des Zölibats ist eine Fundgrube für den Single-Forscher. Gustave Flaubert hat in seinem Drama *Die Versuchung des heiligen Antonius* der gesamten Problematik des Alleinlebens in hervorragender Weise ein literarisches Denkmal gesetzt; wie wir meinen, nicht nur seiner religiösen Variante, sondern überhaupt der Single-Existenz (die Flaubert als Schriftsteller selbst bestens vertraut war).

Das Leben Jesu wie auch das anderer Religionsstifter (in unseren Tagen: Rudolf Steiner, s. die Darstellung von Hemleben, 1963) ist das Leben eines Single – freilich eines Single, der in der Beziehung zu anderen Menschen enorm viel in Bewegung setzte, in psychischer Sicht ebenso wie in sozialer und spiritueller. Buddha ist der typische Krypto-Single, der aus der Ehe ausbricht und den Läuterungsweg als bewußt allein lebender Single geht. Mohammed ist vielleicht die Ausnahme, denn er lebte immer mit Frauen zusammen in langjährigen Bindungen. Die Praxis des Islam, wenn er fundamentalistisch

---

[15] In der Renaissance entstand übrigens auch jene Spezialform des aggressiven Singles (Pizarro, Macchiavelli), die letztlich dazu beitrugen, daß diese patriarchale Kultur unterging bzw. heute in den letzten Zügen liegt; der Technokrat ist allerdings ein nicht minder gefährlicher Nachfolger.

gelebt wird, zeigt, daß es mit den Rechten der Frau nicht weit her ist; die islamische Kultur ist noch ganz eindeutig im Stadium Prä-Single.

## Der Single als Zerstörer

Das wohl größte Problem für jeden Single dürfte es sein, mit den oft unbewußten, verdrängten Aggressionen fertigzuwerden, die durch die Frustrationen der frühen Kindheit vorgespurt und durch die größere emotionale Abgespaltenheit (von sich selbst wie von anderen Menschen) noch stark geschürt werden.

Wenn das Single-Sein beruflich in den Mittelpunkt rückt, werden die Aggressionen des Single leicht auch zu einer Bedrohung für die Umwelt. Die kasernierten Männerbünde des Militärs und der Polizei haben sich diesen Umstand schon immer zunutze gemacht, indem sie zerstörerische Impulse durch Unterdrückung und Umlenken auf einen äußeren Feind kanalisierten. Siehe in unseren Tagen das schreckliche Beispiel der rumänischen Geheimpolizei Securitate (vor der Wende 1989), die man vor allem aus Waisenhäusern rekrutierte!

Die großen Zerstörer der Weltgeschichte waren wohl alle Singles beziehungsweise Krypto-Singles – schon aus dem einfachen Grund, weil sie keine Rücksichten auf nahe Angehörige nehmen mußten. In der Renaissance ist der Conquistador Gonzalo Pizarro (1502-48) ein früher Prototyp des *Singles als Zerstörer* (in seinem Fall: der Kultur der Inka). Eine Variante unseres Jahrhunderts waren die extremen Einzelgänger Adolf Hitler und Josef Stalin.

Ganz auf dem Single-Trip (anders kann man es nicht nennen, denn wir halten auch dies für eine sehr problematische Variante) sind manche modernen Sekten, allen voran die des im Januar 1990 verstorbenen Inders Bhagwan Shree Rajneesh. Er verbaute seinen Anhängern regelrecht die Möglichkeit zu dauerhaften Bindungen. Durch Einsatz modernster Psychotherapieformen, die er aus dem Westen importierte, und durch die Übernahme bewährter östlicher

Meditationspraktiken half er ihnen zwar aus der unmittelbaren existentiellen Not heraus, um sie, nach unserem Eindruck, in enorme Einsamkeit zu stoßen. So wenn er ihnen sagt (falls wir ihn in dem Film *Bhagwan* richtig verstanden haben): „Wenn du dich am einsamsten fühlst, bist du Gott am nächsten – ja dann bist du sogar am stärksten eins mit Gott, bist selbst Gott."

Wir meinen hingegen, daß es nicht reicht, nur aus dem Kontakt mit der Innenwelt zu leben, in der Meditation, und daß es schon gar nicht genügt, Schwierigkeiten mit anderen Menschen aus dem Weg zu räumen, indem man sie *wegtherapiert* und *abtrauert*, was in Bhagwans Ashram ja sehr eindrucksvoll bewerkstelligt wurde. Darüber hinaus sollte der Single irgendwann auch unbedigt wieder in Beziehungen zu anderen treten und überprüfen, ob das, was er in der Einsamkeit als Single begriffen und gelernt hat, auch im Zusammenleben bestehen kann.

Unmengen von Informationen über Singles findet man in jeder guten Biographie. Wir kennen kaum eine bedeutende Persönlichkeit (die einer Biographie wert ist), die nicht sehr ausgeprägt als Single gelebt hat. Zu Zweisamkeit oder gar Familienleben (die ja ebenfalls schöpferisch sein können, wenn auch in einem ganz anderen Sinn) läßt das Leben eines Kreativen gar keine Zeit. Zumindest dann nicht, wenn man im bislang üblichen Stil lebt, der Mann und Frau gewissermaßen auf zwei verschiedenen Planeten ansiedelt. Zwei Beispiele für Biographien, die in dieser Hinsicht besonders beeindrucken: *Friedrich, der Stauffer* von Eberhard Horst und *Friedrich Hölderlin* von Pierre Bertaux zeigen den (männlichen) kreativen Single, wie er leibt, lebt – und leidet. Obgleich den Dichter Hölderlin und den sehr kunstsinnigen Herrscher Friedrich so völlig verschiedene Schicksale kennzeichneten: Als Singles hatten sie doch auch sehr viel gemeinsam.

Unter den Künstlern imponiert Pablo Picasso. Dieser unglaublich kreative Mensch schuf rund 80 000 (!) Werkstücke und begründete mehrere Stilepochen der Moderne. Er lebte nacheinander und gleichzeitig mit einer ganzen Reihe von Frauen, die er durch seine kreative Besessenheit und narzißtische Monomanie beinahe zerstörte. Auch er ein Single ohnegleichen, obwohl er liiert oder verheiratet war.

## Sich der eigenen Innenwelt zuwenden

Die problematischen Seiten ihrer Persönlichkeit (zum Beispiel die aggressiven), von denen eben die Rede war, machen wohl den meisten Menschen schwer zu schaffen. Deshalb werden sie gerne unterdrückt – und brechen dann um so vehementer gerade dort durch, wo wir sie am allerwenigsten gebrauchen können. Nicht gerade eine große Hilfe im Umgang mit anderen Menschen!

Vielleicht hilft es Ihnen, wenn Sie einmal ins 11. Kapitel vorblättern und ausprobieren, was wir dort an Tips für einen besseren Zugang zu den verborgenen Seiten Ihres Seelenlebens geben.

Ob Sie nun „Fünf Minuten die Augen schließen" (was schwerer ist, als Sie vielleicht meinen – aber sehr lohnend!) oder mittels „Schreiben als Selbsterfahrung" beziehungsweise durch das „Tagebuch der einsamen Stunden" den Zugang zum Unbewußten verbessern, ob Sie „Mit Pinsel und Farbe die Seele streiche(l)n" oder in Ihren „Träumen Wirklichkeit erfahren" – stets geht es um vergleichsweise einfache Methoden, den Kontakt zur inneren Seite des Seins herzustellen und zu vertiefen (s. auch S. 173 ff.)

# 7. Kapitel: Der wahre Beruf des Menschen

*Sobald der Single sich einigermaßen selbst verwirklicht hat, allein und mit Hilfe anderer, wandelt sich seine existentielle Situation. Er ist nun in der Lage, stabile Partnerbeziehungen einzugehen. Man kann dies als nächste existentielle Aufgabe des Single verstehen – egal, ob er sie annimmt oder nicht.*

Die Menschen früherer Epochen waren seelisch wahrscheinlich nicht stabiler als wir Zeitgenossen des 20. Jahrhunderts es sind. Was stabiler gewesen sein dürfte – und sie indirekt auch persönlich gestärkt haben wird –, das waren die strengen sozialen Normen und Verbote. Jeder Mann und jede Frau lernte von klein auf, was *richtig* und was *falsch* war. Und danach richtete man sich so gut es ging. Was zählte, war einzig und allein das Allgemeinwohl der Gruppe, der man angehörte. Dies war zunächst, während der Epoche der Jäger und Sammler, der kleine Stamm, die Sippe. Später, als Ackerbauern und Viehzüchter seßhaft wurden, übernahmen Großfamilie und Klan diese Funktion.

Im Zuge der Verstädterung erweiterte sich die Lebensgemeinschaft allmählich bis zur Größe einer Stadt: Die griechische Polis ist hierfür das vielleicht bekannteste Beispiel. Gleich ob Freier oder Sklave, in dieser Gemeinschaft hatte jeder seinen festen, genau definierten Platz. Und wer nicht dazugehörte, der war vogelfrei, war also weniger wert als ein Haustier.

Natürlich gab es schon immer Menschen, die – freiwillig oder unfreiwillig – das Leben allein vorzogen: Schauspieler, Künstler, Eremiten, Abenteurer. Aber diese waren immer die Ausnahme. Zum Massenphänomen sind die Singles erst in neuester Zeit avanciert. Die vielleicht einfachste Erklärung dafür ist die, daß die sozialen Spielregeln von früher nicht mehr gelten und dem einzelnen damit eine Art Stützkorsett weggenommen wurde, das nicht so leicht zu ersetzen ist. Während des Dritten Reiches zeigte sich, daß Millionen Deutsche nur allzu gerne bereit waren, sich ein solches Korsett – sogar freiwillig und mit großer Begeisterung – wieder überziehen zu lassen. Der Preis, der für diese scheinbare psychosoziale Erleichterung später gezahlt werden mußte, war allerdings schrecklich hoch.

Ohne eine Stütze durch strenge autoritäre Regeln steht das noch ich-schwache Individuum zunächst sehr hilflos da. Es spürt, daß seine Persönlichkeit ein äußerst fragiles, gefährdetes Gebilde ist, daß seine bewußten Pläne und Überlegungen leicht zum Spielball ihm rätselhafter unbewußter Triebkräfte und mächtiger externer Faktoren werden, die es nicht so leicht zu durchschauen vermag.

## Die alten Modelle funktionieren nicht mehr

Unseren Eltern haben wir abgeschaut, wie Menschen miteinander leben. Aber wie hat die Generation, die in den 30er und 40er Jahren groß wurde, ihre Erwachsenenrolle aufgefaßt? Eines steht fest: Die Rollen von Mann und Frau beziehungsweise von Vater und Mutter waren eindeutig festgelegt:

- Die Hausfrau und Mutter war für den Innenraum der Familie und der Häuslichkeit, für den Gefühlsbereich und speziell für die Erziehung der Kinder zuständig;
- der Vater hingegen war verantwortlich für die Bewältigung des Außenraumes, also für Gelderwerb im Beruf und für alle Verstandesangelegenheiten.

In einer Zeit, die die volle Emanzipation beider Geschlechter anstrebt, kommt uns eine solche Charakterisierung fast wie eine Karikatur vor. Das ist sie leider nicht, sondern so sieht auch heutzutage noch weitgehend der Alltag in Millionen von Familien aus. Überlagert wird die Situation durch die Tatsache, daß schon ungefähr jede zweite Frau nicht mehr „nur" den Hausarbeit versorgt (unbezahlt, unversichert und keineswegs als Arbeitskraft anerkannt) und die Kinder großzieht (ebenfalls unbezahlt, unversichert und keineswegs als Erzieherin anerkannt), sondern zusätzlich einem gelernten oder ungelernten Beruf außer Haus nachgeht. Dort verdient sie nicht nur eigenes Geld, sondern baut sich auch einen eigenen Kreis von Kollegen und Freunden auf, erweitert ihren Horizont und kann eine gewisse psychische wie soziale Selbständigkeit erringen. Aber sobald dieselbe emanzipierte berufstätige Frau wieder in den eigenen vier Wänden zurück und mit ihrem männlichen Partner konfrontiert ist, drängt sie der Ehemann gerne wieder in die klassische Frauenrolle, die er seiner Mutter abgeschaut hat und die diese wiederum in einer uralten, vielgliedrigen Ahnenkette von den Frauen früherer Generationen übernommen hat.

Ähnlich geht es dem Mann, dem die Rolle des autoritären Patriarchen bis auf die Knochen eingeprägt wurde. Man könnte fast von Vererbung dieser männlichen und weiblichen Rollenmuster sprechen. Natürlich sind sie nur in sehr engen Grenzen vererbt und in viel höherem Umfang sozial geprägt, also gelernt. Doch die Details sollen uns hier nicht interessieren, nur die Folgen: Allmählich wird tatsächlich Realität, was vor einigen Jahrzehnten nur die Gemüter einiger Progressiver bewegte und als Emanzipation der Frau selbst heute noch eher ein Witzwort zu sein scheint. Der Publizist Iring Fetscher formulierte die Wirklichkeit sehr viel treffender, als er die Emanzipation der Frau als die größte soziale Revolution seit der Jungsteinzeit (in der die Menschen ihre ersten Städte gründeten und seßhaft wurden) bezeichnete.

Die Emanzipation der Frau (also die Verwirklichung ihrer selbständigen beruflichen und privaten Existenz ohne Bevormundung durch den Mann) verlangt nach enormen psychischen Energien, was bedeutet, daß sie diese Energien nicht anderweitig zur Verfügung hat: vor allem nicht für Kinder oder für einen Mann, der noch in der Rolle des autoritären, verwöhnt werden wollenden Haus-Paschas verharrt. Kein Wunder, daß die Zahl der Geburten zurückgeht und die Zahl der Scheidungen zunimmt. Denn zunächst einmal kann die Emanzipation vieler Frauen leichter in der Existenz als Single stattfinden, bei der sie mit ihren Energien besser hauszuhalten vermag.

## Folgen eines neuen Scheidungsgesetzes

Schlagender Beleg für diese neue Realität sind die Resultate der Neuerung des deutschen Scheidungsgesetzes von 1978, das es Frauen erstmals erleichterte, einer unerträglich gewordenen Bindung auch ohne die demoralisierenden, das Selbstvertrauen untergrabenden Demütigungen des *Waschens schmutziger Wäsche* und Komödiespielens vor Gericht zu entkommen und dabei keine schlimmen finanziellen Einbußen hinnehmen zu müssen.

Beispielsweise wurde bei 4 050 Ehen, die 1978 in Baden-Württemberg geschieden wurden, in mehr als der Hälfte der Fälle (56

Prozent) der Antrag auf Auflösung der Ehe von den Frauen gestellt, in 37 Prozent vom Mann und nur in den verbleibenden sieben Prozent von beiden gemeinsam. Die „einvernehmliche Scheidung", deren Erleichterung dem Gesetzgeber vor allem vorschwebte, wurde also ziemlich selten gesucht.

Aber das spiegelt eben die Wirklichkeit wider, in der zwei Krypto-Singles miteinander einen unerbittlichen, zähen Kampf führen und nur selten erkennen, daß schon zum Besten der gemeinsamen Kinder eine gütliche Trennung nicht nur die sinnvollste, sondern auch für beide Partner humanste Lösung ist.

Delikater Nebenaspekt dieses Ergebnisses aus diesem Bundesland: Die Besserstellung der geschiedenen Ehefrau, deren Tätigkeit im Haushalt und als Erzieherin der Kinder durch den *Versorgungsausgleich* endlich einmal auch finanziell anerkannt wird, stößt bei weiten Kreisen der Bevölkerung offenbar auf Unverständnis. Weil nämlich auch derjenige Partner (und das ist nach Lage der Dinge heute meistens die Frau) grundsätzlich Anspruch auf Versorgungsausgleich hat, der „die wesentlichen Ursachen für die Zerrüttung der Ehe zu vertreten hat". Was aber steht hinter dieser ominösen Bezeichnung „Zerrüttung der Ehe" denn anderes, als der in höchster Not vorgenommene Versuch, durch Eingehen einer neuen Bindung die eigene Integrität als erwachsener Mensch zu retten, welche durch eine kaputte Ehe ja schon sehr lange vorher mehr als gefährdet war?

Gefährlich wird es im psychologischen Sinne allerdings immer dann, wenn der neue Partner, der den Absprung vom ungeliebten Lebensgefährten riskieren half, sofort wieder zum Herd neuen Unglücks gerät. Weil man sich nämlich nicht die Chance gab, während einer Phase des mehr oder minder Alleinlebens erst einmal eingehend abzuklären, weshalb die andere Beziehung schiefging.

Wenn man sich moderne Ehen ansieht, ist es ohnehin ein Wunder, daß sie überhaupt länger als nur zwei, drei Jahre Bestand haben. Spätestens dann haben sich nämlich die erste Verliebtheit und die gegenseitige erotische Attraktion verflüchtigt. Wir haben – ausgenommen die höchst seltenen Fälle von echter Partnerschaft! – den Eindruck, daß solche Bindungen von zwei Krypto-Singles nur deshalb weiterbestehen, weil beide Beteiligten (von Partnern möchten wir gar nicht sprechen) vor lauter Arbeit nicht so recht mitbekommen, was sie da eigentlich für ein trauriges, freudloses Leben führen.

„General Superman" war ein Bericht der *Frankfurter Allgemeinen Zeitung* überschrieben, in dem der frühere Oberbefehlshaber des

US-Heeres, Edward Charles Meyer, vorgestellt wurde. In dieser Laudatio wurde der Generalleutnant zunächst beruflich sehr gelobt. Und dann stellte der Journalist auch noch sein ausgefülltes Privatleben als vorbildlich hin: „Meyer hat fünf Kinder. Er ist fünfzig Jahre alt. Außerdienstlich ist er ein Sportfan. Sein Golf ist gut, Tennis spielt er mit Härte, fit hält er sich mit Langläufen, und Spaß macht ihm Handball."

Man fragt sich, wo da noch die Zeit bleibt für eine eheliche Partnerschaft und die fünf Kinder. Wir würden, allein aufgrund dieser Beschreibung, Meyer für einen typischen Krypto-Single halten, der ausschließlich für seine Karriere lebt. Man findet solche Männer – und es sind immer noch nahezu ausschließlich Männer, die sich ein solches Leben zumuten – auch in allen anderen Berufen, nicht nur beim Militär. Wie kann man dieser Falle des Karrieredenkens, der Arbeitsneurose, des Daseins als Krypto-Single entrinnen?

## Vom Single-Paar zur gelebten Partnerschaft

An mehreren Stellen dieses Buches haben wir bereits betont, daß kaum jemand freiwillig zum Single wird und man sich viel lieber – kräftig unterstützt durch die sozialen Spielregeln und Normen – möglichst schon am Ende der Pubertät in eine Paarbeziehung flüchtet. Wir haben aber auch gesehen, daß immer mehr Menschen aus den verschiedensten Gründen dann doch ein Leben allein führen: nach Trennung, Scheidung oder weil sie gar nicht erst einen passenden Partner gefunden haben.

Ganz abgesehen davon, daß wir die wachsende Tendenz zum isolierten Leben als Single für politisch sehr bedenklich halten, zeigt gerade die Tiefenpsychologie, daß die Single-Existenz doch nur die eine Hälfte der menschlichen Wirklichkeit darstellt. Für bedenklich halten wir diesen Sachverhalt, weil man eigentlich nur in einer sehr stabilen, idealen Demokratie als isoliertes Individuum gut existieren kann! Ansonsten ist immer die Solidarität mit anderen als Selbstschutz nötig. Sexualität und noch viele weitere Bereiche des Seelen- und Soziallebens können nur dann wirklich gelebt werden, wenn dies mit anderen Menschen zusammen geschieht.

Von Hermann Hesse stammt der nachdenklich stimmende Satz: „Der wahre Beruf des Menschen ist, zu sich selbst zu kommen.“ Dies geschieht sicherlich auf weiten Strecken in der Einsamkeit, und dieses Alleinsein ist eine hohe Kunst, die gelernt sein will. Aber die Erfahrung zeigt, daß man sich sehr leicht über die eigenen Probleme hinwegtäuscht. Speziell vor den größten Defiziten, den schmerzhaftesten seelischen Wunden und Narben verschließt man gerne die Augen. Und nicht selten wird man zum Single, weil es so weh tut, von anderen immer wieder an den Schwachstellen gepackt zu werden, und weil man aufgefordert wird, sich zu ändern oder wenigstens zu seinen Schwächen zu stehen.

Das ist leicht gesagt – aber nur sehr schwer getan. Von Sokrates stammt der seufzende Ausspruch: „Ich kann noch immer nicht nach dem delphischen Spruch mich selbst erkennen!“

Gemeint ist jener Satz, der über dem Tempel des Apollo zu Delphi angebracht war und der die Quintessenz aller abendländischen Philosophie, ja aller Philosophie überhaupt ist: „Erkenne dich selbst“. Wozu man ergänzen muß: „Und handle danach!“

## Phantom-Freunde

Es ist äußerst mühsam, die Defizite aus der eigenen Vergangenheit zu bewältigen. John Bowlby hat in *Trennung* dargestellt, wie tief sich schon die psychischen Schäden einprägen, die entstehen, wenn ein kleines Kind zu lange von der Mutter getrennt ist. Und die traurige Tatsache, daß es nötig ist, ein eigenes *Jahr des Kindes* zu proklamieren (wie 1979 geschehen) zeigt, wie gefährdet unser Seelenleben und die Entwicklung unserer Persönlichkeit von Kindheit an ist.

Viel Hilfe kann schon der junge Mensch sich selbst geben. Er ist dafür bestens ausgestattet. Das zeigen etwa die Studien über die Phantom-Freunde, mit denen sich schon Vierjährige über die einsamen Stunden hinwegtrösten, in denen sie von der Familie alleingelassen werden. Maya Pines hat darüber einen sehr lesenswerten Beitrag geschrieben: „Die unsichtbare Maus und der lachende Tiger“.

Aber die Selbsthilfe hat ihre Grenzen. Noch so viel Meditation, noch so viel Kontakt mit den Figuren des Unbewußten (die mit den Phantom-Gefährten der Kindheit verwandt sind) helfen dem Single nicht, wenn die Defizite zu massiv sind. Und es gibt in unserer Kultur kaum jemanden, der nicht solche massiven Mängel erlitten hat!

Aber: Was dem Jugendlichen in der Pubertät noch erlaubt sein mag, nämlich den Defiziten nachzutrauern, seinen *bösen* Eltern Vorwürfe zu machen, das kann man dem Erwachsenen nicht mehr so ohne weiteres zugestehen, auch dem erwachsenen Single nicht. Er/sie muß sein Schicksal akzeptieren und versuchen, das Beste daraus zu machen.

Verantwortung für sich selbst übernehmen heißt zusätzlich, die Mängel zu beheben, verzögerte Entwicklung nachzuholen. In schweren Fällen ist dazu eine Psychotherapie nötig. Aber in den meisten Fällen dürfte, nach unseren Erfahrungen, eine Arbeit an sich selbst in Selbsterfahrungsgruppen, wenn auch über Jahre hinweg, ausreichen. Dies sollte nicht anstelle der Solo-Meditation, sondern in Ergänzung zu ihr geschehen.

Auch „Neue Formen des Zusammenlebens" (so der Titel einer Studie von Dieter Korczak) in Wohngemeinschaften und die engagierte Arbeit in einer der vielen Bürgerinitiativen bieten dem Interessierten zahlreiche Möglichkeiten der Selbst- und natürlich auch der Fremderfahrung. Aber die intensivste Form, sich selbst zu erleben und weiterzuentwickeln, ist die direkte, hautnahe Beziehung zu einem anderen Menschen. Das tägliche Zusammenleben führt zwangsläufig dazu, daß man sich immer wieder der seelischen und sozialen Realität stellen muß. Vor allem die weibliche Seite im Mann (Anima) und die männliche Seite in der Frau (Animus) werden erst in der engen Lebensgemeinschaft über viele Jahre hinweg der Erfahrung und Gestaltung zugänglich. Die Gefahr für den Single ist ja immer, daß er sich in seiner Einsamkeit vergräbt und verschließt, reglos in seinem Charakterpanzer und in seiner psychischen Isolation verharrt.

## Ein Durchgangsstadium

„Es ist nicht gut, daß der Mensch allein sei", heißt es schon auf den ersten Seiten der Bibel. Aber auch der andere Aspekt darf nicht übersehen werden, und um diesem zu seinem Recht zu verhelfen, haben wir letztlich dieses Buch geschrieben: Erst wenn man sich selbst in der Einsamkeit ein Stück weit selbst entdeckt hat, gelernt hat, im Alleinsein selbständig zu werden, kann man eine Partnerbeziehung überhaupt riskieren.

Wenn Single-Sein zum Endprodukt menschlicher Entwicklung würde, fänden wir das mehr als problematisch. Wir sehen den Single vor allem als Durchgangsstadium vom Jugendlichen zu einer (nicht unbedingt der einzigen) Form des Erwachsenenseins in der Beziehung zu einem anderen Menschen, sinnvollerweise in der Beziehung zwischen einem Mann und einer Frau, die ihre Gemeinsamkeit irgendwann auch einmal durch ein Kind bestätigen. Aber wir sind uns auch bewußt, daß dies ein Ideal ist. Viele Menschen werden einen weniger idealen Kompromiß schließen wollen oder müssen.

## Besserer Kontakt zum Körper als Grundlage für besseren Kontakt zu Menschen

Eine der Hauptursachen, weshalb viele Menschen sich so schwer tun, Kontakt zu anderen herzustellen, ist ihr schlechter Kontakt zum eigenen Körper. Hier läßt sich schon manches Hindernis abbauen, indem Sie sich bewußt mehr mit Ihrem Körper befassen. Wir haben dazu auf den Seiten 173 ff. einige Tips zusammengestellt, des weiteren auf Seite 178 (Tanz auf dem Seil) und Seite 179 (Yoga und Bioenergetik).

Den Kontakt zu anderen Menschen kann man auf vielfältige Weise verbessern. Beispiele finden Sie auf den Seiten 175 f.: „Sieben Schritte aus der Isolation“.

Der wichtigste Schritt bei alledem: Wenn man etwas nicht allein packt, muß man sich helfen lassen! Außerdem ist es allemal sinnvoller und ergiebiger, beispielsweise Yoga nicht allein zu lernen, sondern in einer Gruppe – schon wegen der Kontaktmöglichkeiten zu Gleichgesinnten. Zum Alleinüben hat man immer noch genug Gelegenheit.

# 8. Kapitel: Das verwunschene Kind befreien

*Auf mehrfache Weise ist der Mensch mit der inneren und äußeren Wirklichkeit verbunden. Wird diese Verbindung nicht richtig erfahren, so spalten sich Teile der Persönlichkeit ab und werden zu selbständigen inneren Figuren. Eine dieser Figuren ist das Einsame Kind. Erst wenn es gelingt, mit diesem Einsamen Kind (wieder) in Kontakt zu kommen und es zu befreien, kann das Single-Sein aufgegeben oder sinnvoller gelebt werden.*

Es soll nun ein weiterer Aspekt herausgehoben werden, der den Schlüssel zur praktischen Arbeit mit den Problemen des *Single-Seins* bietet. Bereits die Erfahrungen des Alltags zeigen uns, daß wir auf die verschiedensten Arten mit der Wirklichkeit verbunden sind. Schaut man diese vielfältigen Kontakte näher an, so stellt man zunächst fest, daß es zwei Arten von Wirklichkeit gibt:

- Die äußere Wirklichkeit. Wir erleben und gestalten sie als materielle Welt, zum Beispiel als die Gegenstände und Wände des Zimmers, in dem wir uns aufhalten, oder als den Wald mit seinen Pflanzen und Tieren, durch den wir spazie-rengehen.
- Die innere Wirklichkeit. Wir erfahren sie, wenn wir die Augen schließen und nachdenken, wenn wir etwas fühlen, wenn wir nachts im Schlaf träumen, wenn wir phantasieren.

## Unsere vierfache Ver-Bindung mit der Wirklichkeit

Bereits mit dem Augenblick unserer Geburt setzt ein komplizierter Lernvorgang ein, der uns hilft, diesen Kontakt mit der inneren wie der äußeren Wirklichkeit zu üben und die beiden auch richtig voneinander zu unterscheiden. So erfahren wir, was in uns und außerhalb von uns vorgeht; wie man die Elemente der Außenwelt und ihrer Bewohner benennt und richtig einschätzt und wie man die Vorgänge in der eigenen Innenwelt einzuordnen hat. Wir spüren allmählich immer deutlicher, wer wir selbst sind. Und wo die Grenzen zwischen unserer eigenen Persönlichkeit und anderen Menschen beziehungsweise Dingen verlaufen.

Im Fortgang unseres Lebens begreifen wir langsam, daß wir mit der Wirklichkeit genau genommen auf vier verschiedene Weisen in Verbindung stehen und entsprechend vierfach gebunden sind – je zweimal nach außen und nach innen orientiert:

1. Da ist zunächst unser Kontakt zu anderen Menschen. Wir lernen ihn durch das Zusammensein mit der Mutter, dem Vater und anderen Personen unseres Umfeldes. Später wird diese Verbindung zu anderen Leuten erweitert durch Partner in Beruf und Privatleben, eventuell auch durch eigene Kinder, durch Bezugsgruppen (religiöse Gemeinschaft, Verein, Partei).
2. Dann ist da die materielle Wirklichkeit, die den Gesetzen der Physik, Chemie und Biologie unterworfen ist und die wir – in Ausbildung und Beruf – gestalten lernen. Es ist die Welt der Arbeit, die unseren Lebensunterhalt und unsere Selbständigkeit sichert.
3. Weiterhin ist da noch der Kosmos in uns selbst: unser Körper und unser Seelenleben (Gefühle, Gedanken, Phantasien). Auch zu dieser Welt in uns müssen wir in bewußter Verbindung stehen.
4. Gerne vergessen wir, daß es auch noch eine geistige Welt gibt, mit der man den Kontakt ebenfalls pflegen muß – damit man geistig nicht abstirbt.

Tatsache ist nun, daß die meisten Menschen unserer Tage recht gut mit der materiellen Wirklichkeit (Punkt 2) zurechtkommen, etwa nach der Devise: „Wir leben, um zu arbeiten".

Daß jedoch bei vielen der Kontakt zu den anderen drei Bereichen oft erheblich gestört ist, ist ebenfalls eine Tatsache. Die rapide Zunahme der seelischen und sozialen Störungen, von der weiter vorne bereits gesprochen wurde, beweist dies ganz drastisch. Unsere jahrelangen Erfahrungen mit Singles haben gezeigt, daß bei ihnen vor allem die Verbindung zu anderen Menschen häufig sehr schwach, in Extremfällen praktisch erloschen ist.

Allerdings muß hier unterschieden werden zwischen dem Single, der unfreiwillig allein ist und manchmal gar nicht genau weiß, was mit ihm los ist, und den bewußt allein Lebenden, die beispielsweise nach einer Trennung gelernt haben, sowohl ihre Eigenständigkeit zu pflegen als auch Kontakte zu anderen Menschen zu haben. Je neurotischer ein Mensch ist, um so gestörter werden auch seine Beziehungen zu anderen Leuten sein.

Sehr gestört oder gar unterbrochen ist bei vielen Singles auch die Beziehung zur geistigen Welt. Man muß kein gläubiger Christ sein, um für dieses *innere Jenseits* offen zu sein – es gibt viele Wege und Formen der Spiritualität. Aber es liegt sicher ein erhebliches Defizit vor, wenn man über keinerlei spirituelle Erfahrungen (oder zumindest Sehnsüchte) verfügt.

## Damit Leben wieder Sinn erhält

Auch der Kontakt zum eigenen Seelenleben, ja schon zum eigenen Körper mit seinen Vorgängen (beispielsweise die eigene Sexualität und Aggressivität) ist nicht selten beeinträchtigt. Da wir in der Verbindung mit diesen vier Bereichen aber auch auf vierfache Weise unsere Existenz als sinnvoll erleben, wird verständlich, wie dringend nötig es ist, solche Störungen zu beheben, damit das Leben wieder Sinn erhält:

1. Die Beziehungen zu anderen Menschen vermitteln uns das wichtige Wir-Gefühl, Solidarität, Schutz – also soziale Sinnhaftigkeit (schon durch den direkten Hautkontakt mit anderen, etwa durch Zärtlichkeit).
2. Auch die Gestaltung der materiellen Welt durch Arbeit bringt Sinn in unser Leben (ein Sinn, der bei vielen Menschen durch entfremdete, ja unsinnige Arbeit verlorengegangen ist oder noch nie erfahren wurde!).
3. Durch unseren Körper erfahren wir uns sinnvoll, wenn – wortwörtlich – die „Sinne voll" sind, das heißt, wenn wir bewußt in uns aufnehmen und genießen lernen, was Augen, Ohren, Hautsinne usw. an Reizen vermitteln. Auch hier ist klar, daß störende Reize, wie sie eine zunehmend verschmutzte Realität präsentiert, sich in höchstem Maße negativ auf unsere Befindlichkeit auswirken.
4. Schließlich vermittelt uns auch die geistige Welt Sinn; das kommt schon in der Übersetzung des Wortes *religio* zum Ausdruck, das ja *Rückbindung*, eben an die spirituelle Wirklichkeit, bedeutet. (Auch hier ist anzumerken, daß es sich dabei nicht um

zu leblosen Leerformeln erstarrte oder gar tote Formen des Geistigen handeln kann, sondern daß nur eine lebendige Spiritualität Sinn vermittelt.)

Die Verbindung zu allen vier Bereichen muß gelernt und geübt werden. Von klein auf müssen wir lernen,

- mit anderen Menschen auszukommen,
- erst spielend, dann arbeitend die materielle Welt zu gestalten,
- unseren Körper und unser Seelenleben zu verstehen und zu beherrschen,
- Zugang zur geistigen Welt zu erhalten.

Bereits in Kapitel 3 haben wir erfahren, warum und wie gerade beim Single diese Verbindung mit der Wirklichkeit gestört wurde. So entstanden im Alleinsein, schon in jungen Jahren, Gefühle der Sinnlosigkeit und daraus Zustände von innerer Leere und Langeweile, Depression und Selbstzerstörung.

Die erwähnten Störungen sind zu beheben. Entsprechend läßt sich, auch in späteren Lebensjahren, der Kontakt zu den vier Bereichen des Seins üben und wieder herstellen, läßt sich Sinnhaftigkeit (wieder) erfahren. Das ist nicht einfach. Als Faustregel kann man sagen: Für jedes Lebensjahr, das „schiefgelaufen" ist, braucht man schätzungsweise wieder ein Jahr, um die Störungen im Seelenleben und damit auch im sozialen, geistigen und im Arbeitsleben zu korrigieren. Das bedeutet nicht, daß man – als Beispiel – so lange in eine Psychotherapie gehen muß. Aber es bedeutet sehr wohl, daß man ausgiebig und intensiv an sich arbeiten muß. (S. auch den folgenden Kasten mit der „Prioritäten-Liste".)

## Die Prioritäten-Liste

Die Arbeit an der eigenen Persönlichkeit ist eine lebenslange Aufgabe, also auch die Arbeit an den Defiziten und Verbiegungen. Es zeigt sich jedoch, daß viele der Mängel, die man bei ehrlicher Selbstreflexion bei sich feststellt, auf oft recht vertrackte Weise miteinander verbunden sind – vernetzt, um einen modernen Ausdruck zu verwenden. Machen Sie doch bitte folgendes Experiment: Stellen Sie, so wie es Ihnen gerade einfällt, schriftlich zusammen, was Sie gerne an sich und Ihrem Leben ändern wollen. Und dann ordnen Sie diese Punkte nach ihrer Gewichtigkeit in einer Prioritäten-Liste.

Der wichtige nächste Schritt ist dann, sich die einfachste (!) dieser Aufgaben – und es werden vermutlich nicht wenige sein – vorzuknöpfen. Sie dürfen sicher sein, daß Sie diesen ersten Punkt Ihrer Prioritäten-Liste bewältigen werden. Entsprechend geht es weiter. Lassen Sie sich Zeit, haben Sie Geduld mit sich – das ist eine ganz wesentliche Grundbedingung.

Irgendwann werden Sie bei den *dicksten Brocken* angelangt sein. Es könnte sich herausstellen, daß diese schwersten Probleme gar nicht zu bewältigen sind und als Teil der eigenen Persönlichkeit akzeptiert werden müssen. Oder vielleicht haben sich diese letzten Aufgaben sogar längst von selbst verflüchtigt, weil sie in Wahrheit das Gemisch all der vielen kleinen leichteren Probleme waren, deren Lösung Sie bis dahin ja längst geschafft haben.

Die Prioritäten-Liste haben Sie in ungefähr einer halben Stunde fertig; Ergänzungen können Sie leicht nachtragen. Lassen Sie sich für die erste Änderung genügend Zeit, mindestens einen Monat (bis sich zum Beispiel eine Angewohnheit, die Ihnen lästig ist, allmählich verflüchtigt hat). In einem Jahr werden Sie, Rückfälle in altvertraute Gewohnheiten einkalkuliert, wahrscheinlich drei oder vier Punkte erledigt haben – wenn alles gut geht, vielleicht sogar ein Dutzend. Danach geht es zäher voran: Einmal im Vierteljahr eine echte Veränderung ist realistisch. Bei den ganz schweren Punkten dauert es dann wohl schon eher ein ganzes Jahr.

Falls Ihnen dies alles viel zu beschwerlich und langwierig vorkommt: Bedenken Sie bitte, daß bereits der erste Erfolg beim leichten Punkt 1 Ihnen Mut und Kraft geben wird, Punkt 2 anzugehen, und so weiter. Ein (fiktives) Beispiel möge dies veranschaulichen. Nehmen wir einmal an, Ihnen fallen kunterbunt durcheinander folgende Punkte ein, wo Sie gerne etwas ändern möchten: Abnehmen / Kontakt mit dem *Inneren Kind* pflegen / Weniger Fernsehen / Bewußter Autofahren / Die Freundschaft mit X. pflegen / Mehr Briefe schreiben / Mehr Sport treiben (Joggen, Schwimmen, Yoga, Squash, Tennis) / Weniger Zeitunglesen / Familien-Chronik anlegen / Regelmäßig Tagebuch schreiben / Jazztanz anfangen / Weniger Alkohol trinken / Jedes Wochenende zum Wandern gehen / Keine Migräne mehr haben / Jeden Monat ein gutes Buch lesen ....

Was würde Ihnen davon am leichtesten fallen? Was am schwersten? Empfehlenswert wäre, den gewichtigen Brocken (Sport treiben) in kleinere Aufgaben zu zerlegen. Die Prioritäten-Liste könnte dann so aussehen, wobei Sie das Angenehmste und damit Leichteste („Lustprinzip vor Frustprinzip!") obenan stellen und das wahrscheinlich Schwierigste (Abnehmen) ganz unten ans Ende nehmen, wie schon gesagt; oder noch besser: diesen höchst problematischen Punkt am besten erst einmal vergessen und irgendwann später wieder aufgreifen. Es kann aber auch gut sein, daß er sich von allein auflöst – zum Beispiel weil er (wie das „Zuviel Essen") eine Reaktion auf Frust ist, also eigentlich ein Scheinproblem. Hier nun eine denkbare Prioritäten-Liste:

1. Nächstes Wochenende (zunächst einmal nicht: „Jedes Wochenende...") Wandern gehen. Überlegen Sie sich genau, wohin Sie wandern wollen. Wie lange? Mit wem? Eine gute Planung erspart Ihnen manch unnötigen Frust, weil weniger schiefläuft.
2. Tagebuch schreiben (nicht *regelmäßig,* sondern immer dann, wenn es wirklich etwas zu berichten oder von der Seele zu schreiben gibt).
3. Dem Kind, das man einmal war, einen Brief schreiben. Und dann sich selbst die Antwort dazu schreiben. Auch im Tagebuch immer wieder einmal das Innere Kind bedenken.
   Dadurch entsteht ein erster Kontakt mit dem Inneren Kind. Dieser wird erfahrungsgemäß immer wieder verlorengehen. Aber er läßt sich auf vielerlei Art auch wieder aufnehmen. (Details hierzu in diesem und im folgenden Kapitel.)
4. Bewußter (statt: *weniger*) Fernsehen, indem Sie in einer Programmzeitschrift gezielt die Sie wirklich interessierenden Sendungen ankreuzen und Buch darüber führen, was das Fernsehen Ihnen bringt.
5. Den Bekannten anrufen und fragen, wie es ihm geht.
   Mit X. verabreden usw. (die Freundschaft langsam und nicht mit zu hoch gespannten Erwartungen erneuern und ausbauen).
6. Liste von Leuten anlegen, denen Sie gerne Briefe schreiben möchten.
   Dem Menschen, der Ihnen innerlich am nächsten steht, den ersten Brief schreiben und so weiter.

7. Das Anlegen einer Familien-Chronik erst mal streichen (macht viel Arbeit!) und schauen, ob diese Idee irgendwann später wieder auftaucht (was sie nur tun wird, wenn sie Ihnen wirklich wichtig ist).
8. Mal Joggen gehen (und schauen, ob es wirklich Spaß macht) – nicht gleich mit einem regelmäßigen Programm anfangen, das wahrscheinlich scheitert. Vielleicht finden Sie auch jemanden, der mitjoggt? Mit anderen Sportarten aussetzen.
9. Yoga ist sehr empfehlenswert, wenn die Zeit reif dafür ist. Belegen Sie einen Kurs (viele Volkshochschulen bieten Yoga an), und lassen Sie sich vom Kursleiter und der Übungsgruppe *mitziehen*. Was Sie dabei an innerer Ruhe gewinnen, kann Ihnen bei vielen der anderen Programmpunkte helfen.
10. Bewußter Autofahren anfangen, indem Sie alles zu Fuß erledigen, was nicht länger als eine Viertelstunde Zeit in Anspruch nimmt (entspricht in etwa der Parkplatzsuche).
    Überlegen, wofür Sie das Auto wirklich brauchen (wo es Ihnen wirklich mehr persönliche Freiheit verschafft). Wahrscheinlich werden Sie ähnlich wie wir irgendwann merken, daß man ohne Auto sogar mehr freie Zeit haben kann als mit.
11. Weniger Zeitung lesen: Da hilft es schon etwas, wenn Sie die Artikel, die Sie wirklich interessieren (weil Sie sie zum Beispiel für Ihre berufliche Tätigkeit brauchen) ausschneiden und aufkleben, dann aber möglichst auch gleich mit einem Stichwort versehen und in einem Hängemappen-Archiv ablegen. Die zusätzliche Arbeit wird Sie vermutlich bald lehren, was wirklich wichtig ist beim Lesen der Zeitung (mit entsprechendem Zeitgewinn).
12. Jazz-Tanz mitmachen (nicht gleich *lernen* wollen).
13. Abnehmen, aber vielleicht erst einmal mit einem Fasten-Seminar beginnen. Und sehen, was passiert (s. auch Kasten „Fasten für die Seele" auf S. 103).
14. Weniger Bier (oder Wein) trinken, genauer: nur noch jeden zweiten Abend oder ähnlich (nicht „weniger Alkohol" – das ist viel zu allgemein).
15. Keine Migräne mehr – diesen Punkt können Sie getrost streichen. Entweder verschwinden Ihre Kopfschmerzen allmählich, weil Streß und zugrundeliegende Spannungen weniger werden. Oder die Migräne ist hartnäckig und bleibt. Dann sollten Sie Entspannungsübungen machen. Yoga ist da sehr

gut. Hilft auch das nichts, und quälen Sie die Schmerzen weiter, sollten Sie es mit einer allgemeinen Schmerztherapie beziehungsweise einer Psychotherapie versuchen. Oder Sie finden sich mit Ihrem Leiden ab.

Wie kann dieses An-sich-Arbeiten konkret aussehen? Wir möchten es plastisch darstellen am Beispiel des *Einsamen* Kindes.

In jedem steckt ein solches Einsames Kind. Weil jeder als Kind einmal mehr oder minder einsam war. Und sei es auch nur in jenen Stunden, wo wir als Baby nachts schrien und die Mutter uns allein ließ, „weil das Kind lernen muß, allein zurechtzukommen". Diese Weisheit ist im Prinzip zutreffend. Doch es kommt auf die Dosierung an und vor allem auf den richtigen Zeitpunkt. Läßt man Kinder zu früh und zu lange allein, dann gerät diese *Medizin* wie so manches andere im Unmaß genossene Mittel zum Gift, und das Kind wird nicht – wie beabsichtigt – selbständig, sondern ganz im Gegenteil übermäßig abhängig von der Zuwendung der Mutter.

Das Einsame Kind, an das wir denken, ist oft ein Baby, das von der Mutter vernachlässigt wurde. Manchmal ist es schon etwas älter. Es ist das zwei- oder dreijährige Kind in der Trotzphase, das beginnt, einen eigenen Willen und eigene Vorstellungen, Bedürfnisse und Wünsche zu entwickeln. Mit dieser erwachenden Eigenständigkeit entsteht jedoch eine typische Problematik, die eine wichtige Weiche in ein mögliches soziales Abseits stellt, weil die Beziehungsfähigkeit sich nicht natürlich und langsam entwickeln kann.

Beharrt das Kind trotzig auf seinem eigenen Willen und reagieren die Eltern ihrerseits eigensinnig und unflexibel beziehungsweise verständnislos gegenüber den altersgemäßen Eigenarten des Kindes, so wird die aufflackernde Eigenständigkeit des Zwei- oder Dreijährigen systematisch unterdrückt und erstickt – nicht selten mit brutaler Gewalt, durch Niederschreien oder sogar mit Schlägen.

Was kann das Kind in einer solchen Situation tun? Es hat im Grunde nur zwei Möglichkeiten:

- Es kann die eigenen Wünsche und Vorstellungen aufgeben und sich durch diesen Verzicht die (neurotische Affen-) Liebe der Eltern erkaufen.
- Es kann trotzig auf seiner Eigenständigkeit beharren – und unter Umständen die Zuneigung der Eltern verlieren.

## Vor die *Weiche* der Abspaltung zurückgehen

Beide Male ist der Preis ungeheuerlich. Im ersten Fall verzichtet das Kind buchstäblich auf seine Eigenständigkeit und wird wahrscheinlich zeit seines Lebens dazu neigen, sich an die Vorstellungen und Wünsche anderer Leute anzupassen. Im zweiten Fall – und der soll uns hier in erster Linie interessieren – entwickelt das Kind zwar seine Selbständigkeit und Individualität, aber es wird zugleich einsam.

Dies ist natürlich nicht das Ergebnis einer einzigen traumatischen Erfahrung dieser Art. Aber wenn das Kind eine ganze Kette solcher Erlebnisse bewältigen muß, dann kommt es zu einer Krise. Sie kann sich als Krankheit äußern, bei Kindern meistens als körperliche Krankheit (schwere Erkältung, Fieber); oder sogar als Neigung zu Unfällen. Die Krise kann aber auch ganz still verlaufen. Das Kind wird dann überangepaßt – ein Duckmäuser, Leisetreter, Feigling. Wir verstehen jetzt jedoch, daß hinter solchen Verhaltensweisen, die zu einer Art Charakter-Maske werden, eine entsprechend lange und sehr schädigende Vorgeschichte steckt.

Es kann schließlich, vor allem wenn das Kind seelisch robuster ist und sich gegenüber den Eltern zumindest teilweise durchsetzt und seinen Eigensinn bewahrt, auch etwas anderes, Neues geschehen. Das Kind stellt innerlich eine Art psychischer *Weiche*:

- Auf dem *Hauptgleis* entwickelt es sich wie andere Kinder auch, geht zur Schule, lernt, verhält sich normal und nicht zu auffällig. Es ist kontaktfreudig, kommt (scheinbar) gut zurecht in der Welt.
- Aber da ist noch eine andere Seite, die gewissermaßen auf ein *Abstellgleis* geschoben wird und dort ein geheimes Leben im Verborgenen führt, eben als Einsames Kind.

Dieses Einsame Kind lebt in einem Fantasiereich, spinnt sich in die erfundenen Welten der vielen Bücher ein, die es verschlingt, oder in selbsterfundene Geschichten. Und langsam entwickelt sich das *Drama des Einsamen Kindes*, wie wir es in Anlehnung an einen bekannten Buchtitel von Alice Miller nennen wollen. Denn dieses sich immer tiefer im Unbewußten verkriechende Einsame Kind beginnt mehr und mehr Einfluß auf das Seelenleben des betreffenden Menschen zu nehmen. Vor allem in der Pubertät macht sich diese abgespaltene *innere Figur* bemerkbar: Der junge Mann, die junge Frau bekommt seltsamerweise schlecht oder gar keinen Kontakt mit Gleichaltrigen, ist vor allem im Umgang mit dem anderen Geschlecht gehemmter als *normale* Kinder. Und schließlich übernimmt das Einsame Kind eines Tages völlig das Ruder: Ein Single ist entstanden.

## Das Innere Kind ist stark

Wenn der Betreffende das irgendwann bemerkt und lernt, die innere Einsamkeit bewußt anzunehmen, kann er sich sein Leben als Single sinnvoll einrichten. Vor allem, wenn die Einsamkeit nicht total ist, können durchaus Beziehungen zu anderen Menschen aufrechterhalten und gepflegt werden. Aber eben immer mit dem Schlupfloch, daß man jederzeit in die selbstgewählte Einsamkeit ausweichen und sich ins Alleinsein zurückziehen kann.

Schlimm wird es, wenn man nicht weiß, daß so ein Einsames Kind im Unbewußten existiert und viel Macht über das Seelenleben ausübt. Dann kämpft man gegen das Alleinsein an – und verhält sich trotzdem in typischen Situationen wie ein echter Single. Zum Beispiel bezieht man andere Menschen, auch wenn sie einem nahestehen, viel zu wenig in sein Leben ein. Vereinbarungen und Verabredungen werden schlecht oder nicht eingehalten (Unpünktlichkeit!). Oder man versäumt die vielen kleinen netten Gesten und Höflichkeiten, die das menschliche Zusammenleben so erleichtern – wie einen Anruf zum Geburtstag oder den Glückwunsch zur neuen Arbeitsstelle oder den (wenn auch) kurzen Besuch am Krankenbett.

Von nichts kommt nichts – auch Beziehungen und Freundschaften wollen gepflegt werden!

Die Verhältnisse sind sicher noch komplizierter, als sie hier beschrieben wurden; aber wir denken, das skizzierte Verhalten trägt zum besseren Verstehen bei. Es gibt im Unbewußten jedes Menschen noch andere solcher innerer Figuren. Im Traum können sie uns sehr lebendig gegenübertreten. Und Schriftsteller bevölkern die Seiten ihrer Romane und Dramen mit ihnen, leihen ihnen Stimme und Form. Deshalb ist das Schreiben, auch für Nicht-Schriftsteller, eine sehr wichtige und dankbare Art, an das Einsame Kind heranzukommt (s. auch das nächste Kapitel). Der Dichter Novalis hat diesen Sachverhalt sehr plastisch beschrieben, als er sagte: „Jeder Mensch ist eine kleine Gesellschaft.“

Novalis täuschte sich allerdings, was die Größe dieser *inneren Gruppe* angeht: In Wahrheit handelt es sich um einen ganzen Kosmos mit unglaublich vielen inneren Figuren, von denen das Einsame Kind nur eine ist – wenn auch eine besonders wichtige.

## Kontakt mit dem Inneren (Einsamen) Kind aufnehmen

Diese Vorstellung vom Einsamen Kind im Unbewußten ist nicht nur theoretischen Überlegungen entsprungen. Sie hat sehr handfeste praktische Konsequenzen. Man kann nämlich mit diesem Einsamen Kind in Kontakt kommen – und es damit aus seiner Einsamkeit erlösen. Es versteht sich von selbst, daß dies nur ganz langsam und behutsam geschehen kann. Wenn man es gewaltsam ans Tageslicht zu zerren versucht (zum Beispiel durch Halluzinogenräusche mittels Haschisch oder LSD!), verkriecht es sich nach dem Ausnahmezustand (des Rausches) nur noch mehr in den Tiefen des Unbewußten.

Will man dem Single jedoch helfen, aus seinem Alleinsein herauszutreten oder besser mit diesem Zustand fertigzuwerden, so muß man unbedingt den Kontakt zu dieser wichtigen inneren Figur herstellen. Wie läßt sich das bewerkstelligen? Das Einsame Kind wird deutlich sichtbar in bestimmten Kindheitserinnerungen. Man kann es im Familienalbum auf typischen Bildern entdecken. Man kann es schreibend zu Wort kommen lassen, beispielsweise in erfundenen Geschichten. Märchen sind hierfür besonders gut geeignet, zum Beispiel solche, die man aus den eigenen Träumen entwickelt.

Den zuverlässigsten Zugang ermöglicht das Traumleben. Ein Beispiel: Jemand träumt, er stehe neben einem alten Brunnen. Der Träumer hört leises Weinen. Er beugt sich über den Rand des Brunnens und sieht unten, in einigen Metern Tiefe, auf dem trockenen Grund ein kleines Kind von vielleicht vier Jahren allein spielen, wobei dem Träumer die Tränen über das Gesicht laufen.

Der Träumer ist hier mit einer bestimmten Erscheinungsform seines Einsamen Kindes in Kontakt gekommen.

Wenn ein Single an seinen Schwierigkeiten arbeiten möchte, so hat sich als äußerst sinnvoll erwiesen, erst einmal eine solche Szene aufzuspüren, in der das Einsame Kind möglichst plastisch sichtbar wird. Gerade weil es um die Bewältigung des Alleinseins geht, leuchtet ein, daß diese ersten Annäherungsversuche an das eigene Einsame Kind nicht allein geschehen können, sondern sachkundiger Begleitung bedürfen. Diese Begleitung kann ein Psychotherapeut sein oder der Leiter eines entsprechenden Seminars für Selbsterfahrung oder noch besser die Teilnahme an einer kontinuierlich tagenden Selbsterfahrungsgruppe.

In dieser ersten Phase der Beratung beziehungsweise Selbsterfahrung geht es zunächst nur darum, solche Szenen zu finden und mit der inneren Situation des Einsamen Kindes vertraut zu werden. Außerdem sollen Träume und Fantasien beziehungsweise Erinnerungen ermittelt werden, welche den Zugang zur eigenen Innenwelt erleichtern. Mit Hilfe von Meditation und Techniken der Gestalttherapie, des Rollenspiels und des Kreativen Schreibens kann man dann sehr behutsam mit diesem Einsamen Kind Verbindung aufnehmen. Man kann es Dinge fragen (zum Beispiel wie es ihm geht oder welche Bedürfnisse es hat) – und man bekommt Antwort!

Diesen Kontakt kann man in der Regel nicht allein aufnehmen, wir erwähnten es schon, denn das wäre geradezu widersinnig. Man braucht dazu die Hilfe eines erfahrenen Begleiters. Hat man den Kontakt unter Anleitung eine Zeitlang geübt, so kann man ihn später auch selbst herstellen. Allmählich wird man dann merken, daß sich die geträumten, fantasierten oder erinnerten Szenen verändern. Neue Bilder tauchen auf. Das Einsame Kind verändert sich langsam. Es verliert ein wenig von seiner Einsamkeit und Verlassenheit.

Je besser wir in Kontakt mit ihm kommen, um so mehr verliert es seine Scheu gegenüber anderen Menschen. Es empfiehlt sich, diesen Kontakt nach innen regelmäßig aufzunehmen, beispielsweise jeden Morgen nach dem Aufwachen und vor dem Aufstehen, eine Viertelstunde lang. Jrgendwann kann dieses einsame Innere Kind dann aus dem Unbewußten heraustreten, um in die bewußte Persönlichkeit integriert zu werden.

## Das Spiel mit den Steinen

Die Arbeit mit dem Einsamen Kind ist aber nur ein Aspekt bei der Beratung und Krisenbegleitung von Alleinlebenden. Sehr hilfreich, und zugleich sehr anschaulich, ist eine Methode, die wir das *Spiel mit den Steinen* nennen. Es beginnt damit, daß man sich ein paar Dutzend Steine sucht – und zwar in aller Ruhe, ganz bewußt. Nicht nur besonders schöne Steine, sondern solche mit *Charakter*, möglichst unterschiedlich in Form und Farbe. Sie sollten nicht zu groß sein, sondern einigermaßen handlich. Wie sieht das Spiel aus? Und was läßt sich daraus ablesen?

Es dient vor allem dazu, den Kontakt und die (innere) Nähe zu überprüfen, die man zu anderen Menschen hat. Das läßt sich im Kopf nur sehr ungenau bewerkstelligen. Deshalb die Steine:

1. Zunächst wählt man für sich selbst einen Stein aus, in aller Ruhe, ganz meditativ. Sobald man ihn gefunden hat, den Stein bitte in die Hand nehmen und erst ein paar Minuten lang mit geschlossenen Augen überprüfen, ob er auch wirklich der richtige Repräsentant für das eigene Selbst ist.
2. Anschließend sucht man für jeden Menschen, der einem wichtig ist (auch Verstorbene gehören dazu; gelegentlich muß man auch Vorbilder aus Büchern oder Filmen usw. berücksichtigen), einen Stein aus, der passend erscheint.
3. Sämtliche Steine ordnet man in angemessener Entfernung um den Stein an, den man für sich selbst gewählt hat.

Statt mit Steinen, die die Sache allerdings besonders anschaulich machten kann man dieses Netz von Beziehungen auch auf einem Blatt Papier skizzieren. Bei der Beratung Alleinlebender – oder auch beim eigenständigen Meditieren über den Steinen und ihrer Anordnung – geht man dann Stück für Stück die Beziehungen zu diesen Mitmenschen durch und überprüft vor allem: Wo läßt sich etwas verändern? Wo ist es sinnvoll, Beziehungen abzubrechen (die einem nichts mehr bedeuten) oder neue Kontakte zu knüpfen (die einem hoffnungsvoll erscheinen)?

Der bewußte Aufbau eines sozialen Netzwerks lebendiger Beziehungen ist ein ganz wesentlicher Schritt für Singles, die einer zu großen Isolierung entfliehen möchten. Beziehungen müssen gepflegt werden. Man kann nicht damit rechnen, daß jemand, den man jahrelang nicht gesehen hat, plötzlich ein offenes Ohr hat, wenn man gerade in Not ist!

Auch für dieses *Netzwerk* gilt, was weiter oben über den Umgang mit dem Einsamen Kind gesagt wurde: Es muß ganz behutsam und langsam aufgebaut werden. Man kann die Versäumnisse vieler Jahre nicht in wenigen Tagen ausgleichen.

## Drei Jahre bewußt allein leben

Auch wer in seinen seelischen und sozialen Verhältnissen nicht massiv gestört ist, hat es in der Regel dennoch nötig, an sich zu arbeiten. Welche Zeit ließe sich dafür besser nutzen als die des Alleinseins, sei es erzwungen oder freiwillig?

Aus mancherlei Gründen erscheint es uns sogar sehr sinnvoll, wenn jeder Mensch irgendwann in seinem Leben einmal etwa drei Jahre als Single leben würde. Weniger Zeit zur Selbstfindung und Selbstverwirklichung im Alleinsein aufzuwenden, erscheint uns nicht ausreichend. Wer andererseits sehr viel länger allein lebt, bekommt wahrscheinlich erhebliche Schwierigkeiten, mit der Isolation fertigzuwerden. Aber das muß jeder für sich selbst ausprobieren.

An den Universitäten und in fortschrittlichen Industriefirmen der USA ist es übrigens üblich, daß Wissenschaftler alle sieben Jahre ein ganzes Jahr von ihren üblichen Arbeiten völlig freigestellt werden, in denen sie im Prinzip machen können, was sie wollen – bei Weiterbezug ihrer Gehälter. Damit will man erreichen, daß sich ihre Kreativität besser (oder von neuem) entfalten kann, was im normalen Arbeitstrott sehr schwierig ist. Der Brauch leitet sich aus der biblischen Überlieferung des *Sabbatischen Jahres* ab. Alle sieben Jahre ließen die Juden des Altertums ihre Felder brachliegen und widmeten sich verstärkt spirituellen und kulturellen Aufgaben, mit denen das geistige und soziale Leben des ganzen Volkes neu belebt wurde.

Es erhebt sich für den Alleinlebenden nun sofort die Frage: Was soll man mit dieser freigewordenen Zeit von drei Jahren anfangen? *Zeitvertreib* im üblichen Sinne (Aktionismus) wird für viele, die in den Tag hineinleben, die Antwort sein.

Wer jedoch bewußter lebt und ganz bewußt eine solche Zeit des Alleinlebens sucht, wird sich Gedanken machen, wie er oder sie diese Zeit möglichst sinnvoll ausfüllt – statt nur die Stunden mit Fernsehen, Autoraserei, unsinnigen Sportarten und ähnlichem *totzuschlagen.*

Wie dieses *Zeitausfüllen* aussehen könnte, hängt nicht zuletzt vom seelischen Druck oder *Leidensdruck* ab, unter dem jemand steht. Gehen wir zunächst einmal davon aus, daß man nur ein leises Unbehagen spürt und mit seiner bisherigen Art zu leben nicht mehr recht zufrieden ist. Was kann er beziehungsweise sie tun? In unserer eigenen beruflichen Tätigkeit haben sich zwei Formen der Gruppenarbeit herauskristallisiert, die für solche Fälle besonders gut geeignet sind:

- Zunächst geht es darum, sich jenes grundlegende existentielle Wissen anzueignen, das Elternhaus, Schule und Kirche uns leider in der Regel *nicht* vermittelt haben. Es soll helfen, mit den oben erwähnten vier Bereichen der Wirklichkeit (s. S. 145) besser in Verbindung zu kommen und uns dadurch wieder sinnvoll zu fühlen. Dieses Wissen läßt sich grundsätzlich nicht durch Bücherlesen oder Anhören von Vorträgen erwerben, mögen diese auch noch so gehaltvoll sein. Man kann es nur im täglichen Leben erfahren. Üben kann man es jedoch sehr gut in Gruppen, die sich gezielt mit solchen Themen befassen. Für sie hat sich die Bezeichnung *Lebendiges Lernen* eingebürgert.
- Näher an unsere ureigensten Probleme und Ängste führen uns Selbsterfahrungsgruppen heran, die über einen längeren Zeitraum laufen. Das kann zum Beispiel eine reine Frauen- oder Männergruppe sein. Oder ein Seminar, das sich mit Fragen der Kreativität, der Zukunftsgestaltung befaßt. Wir werden hierzu noch einige Vorschläge aus unserem vieljährigen Erfahrungsschatz machen.

## Beratung und Krisenbegleitung

Wir werden oft gefragt, was sinnvoller sei: an einer Selbsterfahrungsgruppe teilzunehmen, eine Therapie zu machen, ein Beratungsgespräch zu führen ...

In der Regel wird man bei einem ersten Beratungsgespräch abzuklären suchen, was am besten geeignet ist. Wer sich in einer akuten Lebenskrise befindet, in einem der berüchtigten *schwarzen Löcher* der Depression, dem ist manchmal schon mit einigen solchen Gesprächen über die gegenwärtige Krise hinweggeholfen. Danach muß man freilich überlegen, wie sich weitere Krisen dieser Art besser bewältigen und irgendwann sogar von vornherein vermeiden lassen. In anderen Fällen ist eine Gruppe besser geeignet, die sich während eines gewissen Zeitraums regelmäßig trifft, zum Beispiel einen Abend pro Woche. Auf jeden Fall sollten die Abstände der Treffen nicht zu groß sein, damit die nötigen inneren Prozesse und die sie unterstützende Gruppendynamik sich entfalten können. Ein vierwöchiger

Rhythmus ist nur bei Wochenend-Seminaren sinnvoll, kürzere Treffen sollten mindestens im vierzehntägigen Rhythmus stattfinden und mindestens zwei Einheiten (zum Beispiel zweimal eine Stunde) umfassen.

Wieder anderen Leuten bringt es mehr, ab und zu an einem mehrtägigen Workshop teilzunehmen. Bei länger anhaltenden Krisen kann es sich als nötig erweisen, eine *Krisenbegleitung* über einige Monate hinweg zu suchen. Eine regelrechte Therapie wiederum ist bei hartnäckigen chronischen Störungen neurotischer oder psychosomatischer Art sowie bei Drogenabhängigkeit oder Alkoholismus angezeigt. (Letztere sind eine sehr typische Gefahr für Alleinlebende, weil sie einem – scheinbar – helfen, sich über unangenehme Einsamkeitszustände hinwegzumogeln. Es wird damit jedoch kein Problem gelöst, sondern es entsteht nur ein zusätzliches neues Problem: die Alkohol- oder Drogenabhängigkeit.)

## Die seelische Hausapotheke

Für die kleinen Notfälle des täglichen Lebens im körperlichen Bereich sind wir alle mehr oder weniger ausgerüstet. In unserer Hausapotheke findet sich einiges, womit wir uns Erste Hilfe leisten können (Kopfschmerztabletten, Heftpflaster, elastische Binden). Genauso können wir eine Hausapotheke zusammenstellen, die uns hilft, seelische Verletzungen kurzfristig zu pflegen. Unsere eigene seelische Hausapotheke steht griffbereit in Form einer Holzkiste (ähnlich wie die Spielkiste in der Kinderzeit) neben dem Bett. Sie enthält einige Utensilien, die uns helfen, uns selbst wieder näherzukommen, wenn wir „außer uns“ sind:

- Ein paar schöne Schallplatten oder Cds aus guten Zeiten
  Man macht es sich gemütlich und läßt sich ganz in die Musik hineinfallen. Wenn dabei starke Gefühle hochkommen, die einem vorher nicht bewußt waren, dann ist das ein sicheres Zeichen für eine baldige seelische Genesung.
- Ein Tagebuch
  Da hinein kann man sich jeden Kummer von der Seele schreiben. Manchmal werden dort auch Briefe notiert, die man nicht unbedingt abschickt, die jedoch später beim Wieder-

durchlesen helfen, die aktuelle Lebenssituation klarer zu sehen.

- Ölkreiden und ein großer Malblock
  Wenn man unter starker seelischer Spannung steht, hilft es oft, seine Gefühle mit Farben auszudrücken. Nicht die Qualität der Zeichnung ist dabei wichtig, sondern der spontane Ausdruck von Stimmungen und Gefühlen.
- Eine Liste mit Telefonnummern von Menschen, die man mag (und die einen ebenfalls mögen)
  Es ist ganz wichtig, den Kontakt zu diesen Menschen auch dann zu pflegen, wenn es einem gutgeht – damit man in einer Krise notfalls sogar mitten in der Nacht anrufen kann.
- Eine Fotografie von einem Lieblingsbaum
  Sie liegt nur symbolisch in der Kiste und soll an einen Klagebaum erinnern. „Ich mache dann einen Spaziergang bis zu diesem Baum, der sich in einem nahe gelegenen Park befindet, setze mich unter ihn ins Gras und denke nach, meditiere oder versuche ganz einfach, meinen Körper zu spüren, gut durchzuatmen und die innere Verbindung zu meinem Baum zu fühlen“, so der Teilnehmer eines unserer Seminare.
- Und last but not least: eine ganz simple Wärmflasche
  „Wenn alles andere nicht mehr hilft, dann lege ich mich mit der Wärmflasche ins Bett, ziehe die Decke über die Ohren (ohne ein schlechtes Gewissen zu haben, weil ich jetzt faul bin!), atme gleichmäßig durch – und schlafe meistens ein.“ (R. Z.)

Das wichtigste an dieser seelischen Hausapotheke: daß man sich Gedanken zu ihrem Inhalt schon in einer Zeit macht, in der es einem noch gutgeht, und die Sachen griffbereit zurechtlegt – denn dazu ist man, sobald man drinsitzt *im schwarzen Loch*, meistens nicht mehr in der Lage.

# 9. Kapitel: Die Zukunft besser gestalten

## Ein Ausblick, der Hoffnung macht

Von Archimedes (287–212 v.Chr.), dem großen griechischen Philosophen und Mathematiker, wird dieser Satz überliefert: „Gib mir einen festen Punkt, wo ich hintreten kann, und ich bewege die Erde!" Daß dies in der materiellen Wirklichkeit je gelingen wird, ist unvorstellbar, und wir bezweifeln auch, daß Archimedes den Satz so gemeint hat. Wir denken, er äußerte hier eher eine esoterische als eine exoterische Weisheit, nämlich in diesem Sinne:

„Gebt mir im Seelenleben einen festen Grund, und ich bewege die seelische (und soziale) Wirklichkeit."

Solch festen Grund kann man in sich selbst finden – aber man muß ihn erst einmal unter allerlei „altem Gerümpel" hervorgraben. Wer sich vornimmt, diesen Weg der Selbsterfahrung und Bewußtseinserweiterung zu gehen, möchte wahrscheinlich gerne wissen, worauf er/sie sich einläßt und welches der eventuelle Lohn der Mühen ist. Selbsterfahrung lockert viele Verkrustungen und macht neue Verhaltensweisen möglich, setzt Talente frei, die sonst mit hoher Wahrscheinlichkeit nie zum Zuge kommen würden.

Das für uns sinnfälligste Beispiel: Am Ende eines längeren Gruppenprozesses (zum Beispiel nach einem siebentägigen Seminar mit integrierter Selbsterfahrung) wirken die Gesichter der Teilnehmer jünger.

- Das hat zum einen damit zu tun, daß nach und nach die Verspannungen in den Gesichtern nachlassen – parallel zum seelischen *de-freezing* (Auftauen), wie die amerikanischen Gestalttherapeuten es nennen – wenn allmählich das eher rigide agierende und reagierende Erwachsenen-Ich zurücktritt.
- Und zum anderen hat es damit zu tun, daß dem *Inneren Kind* und anderen Anteilen der Persönlichkeit mehr Raum gegeben wird, die lockerer, lebendiger als das gestreßte Erwachsenen-Ich sind.

Was kann sich ändern durch Selbsterfahrung? Wir haben im Laufe der Jahre an die 50 solcher *„Möglichkeiten, sich zu ändern"* entdeckt. Hier nur die ersten fünf davon:

1. Die Abwehrkraft des Organismus, ein weitgehend somatisches *und* psychisches Phänomen, wird gesteigert. Die Folge: weniger Erkrankungen und wahrscheinlich auch bessere Chancen zum Beispiel im Kampf gegen Krebs oder Aids.
2. Die „psychischen Abwehrmechanismen" sind nicht mehr so wichtig und werden bewußter angewendet.
3. Aggressionen werden realistischer eingeschätzt und eingesetzt – weniger zerstörerisch (wie beim unbewußten Ausagieren), sondern gezielt als Energiepotential für bestimmte Aktivitäten.
4. Ambivalenz wird besser ausgehalten, zwiespältigen Gefühlen und Vorstellungen zu konfliktträchtigen Themen mehr Raum gegeben. Und irgendwann begreift man, daß aus dieser Ambivalenz die eigentlich fruchtbaren neuen Ideen entstehen: Das Prinzip des „Sowohl-Als-auch" ist wesentlich kreativer als das allzu vertraute Prinzip des „Entweder-Oder".
5. Die Ausdrucksfähigkeit verbessert sich (zum Beispiel im Erzählen, Malen, Schreiben, Tanzen, Musizieren ...).

Am wichtigsten dürfte jedoch die im Alphabet letzte dieser vielen Verbesserungsmöglichkeiten der eigenen Situation sein. Man wird insbesondere offener für Chancen – und Gefahren – der Zukunft. Genauer:

Wir vermuten, daß jeder Mensch ein intuitives Gespür für kommende Ereignisse und Trends hat (wir nennen es das „Zukunfts-Radar"). Durch die Aufarbeitung der Vergangenheit ist das Zukunfts-Radar nicht mehr so getrübt und nimmt Kommendes nicht mehr nur verzerrt wahr. Das ist ähnlich wie bei einer schlecht justierten Radioantenne.

Es leuchtet ein, daß das Gespür für die Zukunft schlecht funktioniert, solange man unverarbeitete negative Erfahrungen und die damit verbundenen Ängste aus der Kindheit in die Zukunft projiziert – wahrscheinlich, ohne es zu merken.

Zukunft hat noch einen anderen Aspekt, der gerade für die Alleinlebenden wichtig ist: sich nicht nur als „Einzelkämpfer" zu begreifen, der bloß für sich selbst zu sorgen hat, sondern sich auch als

Teil der ganzen Menschheit zu sehen, der Verantwortung für das Ganze trägt.

Wer Kinder und Familie hat, für den fließt der „Strom des Lebens" von der Vergangenheit über die Gegenwart in die Zukunft gewissermaßen von selbst. Wer allein lebt, speziell wer keine Kinder hat, muß erst lernen, in irgendeiner Form Verantwortung nicht nur für die eigene Existenz zu übernehmen, sondern auch für das Gelingen des Ganzen.

Das sind große Worte. Aber wir leben nun einmal in einer Zeit, in der es sich entscheidet, ob die Menschheit die vielfältigen Chancen nutzt, die dieser Planet ihr bietet – oder sie sinnlos vergeudet. In diesem Buch war öfter von der Sinnfrage die Rede und wie wichtig es ist, zu ihrer Beantwortung und zur Erlangung eines wirklich sinnvollen Lebens folgendes zu tun:

1. Gegenwart sinnlich zu erfahren und
2. Vergangenheit aufzuarbeiten.

Dies möchten wir nun durch einen weiteren Punkt ergänzen und anhand eines anschaulichen Beispiels und Projekts demonstrieren, bei dem es darum geht, aktiv

3. Zukunft sinnvoll zu gestalten.

## Das Schlüsselwort heißt Energie

Wir wollen dies an der nach der Kriegsgefahr zweiten großen Schicksalsfrage der Menschheit gleich zeigen: der Energie.

Energie hat ja viele Aspekte, der physikalisch-chemische Aspekt ist nur einer davon (elektrische Energie, Treibstoff etc.). Andere Erscheinungsformen sind:

- seelische Energie (zum Beispiel die Kraft, Probleme anzupacken);
- soziale Energie ( zum Beispiel die Kraft, mit anderen Menschen zusammenzuarbeiten);
- kulturelle Energie (zum Beispiel die Kraft, sich in der entstehenden pluralistischen und multikulturellen Gesellschaft nicht nur einigermaßen zurechtzufinden, sondern auch wohlzufühlen);

- geistige Energie (die Kraft, die sich unter anderem in künstlerischer und religiöser Kreativität äußert);
- finanzielle Energie (die Geldströme in Billionenhöhe, die ständig um den Planeten kreisen, müssen sinnvoller eingesetzt werden).

Wenn wir im persönlichen Leben unsere Energie seelischer, geistiger und sozialer Art sinnvoll einsetzen und keinen Raubbau mehr damit betreiben wollen, dann kann es uns nicht kalt lassen, wie mit den Weltenergien auch in physikalischer und chemischer Hinsicht umgegangen wird. Es wird für die Menschheit und den ganzen Planeten schicksalhaft sein, wie und wofür wir uns einsetzen, ob beispielsweise:

- für weiteren Raubbau und Gefährdung (Herzinfarkt, Rüstung, Atomenergie, um nur drei Beispiele zu nennen) oder
- für menschlichere Lebensformen (pfleglicher Umgang mit sich selbst, Abrüstung, sanfte Energien wie solarer Wasserstoff).

In den letzten Jahren hat sich deutlich gezeigt, daß viele Menschen mit ihren persönlichen Energien genauso umgehen wie mit den physikalischen: verschwenderisch, rücksichtslos, ohne an die Zukunft zu denken. Die *Workaholics* arbeiten bis zum Umfallen (beziehungsweise bis das Herz rebelliert und ein Infarkt für eine heilsame Unterbrechung sorgt, die zum Umdenken genutzt werden kann). Andere stauen ihre Energien und versacken in Depression, Alkoholismus oder Drogensucht – bis an der Grenze zum Tod eine Umkehr aus der zerstörerischen Sinnlosigkeit möglich wird. Oder man verschuldet sich in Verkennung seiner realen finanziellen Möglichkeiten.

Das Jahr 2 000 ist nicht nur eine beliebige Ziffer, sondern hat gewissermaßen magische Qualitäten, die – in positiver wie in negativer Hinsicht – vieles konzentrieren werden.

Jeder einzelne kann in den kommenden zehn Jahren dazu beitragen, daß es zu einer heilsamen Umkehr kommt. Die Chancen dafür sind gerade wegen der vielen Bedrohungen besser als je zuvor in der Geschichte.

Diese Umkehr wird sowohl auf persönlichem Gebiet Positives bringen (mehr Lebensfreude und Sinnhaftigkeit) wie sie auch eine echte „Wende“ der Gesellschaft herbeiführen wird, und zwar weltweit. „Perestroika“, der Umbau, ist nicht nur für den wirtschaftlich und umweltlich maroden Osten überlebenswichtig, sondern auch für uns hier im nur scheinbar überlegenen Westen. Denn was sich bei uns in den demokratischen Ländern so positiv ausnimmt, ruht auf sehr schwankenden Grundlagen.

(Wer sich dafür interessiert, wie wir, die Autoren dieses Buchs über das Alleinleben, uns in diesem Zusammenhang verhalten, kann auf S. 200 lesen, was wir mit unserem Institut für Angewandte Kreativitätspsychologie vorhaben.)

## Ein gewaltiges Reservoir

Die Alleinlebenden stellen ein gewaltiges Reservoir an „Energie" jeglicher Art dar, weil sie nicht durch Familienleben und -versorgung anderweitig absorbiert sind.

Es ist offenbar so, daß viele der Sinnlosigkeitsgefühlen, von denen uns Alleinlebende berichten, zustande kommen, weil diese Menschen nämlich zu sehr „im eigenen Saft schmoren" und den Bezug zum größeren Ganzen verloren haben. Man muß nicht selbst Kinder haben, um sich um die künftige Generation, falls es sie dann noch geben wird, Sorgen zu machen. Man kann sich beispielsweise auch an einem Projekt beteiligen, das mehrere Generationen für seine Verwirklichung bedarf, wie die „Solar-Wasserstoff-Welt". (Näheres bei Hermann Scheer und Reinhard Dahlberg, s. Bibliographie.)

Es geht dabei um die Rückgewinnung der verlorengegangenen Langzeitperspektive, welche unseren Vorfahren selbstverständlich war, weil die Enkel und die Kinder für das Überleben der Eltern und Großeltern sorgen mußten, so wie diese ihnen zuvor die Existenz ermöglicht hatten – also um einen „Generationen-Vertrag" in einem ganz neuen Sinn.

Hier ist ein Potential an Lebenssinn zu erschließen, von dem sich kaum jemand eine Vorstellung macht. Dazu ist aber nicht nur nötig, daß man lernt, das eigene Leben zu managen.

Zum „Selbst-Management" muß noch etwas hinzukommen, das wir „Zukunfts-Management" nennen. In diesem Konzept geht es darum, sowohl die eigenen Zukunftsmöglichkeiten (vor dem Hintergrund der Lebensgeschichte und der aktuellen Situation) zu erkunden als sie auch in einem zweiten Schritt vor der Folie der kollektiven Entwicklung zu betrachten.

Mit dem Ziel, da aktiv handelnd einzugreifen, wo man sich stark und fähig fühlt. Der Rückfluß an Energien aus dem kollektiven Reservoir wird enorm sein.

# 10. Kapitel: Die Wonnen der Einsamkeit

Einsamkeit wird gemeinhin als etwas Schreckliches gefürchtet. Mit allerlei *action* versucht man, jenen Momenten (oder gar Stunden) zu entkommen, in denen man allein ist und konfrontiert wird mit – ja, womit wird man dann konfrontiert? Eine psychologische Antwort, heute sehr modern, lautet: „Mit sich selbst wird man konfrontiert, sobald man allein ist."

Aber was ist das, dieses *man selbst*? Oder dieses *Selbst*, wie es inzwischen häufig genannt wird?

Dieses *man selbst* muß ja eine schlimme Gegend sein, wenn man sich dort nur fürchten kann! Unzählige Überlieferungen sprechen dagegen von transzendenten Erfahrungen, die man gerade dann machen kann, wenn man sich von dem Kontakt mit anderen Menschen und den dort gebotenen Ablenkungen freimacht.

Deshalb gingen die Gottsucher früher in die Wüste. Diese *jenseitigen* Erfahrungen haben auch ihre wenig schönen Aspekte (man betrachte nur einmal den Grünewald-Altar mit den *Versuchungen des Heiligen Antonius* oder lese Gustave Flauberts gleichnamiges Buch), ja, sie können zu ausgesprochenen *Horror-Trips* werden. Ähnlich wie Erlebnisse mit LSD und anderen Halluzinogenen (aus deren Terminologie die Bezeichnung *Trip* ja stammt), die einen ebenfalls kräftig in die Einsamkeit der eigenen Innenwelt tunken können ...

Immer aber schon muß es auch Menschen gegeben haben, die in der Abgeschiedenheit ganz anderes erlebten, etwas, das man mit einem recht treffenden altertümlichen Ausdruck nur als *Wonnen* bezeichnen kann: Erfahrungen höchster Glückseligkeit, eines Einsseins mit sich selbst und dem Kosmos. Oder in weniger intensiver Ausprägung: tiefe Zufriedenheit. Diesen *Wonnen* soll ein wenig nachgespürt werden.

## Erste Schritte in die Selbständigkeit

Solange wir als Kinder mehr oder minder wohlbehütet unter der Aufsicht von Familie und Schule leben, spüren wir den Mangel eigener Willenskraft und anderer seelischer Kräfte wie Frustrationstoleranz, Geduld, Genügsamkeit nicht sonderlich. Unsere Eltern übernehmen diese Ich-Funktionen in genügend hohem Maße. Aber spätestens in der Pubertät wird mehr und mehr Selbständigkeit von uns verlangt: selbständiges Arbeiten für die Schule, Entwicklung eigener Gedanken und Kreativität, Berufswünsche, Partnerbeziehungen.

Doch weil wir immer noch von den Überresten der alten autoritären Strukturen beherrscht werden, ohne die Elternhaus, Schule und Arbeitsplätze nicht auszukommen glauben, entwickeln und üben wir weder in der Kindheit noch in der Jugend unsere eigenen Kräfte und Fähigkeiten in entsprechendem Ausmaß. Vor allem haben wir eines nicht gelernt: allein zu sein, Einsamkeit auszuhalten.

Denn dies hätte zur Voraussetzung gehabt, daß unsere Erzieher uns beibringen, wie man mit der Realität sinnvoll umgeht: mit der äußeren Wirklichkeit und mit der inneren Wirklichkeit. Wer dies gelernt hat, wird kaum jemals einsam sein – kann er doch jederzeit in lebendigen Kontakt treten

- zu seiner Innenwelt (Fantasie, Tagtraum, Meditation)
- oder zu seiner äußeren Umwelt (schöpferisches Gestalten; Beobachten von Tieren, Pflanzen, Menschen; Gespräche und Zusammenarbeit mit Freunden und Kollegen, einem Lebensgefährten oder den eigenen Kindern).

Dieser lebendige Austausch mit innerer und äußerer Wirklichkeit füllt aber nicht nur die Leerstellen einsamer Stunden aus, sondern stärkt zugleich die Struktur der eigenen Persönlichkeit und läßt an die Stelle von Ich-Schwäche[16] mehr und mehr Ich-Stärke treten. Den Weg zu diesem (in seiner totalen Fülle wahrscheinlich nie erreichbaren) Stadium nannte C. G. Jung *Individuation* (Franz 1968).

Mit einem modernen Ausdruck könnte man von einer *Vernetzung* der Innenwelt und der Außenwelt sprechen. So wie offenbar unsere Träume uns helfen, neue Erfahrungen und alte Lebensbruchstücke und Erinnerungen immer wieder aufs neue zu dem zu vernetzen, was wir dann als die eigene Persönlichkeit erleben, so könnte

---

[16] Das Ich des jungen Menschen (oder des infantil gebliebenen Erwachsenen) bezieht seine Stärke aus der Umwelt: Die Strukturen der Eltern oder elternähnlicher Autoritäten können den Mangel ausgleichen – in archaischen Gesellschaften (hierzu muß man auch das re-archaisierte „Dritte Reich" zählen) verhindern diese Außenstrukturen leicht das Reifen des *schwachen* Ich zur Individualität.

auch die Erfahrung der Einsamkeit die notwendige Chance sein, zu uns selbst zu gelangen und nichtintegrierte Persönlichkeitsanteile und Erlebnisse zu integrieren. Ersteres, der Traum, wäre dann eine unbewußte Erfahrung, das zweite, die Einsamkeit, eine sehr bewußte. Wobei hier nicht diskutiert werden soll, ob nicht das Traumerleben mit seiner ganz speziellen Einsamkeit ein viel bewußteres Erleben sein könnte. Gelingt die Integration, so handelt es sich allemal um ein *peak experience,* wie Abraham Maslow es nannte – und dieses *Gipfelerlebnis* ist nur ein anderes Wort für *Wonne.*

## Nur eine Utopie?

Jeder Single kennt Erlebnisse, in denen Stunden tiefster Verzweiflung und Einsamkeit zu Erlebnissen größter Fülle umschlugen, die ihm von innen oder außen zuströmten, vermittelt durch schöne Musik, den Anblick einer eindrucksvollen Landschaft, das Verständnis einer bisher ungelösten Problematik. Es ist, als flösse da plötzlich der ganze Reichtum des Lebens in ein Vakuum, das man kurz vorher noch gebannt angestarrt und als grau und sinnlos erlitten hat.

Und dieses Spüren des seelischen Wachstums und der Energie macht dann Mut, die nächste emotionale Durststrecke, das nächste Beziehungs-Vakuum, die Düsternis der nächsten Einsamkeit zu ertragen. Bis man eines Tages erkennt, daß man stark genug ist, feste Beziehungen zu anderen Menschen einzugehen.

Manche sprechen geradezu begeistert von wahren Wonnen, die ihnen einsame Stunden vermitteln können. Es stimmt schon: Ein spannender Roman, ein Gedichtband, ein Konzert oder Hörspiel über Kopfhörer entspannt und konzentriert aufgenommen – das läßt sich allein besser genießen und manche Wanderung in schöner Umgebung wohl auch. Da stört es nur, wenn jemand plötzlich zu reden anfängt und seine eigenen Eindrücke des Erlebten über das stülpt, was man gerade selbst genossen hat.

In einem Film so richtig versinken oder in einem Theaterstück – welch ein Glück kann das sein! Die um einem herumsitzenden anderen Zuschauer stören einen da kaum, sofern sie sich nicht einmischen in den Kunstgenuß. Deshalb kann ein Husten oder Räuspern während eines Konzerts ungemein auf die Nerven gehen. Mancher Kino-Fan geht am liebsten in die erste Vorstellung um die Mittagszeit (in Großstädten möglich), um in einer sogenannten *König-Lud-*

*wig-Vorführung* einen Lieblingsfilm fast allein zu genießen. Der bayrische König war ja bekannt dafür, daß er sich ganze Opern solo vorführen ließ, um einem ungetrübten Kunstgenuß frönen zu können. Und sind nicht auch Zugreisen, Flüge, Segeltörns ein großartiges Erlebnis, bei denen man sich allein dem Genuß der anstrengungslosen Fortbewegung anheimgeben kann?

Oder auf dem Rücken eines Pferdes dahinzugleiten – das einen nicht nur trägt, sondern außerdem das Erlebnis nicht durch Reden verpfuscht!

Wonnen der Einsamkeit – das können schließlich auch spirituelle, religiöse Erfahrungen sein, die der amerikanische Psychologe Abraham Maslow als *peak experiences*, als Höhepunkte der Erfahrung bezeichnet hat. Es war wohl kaum zufällig, daß viele Gottsucher sich in die Wüste zurückzogen, weitab von anderen Menschen. Und auch in den Klöstern herrscht aus diesem Grund eine oft sehr rigide Zucht mit strikten Ruhezeiten bis hin zum strengen Schweigegelübde der Karthäuser-Mönche.

Der britische Kreativitäts-Forscher Anthony Storr bezeichnet die Kraft, die Genies antreibt, als *Schöpferische Einsamkeit* (so der Titel seines Hauptwerks). Sein ungarisch-kanadischer Kollege Mihaly Csikszentmihalyi spricht vom *Flow*, den er als das eigentliche Geheimnis des Glücks betrachtet. Und wann erlebt man jenen Flow am intensivsten? Genau: In vielen Fällen (Ausnahme: erotisches Glück braucht zwei!) erlebt man die intensivsten Glückszustände allein, in der Einsamkeit.

## Schweben durch luftige Weiten

Tiefenpsychologen vermuten, daß solche Einsamkeits-Glückserlebnisse etwas mit dem inneren Kontakt zur Mutter zu tun haben, wie man ihn als kleines Kind erlebte. Hier könnte tatsächlich ein Schlüssel begraben liegen: Am besten genießt man Einsamkeit nämlich in der Gewißheit, daß da ein anderer Mensch ist, zu dem man getrost zurückkehren kann, wenn man es will. Mit dem man sich auch zu gegebener Zeit im angeregten Gespräch über die einsam erlebten Wonnen austauschen kann. Aber eben erst dann, wenn man selbst dazu bereit ist.

Der britische Psychoanalytiker Michael Balint hat für einen bestimmten Menschentyp, der das einsame Genießen vorzieht, in Anlehnung an den Akrobaten die Bezeichnung *Philobat* geprägt. Der Philobat schwebt gewissermaßen emotional durch die endlosen luftigen Weiten seiner Fantasie. Er kann wunderbar genießen, solange er emotional getragen wird von der Zuneigung eines anderen Menschen. Dieser darf jedoch, und das ist der Haken bei der Sache, seinerseits möglichst keine eigenen Ansprüche stellen, sondern sollte sich am besten ähnlich neutral verhalten wie das Wasser, das den Fisch trägt.

Hier läßt sich schon die Problematik ahnen, die hinter den *Wonnen der Einsamkeit* zu stecken vermag. Denn wer den anderen zu oft für die eigenen Ego-Trips in die luftigen Weiten einsamer Genüsse benutzt, der mißbraucht ihn irgendwann. Und so kann es leicht geschehen, daß das vorher so zuverlässig tragende Element Wasser sich plötzlich verflüchtigt – und den Fisch auf dem Trockenen zurückläßt. Dann ist die Einsamkeit allerdings gar nicht mehr wonnig.

# 11. Kapitel: Wege aus dem Alleinsein: Praktische Tips

*Wer nicht einsam bleiben will, muß das Schneckenhaus verlassen, in das er sich verkrochen hat. Anregungen für eigene Aktivitäten gibt es in Hülle und Fülle; man muß nur zupacken. Das ist nicht immer so leicht getan wie gesagt. Aber wie immer im Leben gilt: Was man nicht fertig vorfindet, muß man eben selbst machen. Dieses Aktivieren zur Selbsthilfe wird an einer Reihe von Beispielen demonstriert.*

Die Chancen für Menschen, die einsam sind, scheinen nicht rosig. Immer mehr Männer und Frauen leben allein im eigenen Haushalt, der Trend zum Single ist ungebrochen. Auch die heute schon sichtbaren Entwicklungen in der Arbeitswelt und im Freizeitverhalten stimmen eher bedenklich als optimistisch. Die Freizeitgesellschaft scheint uns zwar immer mehr von Arbeitszwängen zu befreien, aber die Einführung neuer Fertigungsmethoden (Mikroprozessoren, Bildschirmterminals im Heimbüro, dem Arbeitsplatz der Zukunft) wird die Vereinsamung vorantreiben. Und genauso wird der Vormarsch der neuen Medien (Telespiele, Videofilme, Heimcomputer) nicht das Familienleben und die Gemeinsamkeit, sondern den Solo-Trend fördern: Mit dem Schachcomputer läßt sich sicher trefflicher spielen als mit einem menschlichen Gegenüber, das schlechter und langsamer denkt oder nervös und unkonzentriert macht, aber zugleich wird die Isolation geschürt – die psychosoziale ebenso wie die geistige.

Maßgebliche Machtgruppen in unserer Gesellschaft, vor allem in Wirtschaft und Politik, scheinen diese Tendenzen nach besten Kräften zu fördern, denn da steckt viel Geld drin. Es liegt also am einzelnen Menschen, der sich angesichts solcher Entwicklungen unbehaglich fühlt, sich dagegen zu wehren und nach Hilfen zu suchen. Vor allem kommt es darauf an, die passiven Neigungen durch aktive zu ergänzen. Also beispielsweise nicht nur lesen, sondern auch einmal versuchen, zu schreiben und der eigenen Fantasie Raum zu geben. Lesen ist eine schöne Sache, aber selbst Texte zu verfassen verbessert nicht nur den Kontakt zur eigenen Innenwelt und hilft, Einsamkeitsverhalten zu erkennen; es bietet auch eine reizvolle

Möglichkeit, Kontakt zu Gleichgesinnten zu finden. Das Gleiche gilt für das Malen oder Töpfern.

Doch wollen wir in diesem praktischen Teil auch auf Übungen hinweisen und Tips geben, die nicht weithin bekannt sind. Wir haben sie in unserer praktischen Arbeit entwickelt; manche haben wir von Kollegen übernommen oder weitergeführt, einige sind uns selbst eingefallen.

Nehmen Sie diese Tips bitte als das, was sie sind: nämlich Anregungen für eigene Aktivitäten. Wie überall im Leben gilt dabei: Was man nicht fertig vorfindet, muß man selbst machen. Wenn es also in dem Ort, wo man lebt, keinen *Stammtisch für Alleinlebende* gibt, dann muß man eben selbst einen gründen (wie man das am besten macht, siehe weiter unten). Dieses Aktivieren zur Selbsthilfe ist auch die Philosophie unserer Seminare.[17] Wir wollen nicht *gute Ratschläge* geben (die nach unseren Erfahrungen sowieso keinem helfen und die auch niemand hören will), sondern dazu beitragen, daß der Hilfesuchende

1. klarer erkennt, wie seine/ihre derzeitige Lebenssituation aussieht und vor allem: was daran einsam macht;
2. besser versteht, warum er/sie in diese Situation geraten ist;
3. selbständige Schritte unternimmt (und zwar *kleine* Schritte, die auch wirklich bewältigt werden können!) und tut, was zu tun ist.

Der Zeitpunkt für eine Veränderung muß stimmen. Die Zeit muß *reif* sein – und man selbst auch. Und ein bischen Glück gehört auch dazu, damit die Veränderung gelingt. Die Griechen des Altertums nannten diesen günstigen Augenblick *kairos*. Wir sprechen heute von gutem *timing*. Viele Wege führen in die Einsamkeit und auch wieder aus ihr heraus. Wir haben sie in den vorangehenden Kapiteln im Detail beschrieben. Heraus kommt man am besten, wenn man sich ein Minimum an Vertrauen und Selbstvertrauen, an Geduld und Beharrungsvermögen bewahrt hat. Die schnelle *große* Lösung für Probleme gibt es nicht. Aber es gibt viele kleine Lösungen für die Teilprobleme, aus denen große Probleme sich erfahrungsgemäß zusammensetzen. Hier nun eine Reihe von Vorschlägen für Teillö-

[17] Wir schicken Ihnen gerne unser Programm zu (Kontaktadresse s. S. 201). Wenn Sie speziell an einer Liste der Anbieter von Schreib-Seminaren im deutschsprachigen Raum interessiert sind, schicken Sie uns bitte drei DM in Briefmarken mit Ihrer Adresse.

sungen. Wir stellen sie vor, weil wir meinen, daß man sie auch alleine ausprobieren kann und soll und sie zumindest in Ansätzen Erleichterung bringen. Als erster Schritt ist das schon eine ganze Menge. Doch das Single-Sein und Allein-Tun kennen einsame Menschen ohnehin viel zu gut.

Der nächste Schritt kann demnach logischerweise nur der sein, sich mit anderen Menschen zusammenzutun. Gelingt das nicht, so sollte man wirklich sachkundige Hilfe in Anspruch nehmen. Alles andere ist sonst nur noch ein Herumpfuschen mit untauglichen Mitteln, die das Leiden an der Einsamkeit bloß unnötig verlängern (siehe auch die Graphik „Stadien des Alleinseins“ auf den Seiten 84/85. Adressen von Anlaufstellen für Hilfesuchende: siehe Seiten 191 ff.).

## Sieben Schritte aus der Isolation

Wie auch immer der Weg aus der Einsamkeit im Einzelfall aussehen mag, er wird stets die folgenden sieben Schritte beinhalten. Wir empfehlen sehr, diese Schritte nicht nur in Gedanken zu vollziehen, sondern schriftlich zu fixieren. Beim Niederschreiben werden die einzelnen Situationen und Schritte nicht nur deutlicher, sie erhalten auch mehr Gewicht. Und man kann einige Wochen oder Monate später überprüfen, was sich geändert hat; nicht autoritär, sondern geduldig mit sich selbst. Hier also die sieben Schritte:

1. Zunächst muß man sich seine Einsamkeit eingestehen und sie annehmen. Vorher ändert sich überhaupt nichts. Dazu gehört auch, genau zu analysieren, inwieweit man einsam ist und welche Schlupfwege man benutzt, um sich vor dem schmerzlichen Erleben der Einsamkeit zu drücken. Weil sie dadurch ja nicht etwa verschwindet, sondern um so intensiver, wenn auch nicht klar erkennbar, im Unbewußten weiterwirkt. (S. auch S. 176, „Tagesplan – Lebensplan“.)
2. Dann sollte man sich über einen längeren Zeitraum hinweg immer wieder einmal fragen: „Was könnte der Sinn meiner Einsamkeit sein?“ Wir sind davon überzeugt, daß sie stets eine tiefe Bedeutung hat. Dieser Sinn ist zunächst verborgen. Aber er läßt sich ausfindig machen, zum Beispiel beim Tagebuchschreiben, in der Meditation oder beim Deuten eigener Träume. Dies läßt

sich, wie alles andere im Leben auch, lernen. Dafür gibt es spezielle Seminare, zum Beispiel an den Volkshochschulen.

3. Irgendwann sollte man dann Bilanz ziehen und für sich klären, ob man allein weiterkommt oder ob und in welcher Art man Hilfe von außen benötigt (s. S. 191 ff., Adressen).
4. Ab und zu sollte man riskieren, während einer solchen Phase der Selbstbeobachtung so tief wie möglich in die Verzweiflung und Einsamkeit hineinzusinken, damit man spürt, wie sie beschaffen ist und woher sie rührt. Das ist nicht ungefährlich; wer Zweifel hat, dies allein bewältigen zu können, sollte sich auch hierbei sachkundiger Hilfe versichern. Therapie und Selbsterfahrung haben genau dieses Ziel: den Betroffenen in das Erleben dieser Verzweiflung hinein- und wieder herauszuführen. Paradoxerweise wollen viele Menschen ihre verzweifelte Lage nämlich gar nicht so ohne weiteres aufgeben, auch wenn sie noch so sehr darunter leiden.
5. Irgendwann muß man sich ganz bewußt entscheiden: Will ich einsam bleiben? Oder möchte ich aus meiner Einsamkeit heraustreten? Dieser Entschluß liegt in der Tat weitgehend an einem selbst.
6. Danach sollte man den ersten kleinen Schritt aus der Isolation heraus auch wirklich wagen. Zum Beispiel wieder mit dem Partner reden, mit dem man sich verkracht hat. Oder neue Menschen ansprechen. Oder sich ansprechen lassen. Falscher Stolz, Trotz, Beleidigtsein sind hochwirksamer Klebstoff für die innere Vereinsamung.
7. Anschließend – egal ob der Versuch des ersten kleinen Schrittes geglückt ist oder danebenging: die nächsten kleinen Schritte planen. Auch ein größeres Fernziel ins Auge fassen, für das sich in Zukunft zu leben lohnt. Man muß ja nicht gleich (wieder) heiraten. Es gibt auch tragfähige Freundschaften fürs Leben mit größerer Distanz, als eine Ehe sie aufweist. Und auf jeden Fall kann man einen Freundeskreis aufbauen oder sich einem bereits existierenden Kreis anschließen.

# Tagesplan – Lebensplan

Es mag etwas zwanghaft anmuten, wenn wir gleich zu Anfang empfehlen, zunächst eine genaue schriftliche(!) Bestandsaufnahme zu machen, wie der eigene Alltag für gewöhnlich verläuft – während der Arbeit und in der Freizeit. Mit Hilfe der *Prioritäten-Liste* (s. S. 148 ff.) kann man dann die nächsten wünschenswerten Veränderungen planen. Leider ist es so, daß die meisten Menschen sehr fremdbestimmt leben, also Tages- und Lebenspläne erfüllen, die von anderen konstruiert worden sind oder die sich aus Sachzwängen entwickelt haben. Gerade wer sehr unter Streß und Termindruck lebt, sollte sich einmal anhand solcher Zeitskizzen selbstkritisch fragen: Wieweit erfüllt dieser Streß vielleicht den (unbewußt inszenierten) Sinn, davon abzulenken, daß man in Wahrheit sehr einsam ist?

Umtriebiger Aktionismus hilft, sich über inneres Unbehagen hinwegzumogeln, und so mancher schafft das erstaunlich lange. Wer sich jedoch in seiner Haut wohler fühlen und mehr Kontakt zu anderen Menschen, mehr Gemeinsamkeit erleben möchte, der tut gut daran, seine Zeiteinteilung einmal daraufhin abzuklopfen, was da eventuell Einsamkeit verhindert – und was sie fördert.

Eine eingehende Lebensplan-Analyse verlangt, daß man sich mit den entsprechenden psychologischen Gedankengängen vertraut macht. Vor allem die *Transaktionale Analyse*, eine von Eric Berne begründete Richtung, hat hier Bahnbrechendes geleistet. Wichtige Hinweise findet man in Bernes eigenem Buch *Spiele für Erwachsene* sowie in seinem *Was sagen Sie, nachdem Sie* Guten Tag *gesagt haben*? Auch die (Lebens-) Skriptanalyse gehört in diesen Bereich; man findet sie bei Fanita English anschaulich dargestellt. Recht gute Einführungen in Theorie und Praxis der TA geben auch Rüdiger Rogoll (*Nimm dich, wie du bist*) und Thomas A. Harris (*Ich bin o.k., du bist o.k*). Sollte eines dieser Bücher vergriffen sein: Diese Standardwerke gibt es in jeder größeren Stadtbibliothek.

Wer es gern praxisorientierter hat, sollte einmal das Programm seiner regionalen Volkshochschule nach entsprechenden Kursen durchforsten.

## Fünf Minuten die Augen schließen

Die Übung hört sich sehr leicht an, gehört aber zu den schwierigsten überhaupt. Einfach still, ohne Ablenkung, mit geschlossenen Augen dasitzen und beobachten, was einem so einfällt – das ist der erste Schritt zur Selbsterkenntnis. Eine Übung in Meditation.

Es empfiehlt sich, das Erlebte aufzuschreiben oder auf Kassette zu sprechen. Und zwar erst anschließend; das ist wichtig, denn die fünf Minuten sollten nicht durch die Konzentration auf die Aufzeichnung gestört werden.

Wenn man mit fünf Minuten über einen längeren Zeitraum (ein Vierteljahr etwa) gute Erfahrungen gemacht hat, kann man die Dauer ausdehnen. Zehn Minuten wären eine Verdoppelung – die Schwierigkeiten, das auszuhalten, sind aber weit mehr als doppelt so groß!

Wenn man das Erlebte in ein Tagebuch schreibt, legt man bereits einen Grundstock für das „Tagebuch der einsamen Stunden" (s. S. 181). Erklärtes Ziel dieser Übung ist es, einen besseren Kontakt mit dem Unbewußten und den inneren Teilfiguren des Selbst zu finden. Hier kann sich vor allem das Einsame Kind zu Wort melden.

## Der Tanz auf dem Seil

Um die Verbesserung des Kontakts zu sich selbst geht es auch in dieser Übung – genaugenommen um eine intensivere Beziehung zum eigenen Körper, ein Training der Selbstwahrnehmung. Damit nicht erst Schmerzen als gröbste Körpersignale nötig werden, die uns zeigen, daß wir einen Körper haben und ihn achten sollten.

Der „Tanz auf dem Seil" fördert den Kontakt zum Körper-Selbst auf eine ganz bestimmte Weise. Es geht dabei weniger ums Tanzen als um eine intensive Reizung der Fußsohlen mit ihren unzähligen Nervenpunkten (Reflexzonen). Das Seil sollte mindestens fünf Zentimeter Durchmesser haben und gut eineinhalb bis zwei Meter lang sein (erhältlich in Seilereien beziehungsweise in Segelsport-Fachgeschäften, die es in jeder größeren Stadt gibt). Da sich Seilstücke allmählich aufdröseln, weich werden und ihren Reizeffekt zunehmend verlieren, wird ein in sich geschlossenes Seil empfohlen. Das ist dann etwa sechs Meter lang und kostet das Zehnfache eines kurzen Seilendes (etwa 300 Mark), aber die Wirkung ist nicht nur kräftiger, sondern auch für einen viel längeren Zeitraum gewährleistet – die finanzielle Investition lohnt sich allemal. Außerdem kann man auf einem solch langen Seil zu zweit üben (Paarübungen) und auch richtig gehen beziehungsweise balancieren.

Das Gleichgewichtstraining auf diesem Seil ist eine weitere Möglichkeit, denn eine Verbesserung der körperlichen Balance wirkt sich ganz unmittelbar auch auf das seelische Gleichgewicht aus.

Das Wichtigste ist jedoch die ständige Reflexzonenmassage, die den Kontakt des Körpers mit dem Erdboden fördert. Vor allem für sehr verkopfte Menschen (und das sind viele Einsame) ist es unerläßlich, sich immer wieder zu *erden*. Das Arbeiten mit dem Seil ist dafür eine der besten Übungen.

Zum „Tanz auf dem Seil" wird diese Übung, wenn man es nach jahrelanger Übung zur Meisterschaft gebracht hat – und mit geschlossenen Augen meditativ über einen imaginären Abgrund balanciert.

## Yoga und Bio-Energetik

Sehr empfehlenswert ist auch Yoga. Wir raten jedem, der über mangelndes Körpergefühl klagt, zu Yoga. Oft erkennt man schon an der falschen Atmung oder an der Kurzatmigkeit, daß da etwas Grundlegendes nicht stimmt. Atmen lernt man im Yoga-Unterricht als allererstes. Die meisten Volkshochschulen bieten inzwischen recht gute Yoga-Kurse an.

Auch das moderne psychotherapeutische Verfahren der Bioenergetik können wir wärmstens empfehlen.[18] Autogenes Training, Rebirthing, Bio-Feedback, Alpha-Training und eine Reihe anderer Methoden, zu denen ständig neue hinzukommen, mögen ebenfalls geeignet sein. Man muß sich die Zeit nehmen und die Geduld haben, das zu finden, was am besten zu einem paßt. Sie haben die Wahl!

---

[18] Details bei A. Lowen: *Bio-Energetik.*

## Schreiben als Selbsterfahrung

Auf die Bedeutung des Aufschreibens haben wir in diesem Buch immer wieder hingewiesen. Etwas zu Papier bringen heißt, es dingfest zu machen. Man verschwendet beim Schreiben viel zu wenige Gedanken auf die Tatsache, daß da eigentlich etwas ganz Großartiges geschieht: Etwas Geistiges oder Seelisches (Gedanken, Wünsche, Fantasien, Erinnerungen, Hoffnungen, Gefühle, Stimmungen) nimmt materielle Form an. Die vielfältigen Möglichkeiten, die das Schreiben für den Prozeß der Selbsterfahrung sowie als Psychotherapie und Meditation bietet, können hier nicht einmal angedeutet werden. Zu den zahlreichen Methoden, das Schreiben in dieser Weise hilfreich einzusetzen, gehören vor allem das „Tagebuch der einsamen Stunden" (s. S. 181), die „Lebens-Reise" und die „Familien-Chronik".

Die „Lebens-Reise" sieht so aus: Man stellt sich, am besten zu geeigneter Meditationsmusik, eine Landschaft vor, durch die ein Weg führt. Alle in der Meditation auftauchenden Bilder und Szenen, Fantasien und Gefühle sind Stationen auf diesem imaginären Weg. Anders als beim nüchternen Lebenslauf tritt man auf diesem (nur scheinbaren) Umweg über die Fantasie in sehr intensiven Kontakt mit sich selbst, vor allem mit tieferliegenden Ebenen der Persönlichkeit.

Die „Familien-Chronik" wird bewußter, realitätsorientierter geschrieben. Man beginnt, indem man zu sämtlichen Familienmitgliedern je einen Satz notiert, der diese Menschen irgendwie charakterisiert. Es kommt nicht so sehr darauf an, ob diese Beobachtungen stimmen, denn alle diese Aussagen sind ja höchst subjektiv, sondern viel wichtiger ist der folgende Prozeß:

Für jede dieser Figuren, die ja vermutlich bestimmend für unseren Lebensweg waren und sind, legen wir ein eigenes Blatt an, für das dieser erste Satz als eine Art Leitmotiv dient. In regelmäßigen Abständen sollte man sich dann diese langsam wachsenden Dossiers vornehmen und durch Beobachtungen, Erinnerungen oder auch bloße Vermutungen ergänzen.

Diese „Familien-Chronik" korrigiert sich im Laufe der Zeit gewissermaßen von selbst, und wir gewinnen ein zunehmend klareres Bild über – ja worüber? Über unsere Familie, wie sie wirklich ist oder war? Vielleicht auch dies. Vor allem aber darüber, wie diese Menschen unser eigenes Seelenleben beeinflußt haben. Dadurch wird uns viel klar über die Wurzeln unserer Einsamkeit. Es liegt nahe, parallel zur „Familien-Chronik" immer wieder mal das „Spiel mit den Steinen" (s. S. 156 f.) zu üben. Der Text bekommt dadurch mehr Realitätscharakter.

Eine weitere Schreibübung, die dem „Fünf Minuten die Augen schließen" verwandt und gleichermaßen intensiv ist, besteht darin, fünf Minuten oder auch (allmählich) länger in einen Spiegel zu schauen und das Gesehene und alles, was einem dazu einfällt, schriftlich festzuhalten. Das fängt vielleicht mit der Entdeckung eines grauen Haares oder neuer Falten an und leitet von dort zu bestimmten Erinnerungen über. Immer aber fördert es die Beziehung zu sich selbst. Und das kann die Lust nach Kontakt zu anderen Menschen wecken und dadurch aus der Einsamkeit herausführen.

## Das „Tagebuch der einsamen Stunden"

Hier geht es nicht darum, in der eigenen Misere zu *baden*. Vielmehr soll einsichtig werden, wie und vor allem warum man immer wieder in dieselben Verhaltensmuster gerät, die Einsamkeit hervorrufen. Damit wird man diese noch nicht los. Aber das Begreifen der eigenen (vom Unbewußten stark gesteuerten) Reaktionen ist ein erster wichtiger Schritt aus dem Automatismus solcher Handlungen. Es sollte ein Tagebuch *mit Tiefgang* sein. Was heißt das? Nicht nur sachlich berichten, was man getan oder erlebt hat, sondern möglichst auch den Gefühlen und Stimmungen nachspüren, die diese Erfahrungen begleiteten. Es ist immer wieder erstaunlich, was da beim Aufschreiben alles an zusätzlichen Informationen über einen selbst zutage tritt. Zum Beispiel, daß hinter der Wut, die man bei einer Auseinandersetzung spürte, große Angst oder tiefe Traurigkeit sitzen kann (weil diese Wut einen vom Gegenüber distanzierte, obwohl man ihm vielleicht ursprünglich näherkommen wollte – ein typisches Kommunikationsmuster vieler Ehen).

„Selbsterkenntnis ist der erste Schritt zur Besserung" – wie wahr! Aber wenn man nicht schriftlich festhält, was erkannt wurde, geht es rasch wieder verloren. Das „Tagebuch der einsamen Stunden" soll auf diese Weise von einer Chronik der eigenen Verzweiflung und Niederlage zu einem Dokument der Selbstheilung werden. Daß dieses Verfahren seine Grenzen hat, leuchtet ein. Wirklich heilsam ist letztendlich nur die Begegnung mit anderen Menschen.

## Mit Pinsel und Farbe die Seele streiche(l)n

Wie das Schreiben ist auch das Malen ein hervorragender Weg zu sich selbst und damit heraus aus der Isolation. Das Wortspiel in der Überschrift mit *streichen* und *streicheln* deutet an, daß das Malen stärker in den Gefühlsbereich vordringt. Eine sehr schöne, erstaunlich ergiebige Technik: das Auge des Sturms. Bekanntlich findet sich im Zentrum von Wirbelstürmen eine Zone fast völliger Ruhe, das Auge. Malend kann man in sich selbst einen solchen Ort der Stille entdecken. Das Verfahren ist einfach:

Ein großes weißes Blatt und ein Kasten mit Wasserfarben (Wachsmalkreiden eignen sich ebenfalls gut) dienen als Werkzeuge. Man nimmt den Pinsel und zieht auf dem Papier ruhig und unaufhörlich Kreise mit derselben Farbe – konzentrische Kreise, die sich um einen Mittelpunkt orientieren (eben das Auge). Irgendwann hat man das Gefühl: Es reicht.

Dann ist es Zeit, eine weitere Farbe zu wählen; mit dieser wird nun das Auge ausgefüllt (aber bitte langsam und behutsam). Eventuell werden noch Konturen und verstärkende Kontraste im Umfeld der anderen Farbe gesetzt.

In einer Selbsterfahrungsgruppe so zu malen hat natürlich den Vorteil, daß der Gruppenleiter und andere Teilnehmer anschließend helfen können, herauszufinden, was die Farbwahl und das entstandene Abbild des inneren Sturms über die momentane Verfassung sagen können. Das ist alleine viel schwieriger.

## In Träumen Wirklichkeit erfahren

Über die Bedeutung der Träume für das Seelenleben zu spekulieren ist inzwischen wohl ähnlich wie „Eulen nach Athen tragen", also das Symbol der Weisheit an jenen Ort zu bringen, der früher als Ort der Weisheit schlechthin galt. Die Zahl der Bücher über Träume füllt ganze Bibliotheken. Hier soll nur darauf verwiesen werden, daß Träume eine Brücke in die Tiefen der eigenen Existenz darstellen, über die wir sowieso jede Nacht gehen (und zwar sechs- bis siebenmal, für eine Gesamtdauer von eineinhalb bis zwei Stunden). Warum ihnen also nicht zusätzlich noch etwas bewußte Aufmerksamkeit schenken, indem wir sie aufschreiben? Ein Traum-Tagebuch beziehungsweise Nächtebuch bietet sich als erste Möglichkeit an. Darüber hinaus kann man lernen, die eigenen Träume selbst zu deuten. Hier die Methode:

Man faltet ein großes Blatt Papier zweimal, so daß vier Spalten entstehen. In die erste (linke) Spalte trägt man – und zwar in der Gegenwartsform, so als geschähe er im Augenblick – den erinnerten Traum ein. Dann markiert man in diesem Text die Begriffe, Namen etc., die einen neugierig machen.

Zu diesen Schlüsselwörtern notiert man in der zweiten Spalte alles, was einem dazu einfällt, und zwar möglichst erlebte Geschehnisse, sprich Erinnerungen. Mit diesen kleinen neuen Texten verfährt man genau wie mit dem Text des Traumes selbst: wieder Schlüsselwörter suchen, markieren und dazu kurze Erinnerungstexte in die nächste (dritte) Spalte schreiben.

Anschließend studiert man diese drei verschiedenen Ereignisebenen des Traumes analog zu den Spalten und versucht herauszubekommen, welchen aktuellen Konflikt der Traum behandelt und welche alten Konflikte er wiederholt. Das ist praktisch immer der Fall: daß während des ganzen Lebens Grundkonflikte aus der Kindheit wiederholt und immer wieder neue lebensfähige (!) Kompromisse geschlossen werden müssen.

Die verschiedenen Einfälle zum Traumgeschehen lassen sich in der Regel früheren Lebensphasen zuordnen, manchmal mit sehr exakter Datierung. Angeordnet auf einer *Lebenslinie*, schält sich dann allmählich heraus, um welche Zeitspanne es im Traum geht. Vor allem Kindheit und Pubertät waren konfliktträchtige Abschnitte. Was an Konflikten damals nicht bewältigt wurde, muß im späteren Leben immer wieder durchexerziert werden – so lange, bis die Bewältigung endlich gelingt. Träume geben uns dafür Hinweise.

Am Schluß zeigt uns jeder Traum, so jedenfalls unsere Erfahrung, welcher erste kleine Schritt zur Lösung des behandelten Problems von uns gegangen werden kann.

Man sieht: Es lohnt sich, die eigenen Träume näher zu erforschen. Darüber hinaus bringen sie uns im Laufe der Zeit eine Fülle kreativer Anregungen – kein Wunder, daß die Dichter aller Epochen – nicht nur der Romantik – von Träumen so fasziniert waren!

(Detailliert beschrieben sind diese Methode und der tiefenpsychologische Hintergrund der Arbeit mit Träumen in: J. vom Scheidt, *Geheimnis der Träume*).

## Was tun bei Schlafstörungen?

Wer unter Schlafstörungen leidet, verflucht diese in Bausch und Bogen. Dabei sollten wir ihnen sogar dankbar sein! Das, was uns da den Schlaf raubt, sind nämlich unsere lange verdrängten Probleme und seelischen Nöte. Grundsätzlich empfiehlt es sich, Notizen zu machen (mit Hilfe eines kleinen Lämpchens geht das auch nachts recht gut) und vor allem etwaige Träume zu bearbeiten, wie eben beschrieben.

Wenn dies nicht ausreicht, sollten Sie in ein paar Stunden Beratung bei einem therapeutisch geschulten Psychologen oder Arzt investieren und gegebenenfalls, wenn auch das nicht hilft, eine Therapie machen. In schwerwiegenden Fällen bezahlt dies sogar die Krankenkasse.

## Andere Spiele entdecken

Die neuen Videospiele, die man zu Hause über den Bildschirm flimmern lassen oder in der Kneipe um die Ecke spielen kann, machen nach unseren Beobachtungen Einsamkeit nur noch schlimmer. Das tut auch der Schachcomputer, der zwar ein angenehmer Gegner für den Solospielenden sein mag, aber sicher ist er genausowenig ein sehr freundlicher Gesellschafter wie der Fernsehapparat. Und im Internet zu surfen ist gewiß auch eine Möglichkeit, Kontakt zu anderen Menschen aufzunehmen – aber ein Mittel, aus der Einsamkeit zu entfliehen ...?

In einer Art Gegenbewegung haben fantasievolle Erfinder in den USA vor einigen Jahren begonnen, eine ganz andere Art von Spielen zu entwickeln, die man Fantasy-Rollenspiele nennen könnte. Einige davon gibt es inzwischen auch in deutscher Sprache. Worum geht es? Es gibt meist keinen Spielplan wie bei üblichen Spielen (den kann man eventuell selbst anfertigen). Vielmehr kauft man eine Art Drehbuch, wie für einen Film oder ein Theaterstück, mit genauen Anweisungen zum Spielverlauf. Mehrere solcher *Drehbücher* verwenden ein gemeinsames Basiskonzept, das zu den Helden, Örtlichkeiten – eine geheimnisvolle Burg etwa – und Situationen beziehungsweise den zu lösenden Aufgaben (zum Beispiel: einen Schatz zu suchen) der verschiedenen Spiele noch ein einheitliches Grundgerüst entwirft, eine

Art Fantasiewelt wie in Tolkiens *Herr der Ringe* oder in Michael Endes *Unendlicher Geschichte.*

Wer genügend eigene Fantasie besitzt, kann solche Drehbücher anhand der Vorlagen oder auch aufgrund eigener Einfälle selbst schreiben. Daraus wird vermutlich so eine Art Volkssport werden, ähnlich wie Computerfans begeistert immer neue Programme schreiben.

Viele sachkundige Informationen zu diesen und anderen Kommunikationsspielen findet man in dem Buch *Spiele per Post,* herausgegeben von dem Journalisten und Spiele-Fan Karl-Heinz Koch.

Fantasy-Rollenspiele lassen sich manchmal auch allein spielen. Aber der größere Spaß (und auch der Grund, weshalb wir sie in diesem Buch erwähnen) ist natürlich dann gegeben, wenn man sich mit anderen zusammentut, die Rollen verteilt und gemeinsam spielt – wie bei einem Theaterstück. Ein Spielleiter sorgt dafür, daß sich die Sache in einigermaßen geregelten Bahnen entfaltet.

Solche Spiele können sehr lange dauern, sich über Wochen und Monate, ja sogar Jahre in immer komplizierteren Handlungsmustern verstricken – also eine ideale Vorgabe für Gruppen, die sich über längere Zeit immer wieder treffen.

## Warum nicht das Orakel fragen?

In verschiedenen Kulturvölkern wurden schon vor Jahrtausenden Verfahren entwickelt, die den Menschen halfen, besser mit ihrem Leben zurechtzukommen. Diese werden etwas mißverständlich als Orakel bezeichnet. Mißverständlich deshalb, weil man unter einem Orakel allgemein den Versuch versteht, die Zukunft vorherzusagen.

Dies ist hier nicht oder nur am Rande gemeint. Vielmehr meinen wir damit Methoden, mehr über sich selbst zu erfahren auf Wegen, die dem rationalen Verstand zwar überhaupt nicht erklärbar sind – das ist einfach so und liegt in der Natur der Dinge begründet –, die jedoch eine echte Lebenshilfe bieten, sofern man sie verantwortungsvoll einsetzt. Es handelt sich in diesem Sinne in der Tat um Möglichkeiten des Wahrsagens, indem man ein Stück der Wahrheit über sich selbst erfährt. Im Grunde geht es um Hilfen bei der Meditation, sei es durch Bilder (Tarot), durch Worte (I Ging) oder sinnstiftende Symbole (Astrologie).

Kaum bekannt ist die sehr schöne Möglichkeit, sich die Karten legen zu lassen oder selbst zu legen, und zwar die klassischen Tarot-Karten. Eine gute Einführung gibt Hans-Dieter Leuenberger (*Schule des Tarot*); die Jung-Schülerin Sallie Nichols vergleicht sehr aufschlußreich die Darstellungen der Karten mit der Archetypenlehre von C.G. Jung.

Auf ähnliche Weise wie im Abendland das Tarot-Spiel für Selbsterkenntnis und Vermittlung esoterischer Tradition benutzt wird, setzen die Chinesen seit gut 4 000 Jahren ihr Weisheitsbuch *I Ging* (Buch der Wandlungen) ein. In der hervorragenden Übersetzung von Richard Wilhelm (s. Literaturangaben) kann es auch dem modernen Menschen der westlichen Welt eine großartige Lebenshilfe sein. Bei Wilhelm findet man nicht nur die 64 klassischen Orakelsprüche mit ihren Auslegungen und Kommentaren, sondern auch eine genaue Anweisung, wie man das Orakel benutzt.

Wenn man jahrelang mit Tarot-Karten oder I Ging gearbeitet hat, werden sie einem als Gegenüber so vertraut wie ein weiser Mensch und Ratgeber. Auch dies erscheint uns eine sehr wesentliche Hilfe für einsame Menschen.

Und ganz wichtig: Das Orakel mahnt immer wieder unmißverständlich, daß man sich nicht in der Isolation vergraben darf, sondern Kontakt zu anderen Menschen pflegen muß. Es deutet sogar an, wann der Zeitpunkt hierfür günstig ist.

# 12. Kapitel: Adressen zur Krisenbewältigung und Selbsthilfe

Es gibt inzwischen in jeder größeren Stadt Treffpunkte, Stammtische und Clubs, wo sich Alleinlebende treffen und gemeinsame Unternehmungen planen können. Die Qualität dieser Einrichtungen ist unterschiedlich und für Außenstehende nur schwer nachprüfbar. Einige Kriterien, wie man sich einen Eindruck verschafft, werden wir gleich noch erläutern.

## Selbst einen Stammtisch gründen

Man braucht nicht gleich einen richtigen Club, um Kontakt zu anderen Menschen zu knüpfen. Oft ist der Zeitaufwand nämlich rasch so groß, daß das ursprüngliche Ziel, aus der inneren Einsamkeit herauszukommen, im Strudel der Aktivitäten untergeht.

Am einfachsten ist es, einen Stammtisch ins Leben zu rufen. Aber auch dafür bedarf es eines Minimums an Organisation. Erfahrungsgemäß verlaufen sich die Teilnehmer nämlich schnell wieder, wenn man nicht regelmäßig, am besten einmal im Monat, mit einem kleinen Programm und festen Termin dazu einlädt. Das kostet etwas Zeit und Geld. Aber Helfer und Spenden sind in der Regel immer zur Hand, solange die Ziele einer solchen Runde übersichtlich und vor allem bescheiden sind. Wenn ein solcher Stammtisch noch nicht existiert oder nicht ausfindig zu machen ist, verfährt man am einfachsten so:

Ein Inserat in der Wochenendausgabe der regionalen Tageszeitung aufgeben mit kurzem, aber informativem Text („Alleinlebende gesucht – zur Gründung eines Stammtisches ...").

Die Zuschriften sollte man zügig beantworten, und zwar auf einem der Einfachheit halber vervielfältigten, aber doch ansprechend gestalteten Blatt. Keine zu langen Texte – eine Seite genügt für den Erstkontakt vollkommen! Den Inhalt knapp halten, vor allem aber präzise Vorschläge für ein erstes Treffen machen: wann, wo (in zentraler Lage, im ruhigen (!) Nebenzimmer eines gemütlichen Lokals), wer man selbst ist, warum man einlädt, wen man gerne treffen würde (nur Frauen? Welche Altergruppe?).

Wenn andere in der Runde aktiv sein wollen, sollte man sie tunlichst nicht daran hindern. So ein Stammtisch lebt ohnehin davon, daß sich möglichst viele für sein Gedeihen verantwortlich fühlen. Auch im Organisieren Erfahrene verlieren rasch die Lust, wenn sie glauben, den Stammtisch allein am Leben erhalten zu müssen. In einem kleinen Team organisiert es sich viel angenehmer.

Man muß allerdings auch bereit sein, die (sicher irgendwann nach der ersten Anfangsbegeisterung auftretenden) Differenzen in den Ansichten über Ziele und Durchführung und auch den typischen Gruppenfrust bei solchen Unternehmungen offen zu diskutieren.

Eine ebenso genial einfache wie (leider!) völlig undurchführbare Methode, der Einsamkeit ein Ende zu setzen, hat sich übrigens der amerikanische Romanautor Kurt Vonnegut ausgedacht. In seinem Roman *Slapstick* (der auch verfilmt wurde) tun sich einfach alle Leute mit demselben Nachnamen zu einer einzigen großen, national verbrüderten Familie zusammen, und sämtliches Elend hat ein Ende, frei nach dem Slogan: „Nie mehr einsam!“ Da das Ganze eine Satire ist, läßt sich leicht vorstellen, was die Methode tatsächlich bewirkt: nämlich mehr Isolation als vorher.

Was aber stimmt und weshalb wir die Idee hier erwähnen, ist der Grundgedanke, daß Einsamkeit sich nur überwinden läßt, wenn man sich zusammenschließt. (Warum nicht alle einladen, die an einem bestimmten Tag Geburtstag haben?)

## Themenzentrierte Selbsthilfe- und Projektgruppen

Nicht so locker wie ein Stammtisch, aber auch nicht so durchorganisiert wie ein angemeldeter Club oder Verein, sind Selbsthilfegruppen. Sie haben sich bereits in der Nachsorge von schweren Krankheiten (zum Beispiel nach Krebsoperationen oder Herzinfarkten) sowie in der Suchtbekämpfung (Anonyme Alkoholiker) bewährt. Wir können hier nicht das Konzept der SH-Gruppen detailliert beschreiben; wer mehr wissen möchte, dem empfehlen wir das Buch *Selbsthilfegruppen* von Jens Möller. Dort wird auch genau behandelt, wie man eine solche Gruppe aufbaut und worauf man bei ihrer Konzeption achten sollte.

Wovon wir abraten, ist die Gründung von SH-Gruppen, bei denen sich lediglich Alleinlebende oder Einsame zusammentun, die mit ihrem Alleinsein beziehungsweise ihrer Einsamkeit besser fertigwerden wollen. Wir haben damit nur schlechte Erfahrungen gemacht, denn dieser *Leim* hält eine Gruppe nicht lange genug zusammen. Sobald der unmittelbare Leidensdruck, der jemanden in eine solche Gruppe getrieben hat, nachläßt – und das geschieht meist ja schon dadurch, daß man sich nun in einer solchen Gruppe, also unter anderen Menschen befindet –, verliert die SH-Gruppe an Attraktion. Da es den anderen Mitgliedern meist ähnlich geht, zerfällt die Gruppe rasch.

Sinnvoller ist es, sich unter einem gemeinsamen Thema zusammenzufinden, wobei ein Hobby am besten geeignet ist. Das kann ein literarischer Zirkel sein, in dem man (eigene oder fremde) Texte vorliest oder – noch besser – gemeinsam selbst schreibt. Das kann Malen, Töpfern oder der gemeinsame Besuch von Theaterstücken mit anschließender Diskussion oder auch eigenes Theaterspielen sein.

Gut ist es, wenn das Thema vom Initiator vorgegeben wird und sich die anderen Mitglieder allmählich hinzugesellen. Sich umgekehrt erst als Gruppe Einsamer zusammenzutun und dann nach einem Thema zu suchen, ist wenig vielversprechend. Man sollte sich bei einem solchen Unternehmen nicht nach dem Vorbild der üblichen Vereine richten, sondern eigene Formen entwickeln, die lockerer sind.

## Spezielle Single-Clubs

Sie verstehen sich vor allem als Drehscheibe für Freizeitangebote. Die Mitgliedschaft kann mitunter recht teuer sein (z.B. 400 DM Jahresbeitrag bei einer Aufnahmegebühr von 490 DM, alle Veranstaltungen gehen zusätzlich zu Lasten der Teilnehmer). Es gibt aber auch billigere Angebote, ein Vergleich lohnt also. Wir empfehlen: Im (seriösen) Kontaktteil großer Tageszeitungen Angebote auswählen, telefonisch nähere Auskünfte einholen (da bekommt man oft schon einen ersten Eindruck), hingehen und einen Probeabend riskieren.

In manchen Städten gibt es inzwischen auch Adreßlisten für Singles, die durchaus seriös sind. In Buchhandlungen danach fragen! So etwas wie die *Single Map* (also eine Landkarte mit dort eingezeichneten Kontaktadressen) wie in den USA gibt es unseres Wissens im deutschsprachigen Raum noch nicht. Im Annoncenteil der Tageszeitungen findet man, speziell am Wochenende, in den größeren Städten eine Fülle von Angeboten, die sich speziell an Alleinlebende richten. Deutlich wird da an die Nöte der Einsamen appelliert, wird Kontakt und fröhliche Gemeinsamkeit bei Freizeitaktivitäten versprochen. Wir haben soviel Negatives über diese Single-Clubs erfahren – von Betroffenen ebenso wie aus Presseartikeln und Fernsehberichten –, daß wir nur warnen können. Vor allem haben wir den Eindruck, daß hier unverhältnismäßig hohe Gebühren verlangt werden (bis zu 3 000 DM im ersten Jahr), denen ein Minimum an sachgemäßer Betreuung und Organisation gegenübersteht. Alle Kosten für Ausflüge, Grillfeste etc. müssen ohnehin zusätzlich aufgebracht werden.

Dies ist kein grundsätzlicher Einwand gegen das vielgeschmähte „Geschäft mit der Einsamkeit". Auch der Bäcker und der Metzger machen ihr Geschäft mit dem fundamentalen Bedürfnis des Menschen nach Nahrung und der Journalist und der Buchautor mit dem Bedürfnis nach Information. Aber Preis und Leistung sollten in einem adäquaten Verhältnis zueinander stehen. Zwar sind nicht alle Single-Clubs fragwürdig, aber man muß sie kritisch betrachten. Als brauchbar hat es sich erwiesen, folgende Kriterien zu beachten:

Je kleiner ein solcher Club ist, um so familiärer wird es dort vermutlich zugehen (das hängt natürlich nicht zuletzt von den Organisatoren ab); zu klein darf er aber auch nicht sein, weil sonst viele Aktivitäten nicht durchführbar sind. Zu große Organisationen, vor allem wenn sie stark überregional expandieren und eine Art Schneeballsystem der Mitgliederwerbung anstreben, taugen schon deshalb nichts, weil sich da rasch eine vom Clubleben abgesonderte Manager-Clique bilden muß, ohne die so etwas kaum funktioniert. Etwa 60 bis 100 Mitglieder mit einem Jahresbeitrag von 500 bis 700 Mark (das ist bei entsprechenden Leistungen nicht zuviel) erscheinen uns eine sinnvolle Größenordnung.

Verdächtig sollte einem jeder Club erscheinen, der keine Probezeit zum *Reinschnuppern* zugesteht (die durchaus etwas kosten dürfte). Wer solches Ausprobieren nicht zuläßt, hat in der Regel etwas zu verbergen: zum Beispiel, wie langweilig und kühl-geschäftsmäßig das Clubleben abläuft.

Am besten ist es, wenn zufriedene Mitglieder eines Clubs einen mit ihrer Begeisterung anstecken oder noch besser: mit ihrer Zufriedenheit. Und am allerbesten ist es, wenn deren Zufriedenheit schon im zweiten oder gar dritten Jahr anhält.

Wo es so einen Club nicht gibt, empfiehlt es sich, selbst aktiv zu werden. Das Wichtigste ist jedenfalls: hingehen und persönlich prüfen – und vor allem keine zu hohen finanziellen Verpflichtungen eingehen, ohne genügend Details gesehen zu haben.

## Weitere Einrichtungen und Angebote

An vielen Orten gibt es auch spezielle Einrichtungen wie *Frau im Beruf* (in München: Landwehrstraße 11). Dort gibt es die verschiedensten Angebote für berufstätige Frauen – zur Fortbildung ebenso wie zur Persönlichkeitsentwicklung und gemeinsamen Freizeitgestaltung. Nach diesem Muster funktionieren auch die Angebote der Kirchen, die es allerorten gibt, wobei hier soziales Engagement sehr wichtig und hilfreich ist, sei es in der Behinderten- oder Altenhilfe, sei es als Laienhelfer in der Krankenbetreuung.

Mancherorts haben die Kirchen auch eigene Beratungsstellen und Treffs für Alleinlebende eingerichtet, so in Frankfurt das seit vielen Jahren bewährte *Haus am Weißen Stein* (Eschersheimer Landstr. 565, 60431 Frankfurt).

*Selbsthilfegruppen* (SHG) werden auf Initiative einzelner gegründet und bieten vor allem Gespräche (in regelmäßigen Abständen) mit Gleichgesinnten. Wenn Sie mehr über SHG im allgemeinen erfahren wollen, wenden Sie sich am besten an die nächste Volkshochschule. In München gibt es im *Gesundheitspark* im Olympiagelände (unter dem Stadion) einen eigenen regelmäßigen „Single-Treff".

In 35392 Gießen sitzt die zentrale Kontaktstelle für Selbsthilfegruppen: die *Deutsche Arbeitsgemeinschaft Selbsthilfegruppen e.V.* (Friedrichstr. 33, Tel. 0641-74503). Dort bekommt man Unterlagen und Adressen von lokalen Gruppen.

*Bürgerinitiativen:* Viele Möglichkeiten, im Rahmen einer sinnvollen Betätigung Kontakte zu knüpfen und Freunde zu finden, bieten die Bürgerinitiativen in jeder Stadt. Überregionale Kontaktadresse: *Stiftung DIE MITARBEIT für staatsbürgerliche Mitverantwortung,* Bornheimer Str. 37, 53111 Bonn, Tel. 0228-630023.

Speziell bei Alkohol- und Drogenproblemen erhält man Auskunft von der *Deutschen Hauptstelle gegen die Suchtgefahren (DHS),* Westring 2, 59065 Hamm/Westfalen, Tel. 02381/9015-0.

Die wichtigsten überregionalen Organisationen für Alkoholkranke und Drogenabhängige jeder Art sind: *Anonyme Alkoholiker (AA), Deutscher Guttempler-Orden, Blaues Kreuz in Deutschland e. V.* Es gibt jedoch von Ort zu Ort eine Fülle weiterer Einrichtungen (wie *ConDrops* und *Daytop*), die sich teilweise sehr spezialisiert haben. Dazu gehören auch die Behandlungszentren der *Gesellschaft für Psychosomatische Therapie (GPT)* sowie des *Verbands der Fachkliniken für Abhängigkeitskranke* und die Behandlungszentren des *Verbands der Fachkrankenhäuser für Suchtkranke.*

(Telefonnummern und Adressen von lokalen Beratungsstellen ändern sich immer wieder; deshalb geben wir nur die zentralen Adresse für Deutschland an, bei denen man aktuelle weiterführende Hinweise auf die wichtigsten zentralen und lokalen Kontaktstellen bekommt.[19])

## Vereine

Da Gruppen, wenn sie als reine Interessengruppen existieren, sich leider sehr schnell wieder auflösen (weil sich niemand so richtig verantwortlich fühlt), empfehlen wir, richtige Vereine für Alleinlebende zu gründen – nach dem Vorbild in England. Dort gibt es in jeder kleineren Stadt bereits einen solchen Club, der sich mit den Belangen Alleinlebender befaßt.

## Reiseveranstaltungen für Alleinlebende

Bekannt als Treffpunkte der *Swinging Singles,* die es sich leisten können, sind die Feriendörfer des „*Club Méditerraneé*" und ähnlicher Einrichtungen. Spezielle Reisebüros gibt es inzwischen ebenfalls:

Im Raum Frankfurt: *Single-Travel,* Hr. von Kalckstein, Heidelberger Str. 1, 63110 Niederroden, Tel. 06106-72400.

Im Raum München: *Single-Tours,* geleitet von Aldelheid Müller, Fürstenfelder Str. 10, 80331 München, Tel. 089-263131.

---

[19] Im Ausland gibt es entsprechende Stellen, vor allem die Anonymen Alkoholiker, die sich über die Telefonauskunft erfragen lassen.

Überregional: *Das Abenteuerreisen-Angebot* von Moritz Egetmeyer, PF 1251, 79199 Kirchzarten, Tel. 076611-6362.

## Spezielle Angebote und Adressen

In der Regel aus lokalen Bürgerinitiativen und Selbsthilfegruppen sind einige Organisationen entstanden, die sich heute weltweit für die Bewältigung drängender Probleme mit überregionaler Bedeutung einsetzen. Dazu gehören neben dem bekannten *Amnesty International* (Engagement für politische Gefangene) vor allem *Greenpeace* und der daraus entstandene militantere *Robin Wood* (Einsatz für Umwelt-Themen). Lokale Adressen findet man in allen größeren Städten über das Telefonbuch.

Gute Tips bekommt man immer auch bei der örtlichen Telefonseelsorge, beim Städtischen Gesundheitsamt (wo alle Psychotherapeuten gelistet sind) oder bei der Ärztekammer. Der *Berufsverband Deutscher Psychologen (BDP)* informiert über das Hilfsangebot der Diplompsychologen, die eine entsprechend fundierte Hochschulausbildung haben (zentrale Anschrift: BDP, Bundesgeschäftsstelle: Heilsbachstr. 22, 53123 Bonn, Tel. 0228-98731-0).

## Quellennachweise und Bibliographie

Der Buchhandel ist heutzutage permanent in Bewegung. Ein Buch, das eben noch als Ganzleinenausgabe oder Paperback erhältlich war, ist schon nach wenigen Monaten vergriffen oder verramscht, wird nicht nachgedruckt oder erscheint als Taschenbuch in einem anderen Verlag, nicht selten unter einem anderen Titel. Es ist deshalb unmöglich, eine Bibliographie wirklich aktuell zu gestalten.

Eine Reihe der im folgenden angeführten Bücher, aus denen wir zitiert oder die uns beeinflußt haben, sind deshalb nur noch in Bibliotheken zugänglich. Das gilt auch für Werke, die im Text nicht ausdrücklich erwähnt wurden, uns aber dennoch gelenkt haben.

Ammann, R., Traumbild Haus: Von den Lebensräumen der Seele. Freiburg/Olten 1987

Anderson, D. S. „Weltrekord im Heiraten – ihr 22. Ehemann ist ein Pastor“, in: Münchner Abendzeitung vom 31. Mai 1989

Argelander, H., Der Flieger – eine charakteranalytische Studie. Frankfurt a.M. 1972

Arieti, S. und J.Bemporad, Depression. Stuttgart 1983

Bacon, F., „Was ist schon häßlich?" Interview kurz vor Bacons Tod 1992, abgedruckt im Magazin Nr. 44 der *Südd. Zeitung* vom 31. Okt 1996

Balint, M., Die Urformen der Liebe und die Technik der Psychoanalyse. Frankfurt a.M. 1969

Barnes, D., Meine Reise durch den Wahnsinn. München 1973

Benson B., und B. Bova, Survival Guide for the Suddenly Single. New York 1974

Berne E., Spiele für Erwachsende. Hamburg 1967

ders., Was sagen Sie, nachdem Sie „Guten Tag" gesagt haben? München 1975

Bertaux, P., Friedrich Hölderlin. Frankfurt a.M. 1979

Bettelheim, B., Die Geburt des Selbst. München 1977

Bleuel, H., Kinder in Deutschland. München 1971

Blos, P., Adoleszenz. Stuttgart 1972

Bogacz, E., „Ich bin ich – und wo bist du?", in: Prinz, Dez. 1989, S. 30-45

Borst, A., Lebensformen im Mittelalter. (1973) Frankfurt / Berlin / Wien 1979

ders., Barbaren, Ketzer und Artisten. Welten des Mittelalters. München 1988

Bowlby, J., Trennung. München 1976

ders., Verlust, Trauer und Depression. Frankfurt a.M.1983

Buchinger, O., Das Heilfasten. Stuttgart 1979

Campbell, J., Der Heros in tausend Gestalten, Frankfurt a.M. 1978

Csikszentmihalyi, M., Flow – das Geheimnis des Glücks. Stuttgart 1992

Cohn, R. C., Von der Psychoanalyse zur Themenzentrierten Interaktion. Stuttgart 1975

Derlon, P., Unter Hexen und Zauberern. Basel 1976

Derlon, P., Die Gärten der Einweihung. Basel 1978

Dietrich, G., Einsamkeit und Einsamkeitsbewältigung in der Dichtung. Regensburg 1989

Dörig, B., Ein Wüstentag. St. Gallen 1980 (Selbstverlag)

Eco U., Der Name der Rose. München 1981

Eliade, M., Schamanismus und archaische Ekstasetechnik. (1954) Frankfurt a.M. 1980

Elias, N., Über den Prozeß der Zivilisation. (1939) München 1969
Ende, M., Die unendliche Geschichte. Stuttgart 1978
English, F., Transaktionale Analyse und Skriptanalyse. Hamburg 1976
Erikson, E. H., Jugend und Krise. Stuttgart 1974
ders., Kindheit und Gesellschaft. Stuttgart 1968

Field, R., Ich ging den Weg der Derwische. Düsseldorf 1978
Frankl, V. E., Der Mensch auf der Suche nach Sinn. Freiburg 1972
Franz, M.-L. von, Der Individuationsprozeß. In: Jung, C.G., Der Mensch und seine Symbole. Olten 1968
Frisch, M., Der Mensch erscheint im Holozän. Frankfurt a.M.1979
Fromm, E., Die Furcht vor der Freiheit. Frankfurt a.M. 1966

Gastager, H., Die Fassaden-Familie. München 1973
GETAS-Studie (s. Schreiber, H. 1979)
Glenn, N., und Ch. Weaver: „Im zweiten Anlauf klappt's meist besser“, in: Psychologie Heute, Juli 1977
Gordon, S., Lonely in America. New York 1960
Green,H., Ich habe dir nie einen Rosengarten versprochen. (1964) Reinbek 1978
Gronemeyer, R., und H.-E. Bahr, Niemand ist zu alt – Selbsthilfe und Alteninitiativen in der Bundesrepublik. Frankfurt a.M. 1983
Gruen, A., Der Wahnsinn der Normalität. München 1987

Hammer S., Töchter und Mütter. Frankfurt a.M. 1978
Handke, P., Die linkshändige Frau. Frankfurt a.M. 1976
Harris, Th. A., Ich bin o.k., Du bist o.k.. Reinbek 1975
Heller, J., Was geschah mit Slocum? (1964) Frankfurt a.M.1975
Hemleben, R., Rudolf Steiner. Reinbek 1963
Hempelmann, K., Alleine leben. Frankfurt a.M. 1988
Hesse, J., und H. Chr., Schrader, Auf einmal nicht mehr weiterwissen. Telefonseelsorge. Frankfurt a.M. 1988
Horst, E., Friedrich der Stauffer. Düsseldorf 1975

Irigarays, L., Genealogie der Geschlechter. Freiburg 1989

Jacobi J., Der Weg zur Individuation. Olten 1971
Jacobson, E., Depression. Frankfurt a.M. 1977

Jaeggi, E., und W. Holstein, Wenn Ehen älter werden. München 1989
Johnson, R. A., Der Mann Die Frau: Auf dem Weg zu ihrem Selbst. (1974) Freiburg/Olten 1981
Jung, C. G., Erinnerungen – Träume – Gedanken. Zürich 1962
ders., Der Mensch und seine Symbole. Olten 1968
Jung, E., Animus und Anima. Zürich 1967
Just, R., „Singles – die bessere Hälfte", in: Cosmopolitan Nr. 11/1988, S. 37-44

Kast, V., Trauern – Phasen und Chancen des psychischen Prozesses. Stuttgart 1982
dies., Paare. Stuttgart 1984
Kerenyi, K., Die Mysterien von Eleusis. Zürich 1962
Kern, H., Labyrinthe: Erscheinungsformen und Deutungen – 5 000 Jahre Gegenwart eines Urbilds. München 1982
Koch, K.-H., Spiele per Post. Köln 1989
Kohut, H., Narzißmus. Frankfurt a.M. 1973
ders., Die Heilung des Selbst. Frankfurt a.M. 1979
Korczak, D., Neue Formen des Zusammenlebens. Frankfurt a.M.1977
Krantzler, M.: Kreative Scheidung. (1973) Reinbek 1977
Kremer, J., „Castaneda", in: Psychologie Heute (o.J.)
Kunsemüller, A., Das zweite Glück. München 1988

Lattmann, D., Die Einsamkeit des Politikers. Frankfurt a.M.1982
ders., Die lieblose Republik – Aufzeichnungen aus Bonn am Rhein. München 1982
Lauenstein, D., Die Mysterien von Eleusis. Stuttgart 1987
Lessing, D., Der Sommer vor der Dunkelheit. (1973) Reinbek 1979
Linhart, R., Eingespannt. Berlin 1978
Lowen, A.: Depression. München 1978
ders., Bio-Energetik. Reinbek 1979

Miller, A., Das Drama des begabten Kindes. Frankfurt a.M.1979
Moeller, M. L., Selbsthilfegruppen. Reinbek 1978
Marcowitz, E., „On the Nature of Smoking Cigarettes", in: Journal of the American Psychoanalytic Association, Jg. 17 (1969), S. 1074-1096

Maslow, A., Religions, Values and Peak-Experiences. Columbus/Ohio 1964
Masson, J. M., Was hat man dir armes Kind getan? S. Freuds Unterdrückung der Verführungstheorie. Reinbek 1986
Masters, W. H. und V.E. Johnson, Die sexuelle Reaktion. Frankfurt a.M. 1967
Messner, R., Everest – Expedition zum Endpunkt. München 1978
Miller, A., Das Drama des begabten Kindes. Frankfurt a.M.1979
dies., Am Anfang war Erziehung. Frankfurt a.M. 1983
Moeller, M. L., Selbsthilfegruppen. Reinbek 1978 (
Moser, U., Psychologie der Arbeitswahl und der Arbeitsstörungen. Bern und Stuttgart 1953
ders., Psychologie der Partnerwahl. Bern und Stuttgart 1957

Naranjo, C., und R. O. Ornstein, Psychologie der Meditation. Frankfurt a.M. 1976
Neumann, E., Ursprungsgeschichte des Bewußtseins. Zürich 1949

O'Neill, N., und G., Die offene Ehe. Reinbek 1975
Opaschowski H. W., Allein in der Freizeit. Hamburg 1981
ders., zit. nach Focus Nr. 3 vom 13. Jan 1997

Pankow, G., Gesprengte Fesseln der Psychose. München 1969
Parkes, C. M., Vereinsamung – die Lebenskrise bei Partnerverlust. Reinbek 1978
Pines, M., „Die unsichtbare Maus und der lachende Tiger" (Quelle unbekannt)

Riemann, Grundformen der Angst. München 1975
Riesman, D., Die einsame Masse. Hamburg 1958
Röder, K., „Ein Single lebt selten allein", Südd. Zeitung vom 12. Sep 1996
Rogoll, R., Nimm dich wie du bist. Freiburg 1976
Rush, F., Das bestgehütete Geheimnis – Über Kindsmißbrauch. München 1989
Rust, H., Trendforschung – das Geschäft mit der Zukunft. Wien 1995

Santos, E., Ich habe Emma Santos getötet. Reinbek 1978

Schäfer, I., Riten des Übergangs. München 1988, aquarius publikationen (PF 440238, 80751 München)
Schaffhauser, B., „Sie hat halt niemanden gefunden. Singles in der Schweiz", in: Annabelle (ca.1988, o.J.), S.77-79
Scheer, H., Die gespeicherte Sonne. Wasserstoff als Lösung des Energie- und Umweltproblems. München 1987
Schmidbauer, W., und J. vom Scheidt, Handbuch der Rauschdrogen. 8. Auflage München 1997
Schmidbauer, W., Die hilflosen Helfer. Reinbek 1977
ders., Angst vor Nähe. Reinbek 1985
Scheidt, J. vom, Freud und das Kokain. München 1973
ders., Der falsche Weg zum Selbst. München 1976 / Frankfurt a.M. 1984
ders., Geheimnis der Träume. München 1992
ders., Der Weg ist das Ziel, Bd. 1 „Selbsterfahrung", Bd.2 „Bewußtseinserweiterung". München 1989
ders., Kreatives Schreiben. Frankfurt a.M. 1989
Schibler, G., „Wie gehe ich um mit meinem Alleinsein?". Vortrag am 11. Juni 1989 in CH-Boldern
Schreiber, H., Singles – Allein leben. München 1979
Schultz, H. J. (Hrsg.), Einsamkeit. Stuttgart 1980
Sheehy, G., Die Krise in der Mitte des Lebens. München 1976
Sheehy, G., Neue Wege wagen. München 1982
Socarides, Ch.W., Der offen Homosexuelle, Frankfurt a.M.1971
Spitz, R., Vom Säugling zum Kleinkind. Stuttgart 1967
Storr, A., Schöpferische Einsamkeit. Das Geheimnis des Genies. Wien 1990
Strindberg, A., Nach Damaskus. (1889) Stuttgart 1979

Tanner, I., Nie mehr einsam sein. CH-Rüschlikon 1980
Thun, Th., in: Mitteilungsblatt der Universität München, Januar 1979

Uxkull, W. von, Eine Einweihung im Alten Ägypten. Berlin 1922

Vonnegut, K., Slapstick. München 1978

Weinberger, K., zitiert in: „Ich bin doch nur das Echo", in: Der Spiegel Nr. 22/1983
Weiss, R.S., Trennung vom Ehepartner. Stuttgart 1981

Wilhelm, R., (Übersetzer und Hrsg.), (1925) I Ging – Text und Materialien, Düsseldorf 1973
Winn, M., Die Droge im Wohnzimmer. Reinbek 1979

Zimmer, K., Das einsame Kind. München 1979
Zorn, F., Mars. München 1977

# Über die Autoren

## Jürgen vom Scheidt

(geb. 1940) arbeitet seit 1971 als Diplompsychologe in eigener Praxis und hat über seine Arbeit mit Drogenabhängigen promoviert („Der falsche Weg zum Selbst"). Als freier Schriftsteller und Journalist publiziert er seit fast 40 Jahren in verschiedenen Formaten (Erzählungen, Romane, Artikel, Rezensionen, Sachbücher, Radiobeiträge und Anthologien). Bei *WILL-International* lernte er Gruppen mittels „Themenzentrierter Interaktion (TZI)" zu leiten. Außerdem verfügt er über langjährige Erfahrung in Freudscher Psychoanalyse, Gestalttherapie und Yoga.

Seine Seminararbeit basiert auf einer sinnvollen Kombination all dieser Erfahrungen. Die wichtigsten Themen: Kreative Prozesse beim Schreiben und wie man deren Störungen (Blockaden) abbaut, Träume und die Probleme Hochbegabter. Seit 1984 befaßt er sich auch intensiv mit den Möglichkeiten, Computer als Arbeitshilfe bei kreativen Prozessen einzusetzen.

Im *Institut für Angewandte Kreativitätspsychologie*, das er 1995 mit Ruth Zenhäusern gegründet hat, und in der angeschlossenen *Münchner Schreib-Werkstatt* werden diese Themen theoretisch erforscht praktisch-methodisch vermittelt.

Buchveröffentlichungen: *Handbuch der Rauschdrogen* (zus. Mit Wolfgang Schidbauer, 8. Auflage 1997), *Geheimnis der Träume* (1992), *Kreatives Schreiben* (4. Auflage 1996), *Kurzgeschichten schreiben* (1995) und *Geld Kreativität* (1996, im Selbstverlag).

## Ruth Zenhäusern

(geb. 1946) hat nach verschiedenen Tätigkeiten (die ihr längere Auslandsaufenthalte und den Kontakt zu vielen Menschen einbrachten) in Zürich die Ausbildung zur Diplom-Sozialarbeiterin absolviert und bei *WILL-International* TZI gelernt. Später absolvierte sie eine Ausbildung zur Kunsttherapeutin. Zusammen mit J. vom Scheidt gründete sie 1978 in München die *Beratungsstelle für Alleinlebende.* Dieser Akzent ihrer Tätigkeit verschob sich Ende der 80er Jahre auf die Arbeit mit Frauen, die ihren Weg in die Zukunft, privat und beruflich, bewußter und besser gestalten wollen (Karriere-Planung).

Veröffentlichungen: *TZI in der Sozialarbeit* (Diplomarbeit, Zürich 1980), *Wege aus der Einsamkeit* (zus. mit J. vom Scheidt, München 1984).

## Kontaktadresse:

*Institut für Angewandte Kreativitätspsychologie*
Dr. Jürgen vom Scheidt und Compagnons
Postfach 440 238
D-80751 München
(Bei Anfragen bitte unbedingt Rückporto beilegen!)

# Heilen mit der Kraft der Natur

149 Seiten, Paperback
ISBN 3-478-08520-9

128 Seiten, Paperback
ISBN 3-478-08509-8

mvg

mvg-verlag im verlag moderne industrie AG
86895 Landsberg am Lech